联盟组合战略：
价值创造与管理实践

刘雪梅　著

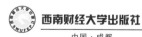
西南财经大学出版社
中国·成都

图书在版编目(CIP)数据

联盟组合战略:价值创造与管理实践/刘雪梅著.—成都:西南财经
大学出版社,2023.8
ISBN 978-7-5504-5919-9

Ⅰ.①联… Ⅱ.①刘… Ⅲ.①联合企业—企业管理—研究
Ⅳ.①F276.4

中国国家版本馆 CIP 数据核字(2023)第 166254 号

联盟组合战略:价值创造与管理实践

Lianmeng Zuhe Zhanlüe:Jiazhi Chuangzao yu Guanli Shijian

刘雪梅 著

策划编辑:金欣蕾
责任编辑:王青杰
责任校对:高小田
封面设计:张姗姗
责任印制:朱曼丽

出版发行	西南财经大学出版社(四川省成都市光华村街55号)
网 址	http://cbs.swufe.edu.cn
电子邮件	bookcj@swufe.edu.cn
邮政编码	610074
电 话	028-87353785
照 排	四川胜翔数码印务设计有限公司
印 刷	郫县犀浦印刷厂
成品尺寸	170mm×240mm
印 张	12.5
字 数	211 千字
版 次	2023 年 8 月第 1 版
印 次	2023 年 8 月第 1 次印刷
书 号	ISBN 978-7-5504-5919-9
定 价	78.00 元

前言

自 20 世纪七八十年代以来，随着世界经济的快速发展，全球竞争日益激烈，企业更加重视战略谋划和能力锻造，追求基业长青。从安索夫出版《公司战略》（1965 年）、《从战略规划到战略管理》（1976 年）以及《战略管理》（1979 年）开启有关企业战略管理的研究，到哈佛商学院著名教授迈克尔·波特在 1985 年出版的《竞争优势》中对企业打造"成本优势"与"差异化优势"进行详尽分析，学界掀起了企业战略管理研究的热潮。这一研究热潮迄今持久不衰，战略管理成为企业管理研究的重要领域，并与企业管理实践形成良性互动，随着企业发展环境的变化不断推陈出新。

过去，企业在构建自身战略性竞争优势方面，着力于内部资源利用与能力建设，以创新来获取竞争优势的做法也通常发生在企业内部。传统资源基础观认为，拥有有价值的、稀缺的、不可模仿的以及不可替代的资源是企业追求战略优势的基础。然而，随着由比较优势推动的经济全球化的发展，专业化分工越来越细，甚至出现超级专业化趋势，单个企业已难以具备发展所需的所有技能。分工的进一步细化促使资源要素变得越来越分散，各类资源要素掌握在不同主体手中，单个企业想要仅仅依靠自身资源谋求发展已变得几乎不可能，几乎所有产业开始出现大量的组织间相互依赖关系。因此，与外部其他企业或组织建立合作或联盟伙伴关系，通过将伙伴资源与自身资源进行整合以创造价值已成为企业必然的战略选择。企业之间的战略合作广泛分布在研发、生产或市场拓展等领域，合作发展成为这个时代的主要特征以及主旋律。

企业之间通常通过建立合作或联盟关系获取自身缺乏的互补资源和能力。而对单个企业而言，单一的功能性联盟往往不能完全满足企业对资源的全部需求，需要通过构建多种合作伙伴关系来建设一个外部"资源池"，从而对其中的资源进行组合利用。我们把这种单个企业分别与多个对象结盟或合作而形成的关系集合称为联盟组合，在研究中将所关注的单个企业称为焦点企业。当焦点企业将更多的战略意图嵌入构建合作伙伴关系中时，联盟组合便上升到了战略层面从而形成联盟组合战略。焦点企业可以通过实施联盟组合战略聪明地撬动外部资源，并与外部伙伴共同获取更多联盟租金，使自己的资源和能力实现最大化的价值创造，最终实现战略目标。

进入 21 世纪后，随着以数字化、智能化以及互动互联网络化等为显著特征的第四次产业革命的到来，信息通信技术、人工智能、机器人、生物技术、材料科学以及储能和量子计算等领域取得了一系列技术突破，给产业经济和产业生态带来了冲击性影响，一些传统的商业模式被完全颠覆，而新的价值创造模式被重新定义。在这样的新经济时代，对所有企业来说，通过联盟组合进行跨界创新和跨界融合，进而实现以科技赋能重构竞争优势，无疑对其生存和发展具有非常特别的意义。

本书意在对联盟组合战略从价值创造机理与管理实践两个方面进行深入分析，以期既能丰富相关理论又对企业战略实践有所启发。本书共分为六章。第一章联盟组合概述。本章主要界定了联盟组合的概念并对围绕联盟组合的国内外研究进行了简要综述，介绍了联盟组合的代表性理论基础。第二章联盟组合的构建。本章首先阐述了企业构建联盟组合的动因及意义，接着指出战略层面的联盟组合构建需要遵循价值逻辑、关系逻辑以及制度逻辑这三重底层逻辑，并予以详细阐释。在此基础上，本章分析了焦点企业如何基于潜在伙伴的资源特征来选择伙伴，并总结了近年实践中企业在伙伴选择方面的一些变化。第三章联盟组合的价值创造与租金分配。本章主要分析了焦点企业利用联盟组合进行价值创造的资源来源以及价值创造机制，讨论了焦点企业最终通过获取联盟租金而实现联盟价值的影响因素，指出联盟组合的价值创造基于不同类别、规模和范围的伙伴资源与自有资源所形成的互补效应、增补效应以及创新效应，并且在组合层面表现出特别的差异。第四章联盟组合的管理。本章主要从联盟组合的治理框架与联盟组合能力两方面进行了分析。首先，联盟组合的治理框架包括交易治理、关系治理、知识治理和联盟组合调整这四种治理机制，其中联盟组合调整主要指焦点企业在战略发展过程中针对内外部环境要素的变化，对组合中的伙伴构成及治理模式的适应性调整。其次，联盟组合的治理框架还包括焦点企业在管理联盟组合方面的组织安排保障。关于联盟组合能力，本章提出了四组动态能力要素并予以阐释。第五章数字化时代的联盟组合。在数字化时代，以移动通信技术、区块链、大数据、云计算、人工智能以及工业4.0为代表的数字技术的兴起和快速扩散，给企业带来了数字化转型以及开放式创新的压力和挑战。本章主要分析了数字化时代联盟组合在构建逻辑和治理机制方面有哪些新的特点，以及企业应如何应对以保持对联盟组合的高效管理。第六章联盟组合案例。本章主要解析了两个案例。这两个案例反映了企业通过实施联盟组合战略有效达成发展目标的管理过程。

本书的写作及出版得到了西南财经大学组织理论、管理学前沿理论和德鲁克研究资深专家罗珉教授的大力支持。罗珉教授是笔者非常敬重的恩师，他对管理学理论与实践研究的孜孜不倦、对管理学前沿研究的敏锐洞察以及对新技术新知识的深刻理解和快速把握，一直是激励笔者努力的力量。本书的出版还得到了西南财经大学出版社金欣蕾老师和王青杰老师的大力帮助和支持，她们专业细致的工作作风给笔者带来了温暖的力量，在此一并表示感谢。

刘雪梅

2023 年 8 月于成都光华村

目录

第一章　联盟组合概述

经济全球化打开了世界市场的大门，新市场不断涌现，技术的发展更是推动了这一现象的快速变化，大量的机会摆在了企业面前，但随之而来的是日益剧烈的竞争。一方面，随着市场边界的技术性消融，各国企业无论是在国内市场还是国外市场，不仅面临本国企业的竞争，而且要应对跨国企业以及他国市场本地企业的竞争；另一方面，不同产业的竞争关键点有所不同，并且随着价值资源在不同产业及产业链条中的流动，竞争关键点在不断地发生转移。更为严重的是，在竞争过程中，传统业务或商业模式受到新技术或新商业模式的冲击或者颠覆性破坏的现象时有发生，给企业的战略柔韧性、适应性带来了巨大挑战。这种挑战使得企业经营的复杂性程度不断提高，企业不仅要应对环境变化所导致的不确定性带来的生存危机，更要面对核心竞争力打造以及可持续发展问题。

企业为了生存和发展，无不倾尽全力构建自身资源和提升自身能力，力图建立起独特的竞争优势。目标管理、全面预算管理、全面质量管理、标杆管理、组织学习、供应链管理——企业从采购、生产、财务、质量、物流、服务以及知识积累等各方面寻求提升管理能力；同时，通过收购、兼并、合资等途径掌控更多的资源或扩展能力边界。即使如此，单独一家企业想要完全靠自身能量在市场中立于不败之地，在今天这种产业、市场格局下仍是非常艰难的，或资源不足或运营成本过高。因此，与其他组织建立联系、发展与其他组织之间的关系、建立类似战略联盟形态这样的合作性组织就成了企业的明智之举。在此举措下，企业不一定非要拥有某种资源或能力，而是可以通过与其他组织的联盟从而借助其他组织的资源或能力实现自身战略目标。

企业与不同类型的伙伴结成合作关系，可以使自身的资源或能力得到互补或增强，这给不少企业带来了新的发展机会或价值提升，有时甚至会帮助濒临绝境的企业重获新生。如著名的苹果公司在20世纪末通过iMac等系列创新产品重生，正是集合了合作伙伴们的资源和能力才获得成功的。进入21世纪后，在人类创新探索历史上成就显著的公司SpaceX也是通过与诸多联盟合作伙伴的深度合作才实现了一个又一个非凡目标。企业通过积极发展这些组织间合作或联盟关系并将其组合起来，从而可以突破自身资源约束，跨越组织边界，从外部获取自身并不拥有的资源及能力，将其与内部资源结合，进而重构出资源优势和能力优势，对企业打造竞争优势与实现可持续发展有重要意义。

第一节 联盟组合的概念及相关研究

一、联盟组合的概念

学者对组织间有目的联系的研究始于对战略联盟的分析，并且几乎一致认可Gulati（1995）提出的战略联盟（strategic alliance）的概念：战略联盟是指两个或多个独立企业之间通过资源或能力的交换、共享或共同发展以相互获取相关收益的有目的的关系。联盟是进行交换活动的独立企业或组织之间的自愿安排。美国得克萨斯大学商学院教授Lavie于2007年对有关企业间联盟的研究进行了总结，认为先前研究较多集中于单个对偶联盟的绩效含义、联盟网络的关系和结构资产。其从联盟对企业绩效的影响视角把相关研究分为四个方面：①战略联盟文献；②联盟公布后股市回报研究；③社会网络理论应用；④对战略网络的新兴研究。实践中的状况却是，当企业感受到联盟关系给其带来的好处后，就会展开更多的伙伴合作，同时或交叠结成一个又一个的个体联盟，或同时参与到多个不同的战略联盟中，形成围绕单个企业的联盟组合形态。因此也开始有学者认识到合作伙伴资源在价值创造中的组合作用，对联盟组合的研究也逐渐增多起来。然而，在对联盟组合现象进行研究时，对联盟组合概念的表述却呈现出了多样性，具体见表1-1。这些对联盟组合概念的不同表述源自研究者的不同视角或不同领域。不同的表述可能使得人们对联盟现象的研究对象模糊不清、研究结果不容易形成体系，例如是公司级别的联盟还是业务层面的联盟、是单个联盟的集合还是联盟网络等问题。

表 1-1　联盟组合概念的不同表述

研究者	联盟组合定义
Bae & Gargiulo（2004）	一家企业参与的一系列联盟
Baum et al.（2000），Rowley et al.（2000）	一家焦点企业以自我为中心的联盟网络（与合作企业的所有直接联结）（社会网络视角）
Doz & Hamel（1998）	由一家焦点企业维持的一系列双边联盟
George et al.（2001）	一家企业的战略协议或关系的组合
Hoffmann（2005，2007）	焦点企业的所有联盟
Lavie（2007）	一家企业与合作伙伴的直接联盟集合
Lavie & Miller（2008）	一家企业的直接联盟伙伴集合
Parise & Casher（2003）	一家企业的商业伙伴关系网络
Reuer et al.（2002）	一家公司所积累的国际合资经验（学习观点）
Reuer & Ragozzino（2006）	一家焦点企业的所有国际合资

资料来源：ULRICH W. Alliance Portfolios：A Review and Research Agenda ［J］. Journal of Management，2010，36（1）：141-171.

　　本书认为联盟组合现象是单个企业分别与多个对象结盟或合作而形成的关系集合。因此，基于组织理论和网络理论的视角，笔者对联盟组合进行了如下定义：联盟组合是指焦点企业与外部伙伴的战略联盟（strategic alliance）关系或（以及）直接联结（direct ties）关系的集合。研究的视角放在单个企业上，单个企业被称为焦点企业，与焦点企业直接联结的集合称为联盟组合（Lavie，2007；Wassmer，2010；Ozcan et al.，2009；Sarkar et al.，2009）或称为自我中心网络（ego-centric network），它包括一个焦点企业（ego）以及与其直接联结的伙伴（alter）集合（Wasserman et al.，1994）。焦点企业的个体联盟示例见图 1-1，焦点企业的一般性联盟组合示例见图 1-2。

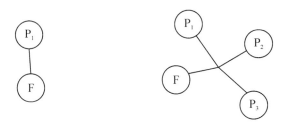

图 1-1　焦点企业的个体联盟示例

注：左图为对偶（双边）的个体联盟，右图为多伙伴（多边）的个体联盟。图中 F 代表焦点企业，Pi 代表焦点企业直接联结的第 i 个伙伴企业或组织。

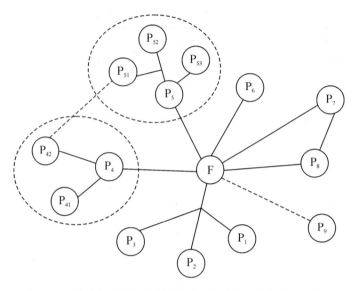

图 1-2 焦点企业的一般性联盟组合示例（自我中心网络）

注：图中 F 代表焦点企业，P_i 代表焦点企业直接联结的第 i 个伙伴企业或组织，P_{ij} 代表伙伴 P_i 的其他联盟伙伴。

　　笼统地看，联盟组合的存在反映了焦点企业与外部组织或个人之间的资源依赖关系，也是联结之所以形成的根本原因。这里资源的范畴是广义的，包括生产性资源如原料、中间件、能源以及产能等，市场资源如营销渠道、市场准入牌照等，知识资源如技术和信息等，能力资源如专有技能、研发实力等，以及广泛的社会资源如制度性资源、关系性资源等。其中依赖关系可能是单向的也可能是双向甚至多向的。焦点企业因为资源的缺乏或不完善而主动寻求与外部拥有这些资源的各类企业形成联结关系，这种关系中的单向依赖成分更多，焦点企业依赖外部组织。外部组织出于同样原因主动寻求与焦点企业形成联结，单向依赖的方向发生变化，外部组织更多依赖焦点企业。当焦点企业与外部组织基于资源的互补而联结，双边依赖关系即产生。如果这种互补所含要素超过了两个组织所控制的组织边界，而在包括焦点企业在内的至少三个组织内拥有，则多边依赖关系产生。

　　就焦点企业而言，联盟组合的形成过程既包含了自组合过程，又包含了被组合情形。焦点企业基于战略目标勾勒出所需战略性要素资源图谱，并依据该图谱主动搜寻并联结外部伙伴，是一种自组合的过程，此过程体现的是焦点企业的寻利或战略性动机及主动性活动。当外部组织以同样的方式邀约到焦点企业成为自己的战略伙伴，此过程对焦点企业而言是被动的，是一种被组合的过程，其中体现出的是外部组织的动机及其主动性活动。两种活动过程交织的总体结果，构成了焦点企业联盟组合中的所有联结。

在有关组织间关系的研究中，罗珉（2006）指出，在网络经济时代，产业中价值创造的机制正进入价值星系阶段。价值星系是一个企业引力集合的创造价值的系统，是一个企业之间的组织，其中包括经纪人公司、模块生产企业、供应商、经销商、合伙人以及顾客等，这些成员共同合作创造价值，通过不同的成员组合方式进行角色与关系的重塑，经由新的角色以新的协同关系再创价值。在我们看来，焦点企业正是借由联盟组合中的联结关系参与到各种价值星系中，通过与组合中成员的协同活动去共同追求确保产品能以最佳方式送达终端客户手中，进而从价值星系网络所创造的价值中收获属于自己的份额。

在拓扑结构上，自我中心网络呈现一种星形网络结构，可以分解为若干对偶联盟和多伙伴联盟的网络集合。在图1-2中，可以看到，P1至P9是列举的焦点企业F的联结伙伴，它们一起构成了F的联盟组合。其中，P1至P8是与焦点企业有正式结盟关系的伙伴，P9虽然仅与焦点企业有弱的联结关系，彼此尚未正式结盟，但可以看作焦点公司的潜在联盟伙伴，因此也可看作F的组合伙伴。F与P4、P5、P6分别形成了对偶的个体联盟，即单伙伴联盟，分别与P1、P2、P3以及P7、P8构成了多边联盟，即多伙伴联盟。在图1-2中也可以看到，焦点企业的联盟伙伴也有自己的自我中心网络，如图中的P4、P5，除有焦点企业作为伙伴外，还分别拥有伙伴P41、P42以及P51、P52、P53，并且，P4和P5的联盟组合因为P42和P51的联结关系而有联系。可以发现，各个企业的联盟组合在一起，构成了更大规模的组织间关系网络、战略联盟网络以及价值星系。

联盟组合不同于单个的战略联盟，战略联盟更注重发展某一特定联盟功能，如技术联盟、市场联盟、研发联盟等，研究的视角在单个联盟或联盟网络整体，可能是对偶联盟，也可能是多边的多伙伴联盟。联盟组合有多个联盟功能，既有焦点企业为特定战略目标如市场目标、技术目标等发展的联结，又有为识别或抓住未来潜在的战略机会而发展的联结，是对偶联盟和多边联盟的组合。作为焦点企业的多个同时结盟（multiple simultaneous alliances）（Lavie，2007）集合的联盟组合，就研究而言，存在三个分析层次：一是个体联盟层次，尤其是对偶或二元联盟，关注焦点企业与单个伙伴之间的合作关系，或与几个伙伴一起构成的特定战略联盟；二是组合层次，关注组合中伙伴与伙伴之间关系、个体联盟之间关系以及对焦点企业而言的总和绩效；三是网络层次，指焦点企业越过联盟组合的边界，跨越到联盟组合的外部，关注到与自己相关的直接联盟所嵌入的更大关系网络。本书对联盟组合的研究着眼点放在焦点企业上，是公司级水平的研究，并从上述三个层次分别展开。

二、联盟组合的相关研究

与联盟组合相关的研究有三四十年的历史，如战略联盟、合资、组织间关系、联盟网络、组织间协作等，涉及管理学、经济学、社会学等多个学科，覆盖组织理论、社会网络理论、交易成本理论等多个领域，如表1-2所示。

表1-2 联盟组合研究中的理论视角

理论视角	研究者及论文发表时间
社会网络理论	Ahuja，2000a，2000b；Bae & Gargiulo，2004；Baum et al.，2000；Capaldo，2007；Chung et al.，2000；Goerzen，2007；Goerzen & Beamish，2005；Gulati，1999；Powell et al.，1996；Rowley et al.，2000；Stuart，2000；Walker et al.，1997；Zaheer &Bell，2005；Wang & Bao，2017
一般组织学习	Anand & Khanna，2000，Deeds & Hill，1996；Draulans et al.，2003；George et al.，2001；Gulati，1999；Hoang & Rothaermel，2005；Kale et al.，2002；Lavie & Miller，2008；Powell et al.，1996；Reuer et al.，2002；Stuart，2000；Arora et al.，2021
探索/利用框架	Dittrich et al.，2007；Lavie & Rosenkopf，2006；Rothaermel，2001
资源基础观	Ahuja，2000a，2000b；Chung et al.，2000；Lavie，2006；Lorenzoni & Lipparini，1999；Vassolo et al.，2004；Zaheer & Bell，2005；Hoehn-Weiss et al.，2017
动态能力	Kale et al.，2002；Lorenzoni & Lipparini，1999
知识基础观	Draulans et al.，2003；Kale et al.，2002；Lorenzoni & Lipparini，1999；Haider & Mariotti，2016
关系观	George et al.，2001

表1-2(续)

理论视角	研究者及论文发表时间
演化经济学	Kale et al., 2002
交易成本经济学	Goerzen, 2007；Goerzen & Beamish, 2005
其他经济学	Deeds & Hill, 1996
代理理论	Reuer & Ragozzino, 2006；Rivera-Santos et al., 2016
权变理论	Hoffmann, 2007；Wang & Bao, 2017
联合演进观	Hoffmann, 2007
合约理论	Anand & Khanna, 2000
实质选择权理论	Vassolo et al., 2004
资源依赖理论	Bae & Gargiulo, 2004；Ozcan & Eisenhardt, 2009

资料来源：根据 Ulrich Wassmer. Alliance Portfolios：A Review and Research Agenda ［J］. Journal of Management, 2010, 36（1）：141-171 以及本书参考文献整理。

在研究内容方面，主要有三个研究视角。一是联盟组合配置（configuration）视角，二是联盟组合能力视角，三是联盟组合演变视角。

联盟组合配置视角侧重于联盟组合的组成及结构特征如何影响焦点企业绩效（Bae et al., 2004；Lavie, 2007；Gulati, 2007；Hoffmann, 2007；Bort et al., 2014；Golonka, 2015；Bos et al., 2017；Kim, 2020），既有对配置维度的选择，如联盟组合规模（Stuart, 2000；Baum et al., 2000；）、伙伴资源特征（Stuart et al., 1999；Dyer, Singh, & Kale, 2008；Zaheer & Bell, 2005；Casanueva et al., 2013；Hoehn-Weiss et al., 2017）、联盟组合多样性（Baum et al., 2000；Lee et al., 2017；Popadić et al., 2016；Chung et al., 2019；Marhold et al., 2017a），后者又包括合作伙伴类型（Casanueva et al., 2013；Ozdemir et al., 2017）、技术或知识多样性（Leeuw et al., 2014；Wuyts et al., 2014）、国际化特征（Goerzen et al., 2005；Lavie et al., 2008；Ardito et al., 2019）等。

联盟组合能力视角聚焦对联盟组合的管理，解析联盟组合能力及其如何影响企业或联盟组合绩效（Heimeriks et al., 2007；Macedo-Soares et al., 2017；Van Wijk et al., 2020）。首先，联盟组合管理需要一个整体的方法把全部组合考虑在内，而不是将其中每个联盟移走作为单独交易来看待（Bamford et al., 2002；Duysters et al., 1999；Hoffmann, 2005；Parise et al.,

2003），焦点企业需要在整个联盟组合间发展协同并避免冲突（Hoffmann，2005；Parise et al.，2003），需要建立规范化过程并利用工具进行管理（Dyer et al.，2004；Parise et al.，2003；Duysters et al.，1999；Bamford et al.，2002）。其次，联盟组合能力是一种动态能力（Sarkar et al.，2009），有多个维度（Castro et al.，2015；Inigo et al.，2020），联盟经验为能力建设构造了基础（Anand et al.，2000；Heimeriks et al.，2007；Hoang et al.，2005；Kale et al.，2002）。董事会关系网络（Beckman et al.，2014）、人力资本（Martinez et al.，2019）、外部环境动态水平（Schilke，2014）等都会影响联盟组合能力，联盟组合能力对企业创新有重要影响（Haider et al.，2016；Chung et al.，2019）。

联盟组合演变视角分析了联盟组合的形成、演变路径以及联盟终止。联盟组合的配置和结构通常不是静态的，会随着新联盟的形成以及既有联盟的终止而改变（Chung et al.，2000；Makino et al.，2007；Reuer et al.，2005）。联盟组合演变的驱动因素多样（Hoffmann，2007；Gutiérrez et al.，2016，Kavusan et al.，2019），既有内部因素（Castro et al.，2014；Chiambaretto et al.，2019），也有外部因素（Chiambaretto et al.，2016）。焦点企业对于新联盟加入组合需要基于多方考虑（Reuer et al.，2002），联盟终止受资源关系、创新目标、市场环境等因素的影响（Cui，2013；Holgersson et al.，2022）。

国内学者之前对个体联盟关系研究较多，对联盟组合在近十余年才开始关注。最早是有关企业间网络形成的动因（邓学军 等，2008）、联盟组合形成的动态机制和稳定均衡条件的研究（张翼，2012）。符正平等（2011，2012）主要构建了跨时视角下的联盟组合过程研究概念框架并进行了联盟组合研究述评及展望，刘雪梅（2012）主要关注了联盟组合的价值创造与治理机制。詹也和吴晓波（2012）则以我国汽车行业的企业为例，探讨了企业如何设计和管理联盟组合来支持其长期战略目标的实现。近些年，国内学者的研究主要集中在两个方面。一是围绕联盟组合配置特征（寿柯炎 等，2018；刘宇 等，2019），从组合的结构特征（江积海 等，2014；詹坤 等，2018、2017）、联盟伙伴竞争关系（邓渝 等，2017；邓渝，2019）对创新的影响，以及多元化与企业创新绩效之间关系的影响因素方面展开（刘洪伟 等，2015；毕静煜 等，2020）。二是围绕联盟组合管理能力对企业绩效或创新绩效的影响方面展开（刘景东 等，2015；薛捷等，2017；殷俊杰 等，2018；庞博 等，2019）。戴海闻等（2017）以多理论视角研究焦点企业应如何设计和管理其技术标准联盟组合。其他学者还在资源整合对绩效的影响（孟卫东 等，2018）以及联盟组合网络匹配对技术能力的影响（马丽 等，2019）方面进行了研究。总的来看，国内有关联盟组合的研究成果不算丰富，研究路径基本与国外学者保持了一致。

联盟组合研究大多采用了实证方法，样本选择比较多地集中在生物制药（Hora et al.，2013；Bort et al.，2014；Park et al.，2015；Zheng et al.，2015；Popadić et al.，2016；Marhold et al.，2017a，Asgari et al.，2017；Kavusan et al.，2019）、航空业（Wassmer et al.，2012；Casanueva et al.，2013；Cobena，2016；Chiambaretto et al.，2016；Hoehn-Weiss et al.，2017；Chiambaretto et al.，2019；Cobeña et al.，2019）、汽车制造（Andrevski et al.，2016；Haider et al.，2016；Martynov，2017）以及半导体（Stuart，2000；Park et al.，2014；Arora et al.，2021）这几个行业（领域）。

最近几年，关于联盟组合多样性与创新之间关系的研究仍保持了高关注度。对联盟组合演进的研究采取了更细致的解析。例如，对联盟组合演变过程的分类分型（Castiglioni et al.，2020）、从微观行为视角研究企业联盟组合重构时的策略（Kavusan et al.，2019）、联盟终止倾向或开放式创新关闭的影响因素（Cui，2013；Holgersson et al.，2022）、技术中断后的联盟组合重构（Asgari et al.，2017）以及联盟组合中竞争合作关系的演变（Chiambaretto et al.，2016）。此外，有两个新的方向可能成为未来研究的重点与热点。一是联盟组合发展与环境之间的关系，例如焦点企业通过联盟组合发展与环境之间的可持续性关系（Castiglioni et al.，2020），尽管已有学者将非营利组织纳入联盟组合的研究中（Chiambaretto et al.，2016）。二是数字化时代联盟组合的变化。虽然有学者指出了战略联盟的变化（He et al.，2020），但由于数字技术给全球商业模式带来的颠覆性影响以及对价值创造模式的改写，这个时代的联盟组合战略在组合设计与管理理念及方式方法方面较之以往发生了很大改变。

第二节　联盟组合的理论基础

与联盟组合以及战略联盟研究相关的理论或观点众多，包括交易成本理论、资源基础观、知识基础观、资源依赖理论、社会资本理论、博弈论、制度理论、动态能力观、利益相关者理论、权变理论、代理理论以及自然基础观等（Wassmer，2010；He et al.，2020）。这些理论可分为经济视角、管理和组织视角以及行为视角三类（Child et al.，2019）。根据本书研究视角，这里对其中几种进行简要阐述。

一、交易成本理论

交易成本理论来自经济学，源自英国著名经济学家、诺贝尔经济学奖得主 Coase 发表于 1937 年的重要论文《企业的性质》，由此也拉开了交易成本经济学研究的序幕。Coase 将交易成本的概念引入对组织形式的考察，认为企业选择什么样的组织形式取决于对交易成本的衡量。交易成本理论是用比较制度分析方法研究经济组织的理论。其基本思路是：围绕交易费用节约这一中心，把交易作为分析单位，找出区分不同交易的特征因素，然后分析什么样的交易应该用什么样的体制组织来协调。在这种分析中，各种治理结构的细节和人的因素也在考察之列（Williamson，1988）。

在 Coase 看来，经济体系里有两种生产组织协调模式，一是市场，其以价格机制作为协调工具，发现相关价格本身也需要成本；二是企业，由企业家通过组织内关系系统实现协调功能，也有组织成本发生。市场与企业是组织相同生产交易活动的可替代模式。替代发生的原因在于交易成本的存在及其差异。企业通过建立一种无限期的、半永久性的层级性关系，将一些市场资源内部化，这样可以减少在市场中转包某些投入的成本，是对价格机制的替代。也即在专业化分工中，当使用市场的价格机制的成本相对偏高时，就会形成企业层级机制，它是人类追求经济效率所形成的组织体。两种协调模式在本质上都可视为以合约为基础的交易，都会产生交易成本。Williamson 总结交易成本之所以产生，是因为来自人性因素与交易环境因素共同影响下所发生的市场失灵现象，造成交易困难（罗家德等，2007）。交易成本是获得准确市场信息所需要的费用，以及谈判和经常性契约的费用。也即，交易成本由信息搜寻成本、谈判成本、缔约成本、监督履约情况的成本、可能发生的处理违约行为的成本所构成。通常对企业规模变化的研究有必要关注到企业内部组织成本和外部市场交易成本变化的影响（Coase，1937），企业边界取决于边际成本的比较。

交易成本产生的人性因素方面包括：①有限理性（bounded rationality）：由于交易中个体的心理、认知能力以及环境条件都受到一定限制，因此不管他们如何尽最大努力处理围绕其周围的复杂性和不可预测性，仍受限于其对未来计划的能力以及对可能引起的各种偶然事件准确预测和规划。对个体来说，获取和理解有关合约环境和公司的信息，在时间和资源方面是昂贵的。交易双方为促成交易而必须进行的协商、谈判等会发生成本。②机会主义（opportunism）：指参与交易的各方为追求自身利益最大化而采取的欺骗式行为，因此导致交易过程中监督成本的增加而降低经济效率。环境因素方面包括：①不确定性与复杂性（uncertainty and complexity）：由于环境因素中充满不可预知性和各种变化，交易双方均试图将未来的不确定性及复杂性纳入契约中，使得交易过程增加不少订定契约时的议价成本，并使交易难度上升。换言之，契约不完备性也导致产生交易成本。②少数交易（small numbers）：一种情况是，事前少数交易由于资源及知识的异质性，这些资源及知识的拥有者数量有限，形成不完全竞争的市场结构，使得这些资源拥有者容易控制市场；另一种情况是，在事前为多数交易的情况下，首次获标者取得先动者优势，如积累相关经验和技能，这些优势会在续约即事后少数交易中提升其议价力。基于交易者可能产生投机行为的假设，市场交易效率可能下降，少数交易会增加交易前的议价成本及交易后的执行成本。③信息不对称（information asymmetric）：因为环境的不确定性、人的有限理性以及投机意图的影响，使得交易各方往往拥有不同程度的信息，而掌握较多信息者倾向于利用较多的有利信息获益，因此会增加许多监督成本。④气氛（atmosphere）：指交易双方若互不信任存在猜忌，则双方在谈判和形成协议过程中，会耗费更多的成本以防范对方欺诈，使得交易过程过于重视形式。反之，则可减少许多不必要的成本及降低交易困难（罗家德 等，2007；Williamson，1971，1975，1989）。

有限理性与机会主义是交易成本经济学采用的两个重要行为假设，在此基础上，对交易的三个关键纬度属性的分析十分重要（Williamson，1985，1989，1991；Riordan et al.，1985）。三个维度的性质影响交易成本的高低：①资产专用性（asset specificity）。资产专用性是指在不牺牲生产价值的情况下，资产可以被重新部署到替代用途和由替代用户重新部署的程度，包括地点专用性、实物资产专用性、人力资产专用性、品牌资产、指定性专用资产以及时间上的专用性等，该程度越高，则资产越无专用性。资产专用性导致相关方相互依赖同时也引起更多缔约风险。资产专用性越高，则交易双方越有意愿维持彼此合作关系，甚至愿意将此资产整合进组织内部。资产专用性的存在也需要某项防卫措施以控制机会主义行为对其带来的伤害。也因此，对特定关系资产的投资可以提高生产率，但同时也增加了被交易对手"敲竹杠"的风险。资产专用性不仅导致复杂的事前激励反应，而且更重要的是，它导致复杂的事后治理结构反应（Williamson，1989）。②交易频率（frequency of transaction）。即交易次数。当交易频率高、交易本身又具有甚至很高的资产专用性时，双方寻租及谈判协调的成本上升，使交易成本增加。③交易不确定性（uncertainty）。包括参数式不确定性和行为式不确定性。前者指由于有限理性而对外部环境诸多参数变动的不可预知性，后者指交易过程中的机会主义行为风险。前者因导致的偶发事件而增加交易成本，后者则因为在契约谈判及执行过程中增加的议价成本、防范成本及监督成本。不确定的大小会影响投资的专属性以及特定的投资保护程度。在三个纬度中，对资产专用性条件的分析值得特别关注（Williamson，1985，1988，1991）。

交易成本理论对研究组织结构及治理非常重要。交易成本经济学将企业视为治理结构而非生产职能（Williamson，1989）。总的来说，经济组织的中心问题是（对环境的）适应性（Williamson，1991）。市场代表的是依赖价格机制的自发性适应，而企业代表的是依赖层级制的协作性适应。与此同时，Williamson 指出，在市场和层级制两种极端模式之间，还存在中间的混合模式，例如长期契约、互惠贸易、管制以及特许经营等；与市场相比，混合制牺牲了激励而支持部门间的高度协作；与层级制比，混合制牺牲了协作但支持更大的激励强度。所有治理结构都会由于资产专用性提高交易成本，因而需要针对不同的交易属性予以区别性匹配（discriminating alignment）（Williamson，1991）。虽然 Williamson 将网络解释为一种非层级化的合约结构，是混合模式，然而 Powell 提出，网络并非市场与层级制的混合或者市场到层级制的过渡形态，而是独立的第三种治理结构，其主要治理方法是信任关系与协商（罗家德 等，2007）。其他学者也指出联盟及组织间关系网络作为一种客观存在的组织形式，被交易成本理论视作中间型或混合性的治理结构，用于解释如承诺和稳定性这样的特征（Heide et al., 1990；Parkhe, 1993）。联盟的交易成本包括了相关谈判、合约编写、监督伙伴行为以及处理违反合同义务的成本（Gulati, 1995）。当公司需要最小化交易成本时，建立高效的联盟网络比市场或层级治理更有效（Jarillo, 1988）。也因此，当企业通过组织跨组织边界的生产且最小化了其交易成本和生产成本时，联盟才被认为是成功的（Barringer et al., 2000）。交易成本理论的中心是企业控制联盟合作成本的能力，这些成本和控制发生在伙伴中任务分解、协调行动的综合决策网络及其相关沟通模式中（Gulati, 1998；Gulati et al., 1998）。在联盟组合战略中，焦点企业为了降低交易成本并应对不确定性，选择非市场化也非一体化的联盟组织的组合形式。

二、资源基础理论

资源基础理论，即 Wernerfelt（1984）提出的资源基础观（resource base view，RBV），其基本思想是把企业看作各种资源的集合体或资源束，这些资源是与企业联结的半永久性的有形和无形资产，并异质性地分布在企业之间，且资源差异长期存在。当企业拥有的资源是有价值的、稀缺的、不可模仿的以及不可替代的（VRIN 特征，valurable，rare，imitatable，non-substitutable）时，它们通过实施新的价值创造战略就获得了持续的竞争优势，且这种优势不容易被竞争者模仿（Barney, 1991；Conner et al., 1996；Wernerfelt, 1984, 1995）。进一步，当这些资源和他们相关的行动系统具备互补性时，其创造持续竞争优势的潜力得到增强。传统的企业定位理论将关注点放在组织外部，认为企业的竞争优势取决于其在产业结构中的位置（波特，2005），而资源基础观聚焦在组织内部，认为公司持续的资源异质性是其竞争优势的潜在来源（Das et al., 2000）。整体看来，资源基础观是对传统竞争优势理论的修正或补充。

资源基础理论的假设是企业可以把拥有的资源转变成独特的能力，资源在企业间是不可流动且难以复制的，因此企业可以在信息不对称和不完全的要素市场上，通过资源选择和配置的最优化，实现资源价值的差异化和最大化，同时使竞争对手无法复制该资源，以此来获取可持续竞争优势。

对于特殊资源的获取与管理，资源基础理论认为可以有以下途径：①组织学习。在资源基础理论看来，竞争优势可能是一个公司优先获得独特资源的产物，特别是那些默会的以及基于知识的资源（Dussauge et al., 2000），而知识和能力获取的途径主要是学习。组织学习不仅能够提升员工个人的知识和技能，且能促进有用知识在组织内部的扩散，在组织层面形成更为有机的知识聚合和能力转化。②知识管理。知识包括显性知识和隐性知识，通常代表技能诀窍的隐性知识对企业竞争优势有更为重要的意义。同时，知识又具有零碎、分散的特点，因此，企业需要对知识进行管理，在经营活动中通过持续的观察、总结、积累以及编码，对知识尤其是生产活动中产生的创造性知识进行加工整理，且将特定知识有效传递给特定岗位的员工，以帮助企业增强竞争优势。③建立外部网络。在信息和知识海量的时代，由单个企业自身来发展所需的全部知识难以做到高效，因此企业可以通过建立战略联盟、知识联盟来学习优势企业的知识和技能。来自不同企业的员工在一起工作、学习还可激发员工的创造力，促进知识创新和能力创新。

随着研究的深入和扩展，后来的学者对企业资源的认识拓展出了新的外延，也突破了早期资源基础观的"静态"特点。Teece 等（1997）将 RBV 延伸到了动态市场，原因是 RBV 没有足够解释为什么特定企业在快速的以及不可预测的情形下拥有竞争优势。这些市场中，竞争景象是变化的，企业管理者"整合、构建以及重构内部和外部能力以应对快速变化的环境的"的动态能力（Teece et al., 1997）成为持续竞争优势的来源。尤其是，对知识资源的利用在这样的市场特别关键。能力不仅是企业的有价值资源，而且随着情境变化的动态能力更是企业应该着力打造的竞争资源。此外，传统的 RBV 是基于对单个企业的资源以及资源与竞争优势的评价，Lavie（2006）将其延伸到加入互相连接企业的网络资源，区分了共享资源与非共享资源，讨论了网络环境下的与优势有关的资源特点。

以资源基础理论来分析战略联盟的形成。有学者认为公司利用联盟来定位资源的优化配置，以使其资源的价值相对其他可能组合得到最大化（Das et al., 2000），是被用于开发由一家公司不能独立实现的价值创造的资源组合。有关战略联盟形成的所有论点主要是关键决策者识别机会和随后利用企业资源去开发这些机会的能力（Ireland et al., 2001）。因为最大化企业资源的价值的过程充满了模糊性和不确定性（Anand et al., 2000），如市场、技术和竞争环境中的不确定性，这样企业通过各种联盟关系获取多种战略资源并寻求承诺以提高组织战略实施的有效性和效率。企业积累战略性资源的需求及过程会影响企业的战略选择，如相关联盟的形成和实施。

三、资源依赖理论

资源依赖（resource dependence）理论认为，组织总是努力减少自己在重要资源供应方面对其他组织的依赖性，并试图影响环境以保障所需的资源（Pfeffer et al.，1978）。资源依赖理论揭示了组织与环境的依赖关系，并且组织可以通过采用各种策略来改变自己、选择环境和适应环境，组织环境是组织和环境交互作用的一系列过程的结果。组织总是设法增强对外部资源的控制以减少这种依赖性，努力在依赖性和自主性之间寻求平衡。

资源依赖理论说明任何一家组织不可能拥有其发展所需的所有资源，它强调组织为了生存需要从周围环境中获取资源，需要与周围环境相互依存、相互作用才能达到目的。

企业对某种资源的依赖性取决于两种因素：一是该资源对企业的重要程度，二是拥有或控制着该资源的组织对该资源的配置和利用拥有的决定权或垄断权的程度。企业为降低所受到资源约束的威胁，会制定各种策略来降低对环境的依赖来吸收约束，以减少由这种依赖带来的不确定性。对外部环境中资源的控制，通常可以有两种策略：一种策略是与环境中的关键要素建立有利联系，另一种策略是改变所处的环境领域。一方面，为了对资源需求做出反应，组织通过修正、操纵或控制其他组织来维持自身独立，与其他组织建立联系；也可以与其他企业或组织建立联盟关系来调整或改变依赖关系，例如合资或长期的合同关系都可以保障所需资源的稳定供给。另一方面，组织也可以努力控制和改变环境因素，例如游说有关部门改变对某些规制的设立及其内容，推动有利于自己的行业标准的设立等。

企业在其生命周期内，总是试图通过调整企业间关系以避免资源依赖程度加深。像中小企业在创业早期，往往会寻求与业内单一或少量领先企业建立高调关系以谋求组织合法性，以期获得快速扩张；而在发展稳定尤其是进入领导阶段后，会将重点从与单一知名合作伙伴的高度依赖关系转移到多元化关系的组合战略，试图将联盟组合构建为商业生态系统

（Tokman et al.，2020）。资源依赖理论为战略联盟作为替代治理结构提供了重要解释（He et al.，2020）。

四、社会网络及相关理论

（一）社会网络理论

社会网络理论最早始于社会学研究，随着"社会结构"概念以及网络分析方法在不同研究领域得到认可并被不断拓展深化，一直到 20 世纪 90 年代，开始被广泛应用于对经济活动的研究，并在组织理论的研究领域得到重视。

社会网络可以被视为由行动者个体（包括个人及组织个体）间的社会关系构成的相对稳定的系统。Kilduff（2003）认为，在业务层次，由在不同环境中运营的多个业务单位构成的复杂组织，可以被看成一个差异化程度高的网络；在组织层次，组织间联结普遍存在，如战略联盟、供应链上下游之间的关系等。作为社会环境对个体的作用，网络对个体的影响通过"关系"和"结构"两个要素体现。关系要素关注行动者之间的社会性关系，通过社会联结的密度、强度、对称性、规模等来说明特定的行为和过程。结构要素则关注行动者在其参与的网络中所处的位置，研究由两个或更多个行动者之间关系形成的社会结构的特点及其形成和演进的途径。这两类要素通过影响资源流动的方式和效率对组织的资源获取产生重要影响，从而影响行动者个体或整个网络的绩效。如果说资源基础观使研究聚焦于企业的内部能力的话，社会网络理论则从方法论上打开了企业的组织边界，从企业嵌入的社会结构关系视角来审视企业的外部资源和动员能力。

在组织研究领域，社会网络理论表明了公司与谁形成联结，公司的战略行为受到其所嵌入的社会情境的影响（Gulati，1995，1999）。公司的社会情境不仅包括与网络行动者的直接及间接联结（Ahuja，2000a），还包括组织间以及组织内的资源关系（Madhok et al.，1998）。与社会网络分析相关的理论或学说有社会嵌入观、社会资本理论、结构洞理论以及社会交换理论。

（二）社会嵌入观

"嵌入"（embeddedness）这个概念最早由 Polanyi 于 1944 年提出（Lie，1991），主要强调经济行动是一个制度化的社会过程。而 Granovetter 在 1985 年发表的文章《经济行动与社会结构：嵌入性问题》中，清晰地表达了嵌入观点，认为经济行动是在社会网络内的互动过程中做出决定的，具体的社会关系以及关系结构（或称"网络"）能产生信任，防止欺诈，人际互动产生的信任是组织从事交易的基础，也是决定交易成本的重要因素。

Granovetter 将嵌入分为关系嵌入和结构嵌入。之后，有学者在研究中对嵌入又进行了另外的分类，如结构嵌入性、认知嵌入性、文化嵌入性及政治嵌入性（Zukin et al., 1990）等。

社会嵌入观批判了社会学、古典及新古典经济学研究中存在的过度社会化与低度社会化现象，是新经济社会学的核心，也推动了社会网分析在经济活动分析中的应用。

在对组织现象的研究中，社会嵌入理论和资源依赖理论一起，对联盟组合的形成提供了确定性的解释，即组合开始于相互依赖企业之间的联结，然后通过企业间联结的积累而演化，这些企业间不仅相互依赖，而且越来越多地嵌入网络中（Ozcan et al., 2009）。这种演化的结果便是由初始资源和联结塑造的组合（Gulati et al., 1999）。

（三）社会资本理论

第一个系统描述社会资本概念的是法国社会学家皮埃尔·布迪厄（Pierre Bourdieu）（郭毅 等，2007）。他于 1986 年提出社会资本这一概念，指出它是现实或潜在的资源集合，这些资源与拥有或多或少制度化的共同熟识和认可的关系网络有关，即与成员在一个群体中的身份相关。在布迪厄看来，社会资本是为集体所拥有的，因此它会对其中每个成员都提供支持。社会资本的积累和投资取决于行动者可有效动员的关系网络的规模，依赖于与其有关系的个体拥有的经济、文化和符号资本的数量和质量。随后，Coleman（1988、1990）指出，社会资本是个人拥有的社会结构资源，与其他形式的资本一样，社会资本是生产性的，但存在于人际关系的结构中，既不依赖于独立个体，也不存在于物质生产的过程中。Coleman 认为社会资本和其他资本的资源的结合，可以导致宏观水平的不同行为以及微观水平的不同结果。社会资本表现为义务与期望、信息网络、规范与有效惩罚以及权威关系。Portes（1998）在社会嵌入观的影响下，指出社会资本是嵌入的结果，是个体通过其成员身份在网络中或更宽泛的社会结构中获取稀缺资源的能力。Lin（1999）对社会资本做了总结，认为社会资本产生于社会网络，是从社会网络的资源中获得的，并在具有期望回报的社会关系中进行投资。从学者对社会资本的表述可以得出，社会资本既可以被看作公共资源，又可以被看作个体资源，在具体的研究运用中，视研究对象及现象而不同。

Burt（1992）等学者将研究进一步深入到产生社会资本的社会结构及关系中，采用网络分析方法对社会资本的量化等研究做了尝试。例如个体在网络中所处位置、关系强度以及社会网络的规模、密度、同质性或异质性、内聚性或封闭性等，都可以用以测量社会资本的大小。其中，就个体的社会资本测量而言，网络位置及关系强度得到最大范围的认可及应用。张文宏（2007）在对社会资本理论研究的总结中说明，社会资本包括网络资源和关系资源。从个体来看，网络资源是嵌入在个体的自我（中心）网络中的资源，是个体可摄取的资源，包括：①关系中资源的范围；②网络或关系中最大可能的资源；③网络中资源的多样性或异质性；④资源的构成。关系资源则指关系人以及工具性行动中的助力者所拥有的有价值资源，即可以通过关系被动员的资源。

虽然对社会资本的表述各有不同，但学者对社会资本的来源达成了共识，即社会资本来源于社会结构、嵌入在社会结构中，并将社会资本理论广泛地运用到个体层次、组织层次以及组织间关系层次的研究中。在组织层次，比较多的研究聚焦于组织的社会资本对组织绩效的影响方面，如社会资本可以促进员工及部门间的信任产生、促进团队合作、促进信息尤其是复杂信息的传递以及促进创新等。在组织间层次，比较多的研究聚焦于组织间关系的性质，如关系强度对社会资本的影响、组织网络的特征对社会资本的影响，得出的结论如社会资本促进了组织间的学习及合作并使企业更快进行知识积累、创新能力强的产业通常都具有充沛的组织间社会资本、社会资本可以强化组织间关系等。

社会资本理论在有关联盟关系的研究中得到了极大重视。因为社会资本通常是公司间通过长期互动关系而产生的，并且信任是社会资本能被利用以获得联盟成功的基础，因此在战略联盟中，随着合作伙伴代表人彼此间互动，社会资本就会得以发展。社会资本可被作为联盟形成的基础。学者发现，与其他公司的关系提供了潜在的价值资源，公司可以寻求有重要社会资本的伙伴以获取网络资源（Chung et al.，2000），与有更大多样性的伙伴结盟可以创造更多的社会资本（Baker，2000）。并且，研究显示联盟成功是伙伴间关系质量的保证（Glaister et al.，1999），基于相互信任的关系以及伙伴公司代表之间的互动往往会产生社会资本（Kale et al., 2000），信任关系是管理联盟最大化价值潜力的基础。Tsai 和 Ghoshal（1998）就发现社会资本与组织间资源交换的程度相关。社会资本也是吸引一些公司寻求公司网络资源基础的来源。例如，社会资本提供了接触到更大的可以用于开发新技术的资源库。Ahuja（2000b）发现联盟中的社会资本增加了产生彻底的技术突破的可能性。公司间关系代表了社会资本，参与组织间网络对焦点企业调动的网络资源数量有积极影响（Castiglioni et al., 2021），因而焦点企业通过发展不同的公司间合作关系以积累社会资本，进而增强自身动员外部资源的能力。

社会资本也增加了战略联盟成功的可能性，因为伙伴中存在信任以及分享资源的意愿。分享资源的意愿对确保伙伴都受益于联盟是必需的。研究发现中国公司倾向于寻求有社会资本的伙伴，主要因为这些公司的广泛经验被视为指标，它们可能是最有效、值得信任的伙伴（Hitt et al., 2001）。中国公司的领导者把一家公司的先前经验作为联盟专用知识和值得信任的证据。

（四）结构洞理论

结构洞理论由 Burt 于 1992 年提出。在他看来，玩家（包括市场中的公司、个人等）都处在一个充满竞争的场域之中，每个玩家在这个竞争场中都拥有一个由自己及其关系人构成的网络，这个网络的结构特点以及其关系人在竞争场的整个社会网络结构中所处的位置会给其带来某种竞争优势从而有助于其获得更好的业绩回报（Burt, 2008）。Burt 强调社会资本是带给玩家竞争优势的重要竞争资本，玩家社会资本的重要来源依赖于玩家自身及其关系人在网络中所处的位置。在竞争场中，存在关系人之间无直接联结关系或非等位的情形，被称为结构洞。玩家的关系人中，如果某两个关系人又都拥有同样的其他（指除玩家外）关系人，则这两个关系人在玩家的关系人网络结构中就处于同等位置，也称结构等位，在对玩家的信息资源贡献中表现出冗余。与此相反，所谓非等位，即指玩家的关系人之间没有拥有同样的其他关系人。换言之，结构洞是指两个关系人之间的非重复或非冗余关系，Burt 将其类比为电路中的绝缘器，是关系人之间的缓冲器。因而，彼此之间存在结构洞的两个关系人都独立地对玩家网络做出利益贡献，玩家可将这种贡献进行累加利用。

在 Burt 看来，如果占有竞争场中结构洞的位置，就可以给玩家带来如下利益或竞争优势：①信息利益。一方面，信息利益本质上来自信息通路、先机和举荐。玩家的关系人网络使其获得了更多的信息来源渠道，同时也使玩家更早地获知信息，因而在利用信息上占有先机。另一方面，网络过滤流向玩家的信息，同时引导、集中、合法化其他人获取的关于玩家的信息，这样，玩家获得举荐利益。玩家网络中关系人冗余和结构洞决定了信息利益的产生和数量。②控制利益。控制利益来自占据结构洞的玩家在与结构洞两端的无联系的玩家之间的谈判中所占据的议价优势。相应地可以推论出，如果玩家的关系人网络中结构洞缺乏，玩家就会受到一定程度的约束。

对企业家而言，竞争场或社会结构中结构洞的存在，意味着机会和动机。如果一个玩家网络的结构洞富裕，那么就会有更多的企业家机会，并享有更多的信息利益和控制利益，从而实现经纪利益①，这种情形被 Burt 称为玩家具有高度结构自主性。每一个焦点企业都可被视为其自我中心网络中的玩家。

结构洞理论可以被用于分析竞争场中的个人，也可以被用于分析竞争场中的组织及组织间关系，为在微观与宏观分析之间搭起了桥梁。同时，组织和个人可以通过各种策略来改变受约束的局面以增强控制，例如增加新关系的嵌入策略。

部分学者利用结构洞理论对组织现象进行了多视角研究。如 Ahuja（2000a）的研究认为当组织处于行业内合作企业网络中或联盟上层，且占据经纪人位置时会获得更多的专利产出，但结构洞对随后的创新既有正向又有负向的影响；Stuart 和 Podolny（1996）发现当半导体公司与自身技术领域之外的企业建立联盟时，创新的可能性更大；Zaheer 和 Bell（2005）的研究表明拥有结构洞的创新公司获得了更好的业绩提升。联盟组合中更高层次的结构洞（较少约束的自我中心网络）能促进焦点公司提高其联盟组合绩效（Castro et al.，2015；Dyer et al.，2008）。

（五）社会交换理论

社会交换理论起源于 20 世纪 50 年代，由著名的社会学家、哈佛大学教授霍曼斯（George C. Homans）创立，其理论观点为交换行为主义

---

① 经纪利益是指在竞争场域中，占有结构洞的玩家，利用位置形成的信息通路和控制优势，在被该结构洞阻隔、彼此不连通的其他玩家之间开发类似中介或经纪业务的利益。经纪利益建立在信息利益和控制利益基础上，其多寡还取决于玩家对网络中经纪业务的挖掘水平。

（exchange behaviorism）（Homans，1958）。社会交换理论的主要代表人物及其学术观有：哥伦比亚大学教授布劳（Peter Blau）的交换结构主义（exchange structuralism）（Blau，2017）、希鲍特和凯利（Thibaut 和 Kelly）的交换结果矩阵（exchange outcome matrix）（Thibaut et al.，1959），以及华盛顿大学的埃默森教授（Richard M. Emerson）的交换网络理论（exchange network）（Emerson，1976）等。他们对社会交换理论的贡献，促成了现代社会交换理论的蓬勃发展。

社会交换理论强调人类行为中的心理因素，主张人类的一切行为都受到某种能够带来奖励和报酬的交换活动的支配，因此，人类一切社会活动都可以归结为一种交换，人们在社会交换中所结成的社会关系也是一种交换关系。社会交换理论的基本思想是社会交换包含了一系列产生义务的互动（Emerson，1976）。Blau（2017）把交换关系分为两种类型：协商交换和互惠交换。在协商交换中，存在一个一般的决策过程，其中行动者协商以发现关于交换条件的协议（Blau，2017；Cropanzano et al.，2005；Molm，2003），如有交换合同的买卖关系。互惠交换建立在互惠的相互依赖观念上（Cropanzano et al.，2005），一个伙伴的行为导致另一个伙伴的反应，但该反应是不确定的。伙伴的行动未经协商且分别执行（Molm，2003）。Emerson 将交换关系具体分为三种类型：①谈判或协商（negotiation）交易，双方在有条件之下彼此进行交换；②赠送礼物或执行某种利他的行为，较强调一方的贡献，另一方是否有回报行为则只能取决于对方；③合作型（incorporation）的交换关系，也称为有生产性的交换关系，是一种特殊的交换形态，交换的双方无法分开去单独获得回报，只有双方在彼此互动的过程中均有贡献，才能从对方获得利益。

学者们社会交换的研究从对偶关系情境发展到网络情境，经历了从简单结构的微观过程到复杂过程的过渡及发展，同时开始关注交换关系的本质以及个人或组织在其中的行为机制，新的推论和定理也随之被逐渐引入理论体系。Molm（2003）在研究中指出，社会交换理论的中心是权力和依赖，以及信任和承诺。当一方比另一方更依赖对方时，权力就在被更多依赖的一方产生（Emerson，1962）。尤其在协商关系中，受依赖更多的一方可能就倾向于使用这种权力和不平等从而表现出机会主义行为（Cropanzano et al.，2005；Molm et al.，1999），如要求更多回报或向对方要求更多义务。社会交换理论认为交换关系可以发展到相互的承诺，交换双方彼此信任（Cropanzano et al.，2005；Molm，2003）。由于社会互动促进了交换伙伴之间普遍的规则以及信任的发展，这一关系观点越来越被认为是对协商的买卖关系的补充（Poppo et al.，2002）。规则和信任的发展作为一种针对机会主义的控制机制，提升了关系绩效，增强了供应商分享信息的意愿（Tsai，1998），并得到供应商的优先客户待遇（Uzzi，1997）。

和经济交换理论一样，社会交换理论仍然着眼于成本-利益（cost-benefit）的考量，但是后者所谓的成本和利益是无形的社会成本和利益，如尊重、声誉、友谊及关心等，探讨的基础更多是人与人之间的互动，其中并无明确的规则和条约来约束管理。经济交换理论着重外在利益或经济报酬，社会交换理论则着重于内在的报酬（intrinsic rewards）（Thibaut et al.，1959；Blau，2017；Gefen et al.，2002）。经济学上的交换是可以确保双方彼此的交换，并进一步保障彼此间的权利义务（Blau，2017），而社会交换并不保证所投资的成本将会得到相同的报酬，因为其中甚至没有明确的规则和条约来管理双方之间的互动，而且也并无特定的权利和义务。

社会交换理论本身的研究聚焦于社会关系中的人际互动，但随着人们对"经济活动嵌入在社会结构中"中这一社会嵌入现象及观点的认识及深入，其也被明确或隐性地应用到对组织、组织间关系的研究中。企业间的联盟虽然几乎是基于经济利益的起点，但在伙伴关系的构建以及随着时间流逝的关系发展中，包含着大量的社会关系互动，准确地说，是一种交换内容更为丰富、宽泛的社会交换。

五、组织与制度理论

制度理论（institutional perspective）认为，任何组织都需要从其利益相关者中获得合法性（legitimacy）的认可才能够生存（Scott，2000，2005）。各类利益相关者（企业的顾客、投资者、政府、协会及其他有合作关系的组织等）的规范和价值观构成了制度环境（institutional environment）。合法性则指在环境的规范、价值观和信念系统内对组织行动是否合乎期望及恰当性、合适性的一般认识。制度理论描述了组织如何在与环境的期望保持一致中获得生存及成功。

大多数组织都有取得合法性的期望。外部环境给予了组织以恰当而被认为是正确的方式做事的压力，使组织在组织设计上更多地反映环境的期望和价值观，甚至因此可能降低组织效率。在组织间关系中，组织的这种要显示自己合法性的强烈愿望，使得存在一种力量，使同行业中的企业看起来彼此相像，同一领域的各种组织会形成某种相同的结构和活动方式，具有制度同构性。

同构性的过程导致了面临同类环境条件的某一组织种群中的各单位彼此类同和相似。其中有三种机制发挥了制度调适作用：①模仿的力量。大多数企业在发展的过程中，面临着许多的不确定性，在这种情况下，企业倾向于复制和效仿其他企业尤其是成功企业的做法。在新兴产业中，由于市场处于萌芽或早期阶段，尤其容易观察到这种现象：市场需求与产品开发具有高度不确定性，存在大量初创企业或创业企业，企业在其中不断地从各个方面进行创新尝试，一旦某种创新获得了环境的认可，会很快地招致同行模仿。例如互联网行业中早期网络广告收费模式的出现，随着其合理性被认可（广告客户认同），其他企业纷纷效仿，因为环境会赋予采用者相应的合法性（网络广告收费至今仍是互联网企业的重要获利模式）。②强制的力量。该力量是指迫使组织采用类似于其他组织的结构、方法或行为的外界压力。这些压力可能是正式的，也可能是非正式的，往往来自政府部门、立法机构以及环境中的其他重要组织，如行业协会、商会等。如果组织间存在由各种因素形成的权力差距，则更加强势的组织也会对弱势组织形成强制压力。例如沃尔玛曾成功实现要求其供应商都安装 EDI（电子数据交换）系统以提高其整体供应链效率。③规范的力量。该力量是指组织将变革自己以遵循职业标准，并采用行业协会所认定的某些最新且有效的方法的压力。

在组织寻求合法性的过程中，与其他组织结成各种联盟关系有助于组织对三种调适机制的发挥。联盟关系中的信息交流、知识扩散，促进了组织间的相互学习及效仿。与同领域中相关重要成员的关系可以使组织更加接近强制力量的中心，或者领域中若干组织可以有效联系起来，通过协调及合作形成强制力量，这对制度变革以及各类创新尤其有效。

第二章　联盟组合的构建

第一节　联盟组合构建的动因及意义

一、联盟组合构建的动因

从某种意义上说，联盟组合是企业战略行为的最基本诉求的产物。而企业战略行为的形成是一个复杂的过程。按产业组织理论的观点，企业战略行为是市场不完全和市场信息不对称的产物，是弥补这一市场缺陷的实际的制度性工具。生产技术的不完全、商品性质的不完全，使市场机制不能有效地分配资源，这就是一种市场失灵。面对市场的不完全，企业必须通过采取兼并、收购、投资、合资、联盟等这样的战略行为，扩大自身的竞争优势或弥补竞争劣势，目的是获得较高收益及报酬率（Hymer，1960）。在资源依赖观看来，组织资源存在异质性。组织资源的异质性给企业的经营带来不确定性，这种不确定性表现为对外部资源的不能控制的依赖性，是企业的外部约束。为了吸收这种约束、重构依赖关系，企业需要采取各种战略策略（Casciaro et al.，2005），联盟组合即其中之一。并且，较之兼并、收购、投资及合资经营等将外部资源内部化或半内部化的行为，在当今市场高度复杂、柔性、快速变化的经济环境下，联盟及联盟组合已经成为更加弹性的战略选择行为。

联盟关系给企业带来的诸如减少交易成本或成本共享、从伙伴那里获取新的有价值的或关键的资源或能力、应对风险及不确定性、增强竞争力以及改善竞争地位、习得伙伴经验、增加效率及创新、进入新市场等好处不言而喻。在今天的商业环境中，大多数企业不再依赖单个联盟，事实上不少企业同时参与了多个及多重联盟，以获取宽范围的资源（Parise et al.，

2003；Hoffmann，2005，2007；Lavie，2007），并且在这种情况下，公司也往往能收获更多的好处。通过许多个体联盟追求多重目标，公司可以分散风险且潜在地克服不确定性，总的来说会收获更多联盟利益（George et al.，2001；Hoffmann，2007）。从资源获取来看，联盟组合可以同时获取来自不同伙伴的更宽范围的有价值的网络资源，是提升公司的资源存量和能力以获取关系租金的有效手段（Ahuja，2000b；Hoffmann，2007；Lavie，2006）。从创新来看，联盟组合是企业创新过程外部投入的宝贵来源（Wassmer，2010）。从学习来看，联盟组合中的不同伙伴给企业创造了更多且丰富的经验，从而有助于企业加速经验积累，学习到如何设计和管理战略联盟（Anand et al.，2000）。这些都超过了单个联盟所能提供的好处（Wassmer，2010）。由于联盟关系给企业带来的诸多利益潜力，企业有动力构建或参与联盟并逐渐形成一定的联盟数量集合，又由于若干单个联盟的组合利益可能会超越单个联盟简单加总的利益，因而企业还会发展到有意识地主动构建联盟组合，进而从战略高度上进行联盟组合布局及管理。

二、联盟组合构建的意义

从更宏观和现实的角度看，联盟组合战略对中国企业乃至国家的产业发展具有如下意义：

一是有助于企业实现"专业化"式"瘦身"或"成长"，从而促进中国的产业升级及调整。在改革开放早期，中国企业凭借低廉的劳动力成本，在全球制造业产业链中分到一杯羹，依靠"中国制造"走向了世界。但是，凭低廉加工成本分到的，只是产业链中附加价值最低的来料加工。经历短暂的繁荣后，加工制造面临人工成本攀升后的地域优势丧失。政府提出的工业转型、产业向高端转移需要通过中国企业的蜕变来完成。而这种蜕变仅靠企业单打独斗步履维艰，尤其是在涉及技术特别是核心技术的创新方面就更困难。传统的依靠单一企业在内部独立开发、独立推广并独享成果的创新模式已被证明是低效的。实施联盟组合，可以使企业充分腾挪出资源，集中于技能优势或技术创新能力的形成及提升，建设高品质的产业价值模块，而其他则依靠伙伴与之联盟协动，促进高质量的专业化分工，进行跨组织、跨行业以及跨领域的开放合作及整合，以提高产业链效率。这样，通过联盟组合，企业可以着力打造专业化资产（specialized assets）并与伙伴开发共同的专业化资产（co-specialized assets），从而达成企业成长与国家产业调整双重目标。

二是通过组合，创造全新商业模式，构建全新市场，并构建一定的进入壁垒，引导竞争关键点向有利于自己的方向转移。美国苹果公司如今的成功有目共睹，但其在 20 世纪 80 年代经历了濒临破产的打击。苹果的重新崛起正是凭借与伙伴之间的合作，创造了全新商业模式。如苹果在 iPod 产品战略中，创造 iTunes 音乐商店平台与唱片公司合作，从而改变了美国音乐产业的原有格局；在 iPhone 战略中，利用 App Store 应用商店模式，对外免费提供针对 iPhone 的软件开发包，又为第三方软件的开发者提供了方便而又高效的软件销售平台，因而极大地鼓励了数量众多的第三方软件提供者与之建立联结，同时满足了手机用户对个性化软件的需求，使产品服务内容快速增加，这使得苹果公司快速实现了对移动应用这一新市场份额的早期占据。截至 2022 年年底，苹果商店的移动应用已超过 200 万种。同时，苹果公司致力于产品的创新策划与设计，而把生产制造及销售交由联盟伙伴合作实施。苹果的这种模式，强化了移动互联产业中"终端"加"应用"的结合，其竞争对手或者无法免费提供软件开发包，或者即便开放软件开发包也面临着原有合作网络内不兼容的问题，所以短时间内无法完全效仿。

三是通过组合，构建产业生态网，形成规模经济和范围经济。在多样性伙伴构成的生态网中，企业间相依相存、相互高度理解与契合，对外来冲击的抗衡能力及意愿更强，对新机会或威胁的反应更灵敏，也更容易调整资源以应对，同时相互激发的动力又推动企业的积极创新乃至生态网的升级演化。在浙江义乌的电子商务生态网中，网商、制造商、批发商、物流商、网络服务商等彼此充分建立联结关系，各司其职、发挥专长。如网商只需负责进货和销售；进出货的仓储管理、包装、分拣、运输、配送都由物流商完成；批发商为支持起点低的网商，推出小额混批模式。企业间这种联盟合作模式促进了生态网的迅猛发展，使得网络成员可以在细致分工领域中获得规模性业务，并借助网络成员触角为自身优势技能拓展新的业务范围。据报道，截至 2022 年年底，义乌"淘宝村"数量增至 222 个，是全国最大的电商村集群。在义乌，围绕电子商务发展的其他配套业务如网络广告推广、摄影、培训等也不断地融入，并且该生态网在发展过程中逐渐向国际电子商务生态网的方向升级。在数字经济时代，随着平台经济及短视频经济模式的兴起，原有电子商务产业生态网又同时向适应新经济模式的形态演化，如直播电商的出现，在其背后是内容生产者、平台提供者、产品经营者与供应链等的再构性紧密合作。

四是通过联盟组合战略的实施，企业可以争取在全球新兴产业中建立先发竞争优势。在中国参与的全球产业链中，在制造业中承担的任务规模已使中国获得了世界制造大国的名声，但中国实际在其中所获收益不高。而在美国苹果公司创造的庞大苹果产业链中，苹果公司的运营利润率已突破30%。根据苹果公司发布的2022年第四季度财报，其在大中华区的营收达到了201亿美元，同比增长28%，在苹果公司总收入中的占比达到19%。苹果的主要代工厂的运营利润率却一直下滑，市场贡献与利益获取呈现出不对称性。21世纪的典型特征是信息技术的巨大变革与达成全球治理理念共识。一方面，云计算、大数据、工业4.0、人工智能等全新信息技术催生出多种形态的新经济；另一方面，各国对地球生态、环保等议题极为关注并在共识下积极寻求产业回应，如着力开发新能源及其应用。在这些新兴产业的多个领域，各国基本都处于同一起跑线，凭借优秀学习能力和经年积累，中国企业有机会在其中率先建立全球竞争优势，这有赖于企业全面实施联盟组合战略，从更高的层面，以更广的视野构建新兴产业链模式，尽可能多地参与新兴产业链中最有价值的环节。

五是通过联盟组合，在受限制的市场寻求认可及合法性。众多企业在经营跨国业务时发现，市场的全球化并不意味着各地区壁垒的完全消失，不少地区以市场准入或其他无形障碍限制了其他地区企业在本地的市场行为。在这种情形下，企业可以寻求与当地企业合作，设计恰当的机制规避限制，以谋求共同发展。

第二节　联盟组合构建的三重逻辑

联盟组合的构建就是要解决关系联结的问题，具体包括与谁建立联结、联结的目的、联结的形式以及所有关系形成的组合结构。我们发现，其中主要是价值逻辑、制度逻辑和关系逻辑三种机制在起作用（见图2-1）。事实上，无论是否主动对联盟组合进行战略谋划，任何企业都与外部有联结关系。从具体联结关系看，有的是焦点企业有意识地主动搜寻、接近而致，有的是因为偶然的机缘得来。但无论怎样，反映的仅是两种不同的形成途径，对于联盟组合战略的经营者——焦点企业来说，对所有的关系联结的筛选、确认、维护、经营都是基于理性的选择前提，是在战略目标引导下的自我中心网络构建，而三重逻辑是构建过程中隐含的机制。

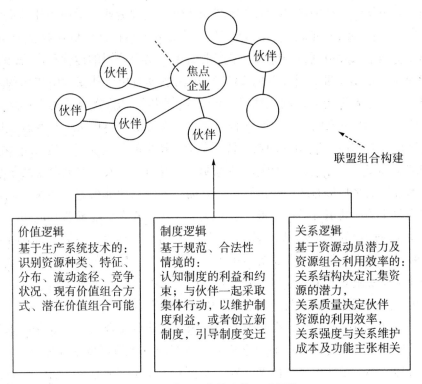

图 2-1　联盟组合构建的三重逻辑

一、价值逻辑

价值逻辑是企业对在产业空间中分布的资源及其价值创造方式的总体认知，是对其中各种价值链及网的识别，企业据此沿着价值链及网去构建各种联结的组合。

（一）价值创造是企业的终极使命

从某种意义上说，企业存在的目的就是创造价值，并把这种价值在市场上兑现。企业对价值的创造依靠自身异质性资源及技能。全球化和技术发展带来的竞争以及市场的更为成熟与透明，极大地压缩了企业传统的价值创造空间，而且因为经济活动的活跃，价值资源更为分散且在全球范围内流动。新的格局要求企业的异质性资源及技能更加独特及优异，并且企业需要成为能"抓住"价值资源的"好手"。

对于企业的经营发展而言，熊彼特认为需要企业家通过不断的"创造性破坏"来追求价值创新或重构，要进行新商品、新技术、新市场、新原材料、组织的新形式的创新。但熊彼特所谓的"创造性破坏"往往来自企业内部，大多发生在传统的大企业为创新而打破具有路径依赖性的结构，是封闭式创新。新经济时代的资源具有极度分散性、快速流动性，以及顾客价值的形成点、迸发点的不断转移，使得识别价值机会、调动及整合企业内外资源的相应知识能力成为这个时代关于竞争力的显著特征。在这种环境下，完全依赖内部创新的机会成本太高，企业需要进行开放式创新，即通过配置外部创新资源，将其整合到自身的创新流程与竞争战略中，从而赢得竞争优势。较之兼并、收购、投资及合资经营等将外部资源内部化或半内部化的行为，通过联盟及联盟组合向外获取或借用多种资源，已经成为企业更加弹性的战略选择行为。从这一意义上来说，我们认为，联盟组合是企业战略行为的最基本诉求的产物，是企业为创造价值、扩大价值创造空间、进行价值创新或重构进而获取竞争优势而采取的战略行为。

（二）全产业情境下的资源价值识别

分工和专业化将价值资源分割，这种分割在全球化经济背景下被区域化甚至被社会结构化了，并且全球经济结构有从一般专业化到超级专业化的发展趋势。超级专业化在内部要求对任务进行更精细化分解，在外部则不能回避选择什么样的方式使超级专业化的资源能动起来。在我们看来，只能是通过将不同的专业化资源进行联盟，通过恰当的治理机制（包含动员、激励、维持、适应等）实现。

在波特（1985）看来，每个产业都存在一定的结构，有自己的运行规律，产业结构一旦出现及稳定下来，由于参与者的操作惯性、顾客所习惯的交流方式及信息类型，加之随着时间流逝而增强的劳动分工，其就难以偏离。Jacobides 等（2006）在研究中总结认为，产业结构提供两个模板，每一个围绕一系列规则：一个模板定义劳动分工，如谁可以做什么；一个模板定义价值分配以及剩余或收入分配，如谁可以获取什么。产业中既有的劳动分工，反映出的是对资源的分割及组合利用模式。价值分配的规则基本能够反映特定资源的价值地位及竞争性特点。

联盟组合战略的本质是对价值的创造或创新，因此构建联盟组合首先是对产业结构下价值资源的识别，是焦点企业对环境的认知，继而引致对价值资源组合机会的判断。资本、技术、信息、知识等资源在不同的产业角色中高度分散，当企业在构建联盟组合时，只有将其放入全产业情境中进行想象，才能更好地设计出与环境及目标契合的组合结构（Eisenhardt et al., 2009）。一些价值识别与扩大价值创造空间有关，一些价值识别则与价值创新或重构有关。

联盟组合战略表面上看是找到"对"的伙伴进行联结，本质上是找到伙伴拥有的"对"的价值资源，构成能创造、创新价值的战略性资源组合。因此，这种对资源价值在全产业情境中的考量，包括产业中价值创造的方式以及影响价值创造成效的各种因素。从资源角度，主要包括三方面内容：①一般意义下特定产业中分布的资源种类、特点、价值以及占有特性；②价值创造的资源组合构成；③焦点企业资源在产业中的地位、在资源组合中的价值（见表2-1）。

表2-1　全产业情境下的资源价值识别

资源概貌	资源组合	焦点企业资源评价
种类 特点 价值 占有特性	价值创造方式或价值链及网模式	竞争地位（一般意义上的资源异质性）在资源组合中的价值

就产业中的价值识别而言，有以下问题需要被认知：①产业中的要素有哪些？拥有者是谁？就竞争优势而言，要素资源的有价值性、稀有性、不可模仿性以及不可替代性需要确定。从资源组合看，资源的流动性（mobility）、不同资源之间的依赖性以及由此而产生的互补价值、增补价值值得关注。②产业中的价值链结构有哪几种？价值增值在不同的价值链环节上有什么差异？这类问题反映出价值创造的方式和途径，进一步的分析使焦点企业认识到可以参与甚至主导的价值链、能够建立竞争优势的切入点。同时还需关注到由多条价值链链接而成的价值网。③有关价值链运营效率（与速度、资源利用率有关）的关键环节及影响因素是什么？这个问题反映出的是决定价值产出的关键资源以及资源协调的需求。④产业内的竞争关键点在哪里？发展瓶颈在哪里？对竞争关键点的识别使焦点企业明晰何为战略性的资源、未来发展的方向、有没有可能通过资源的整合突破发展瓶颈。⑤产业中的技术路线是什么？有哪些新技术以及正在兴起的基

础技术？这些技术对本行业是否会产生影响？影响的可能方式是什么？影响的程度如何？哪些主体是这些技术的掌握者？值得注意的是，就特定产业的发展而言，存在扩大、收缩或与其他产业紧密融合的可能性，如互联网产业和移动通信产业，二者经过若干年的各自发展，逐渐演化到紧密融合的局面，催生出市场规模庞大的移动互联产业。同时，各环节对产业链的价值贡献也一再被重新定义，价值和利润随之在链上转移和流动。全球信息产业历经的变迁正是这方面的真实写照。21世纪以来，随着技术日新月异的发展，信息产业加速融合，硬件制造商、软件制造商、服务提供商之间的界限正逐渐淡化甚至消失，"系统+终端+内容+服务"商业模式以及软件、硬件、内容及服务的整合能力成为抢占产业发展主导权的关键。在此过程中，产业价值及利润从制造商、软件开发商向整合能力强的企业移动。平台企业、平台经济的出现也正是建立在对产业市场资源进行重构的基础上，也因此几乎完全改变了商业领域中价值创造及价值分配的旧有格局。与此同时可以观察到的是，市场竞争格局以及竞争关键点也在发生变化，由单个企业间的竞争跳过价值链竞争，跃升到平台价值网甚至平台价值生态之间的竞争，竞争关键点聚焦于对终端消费者体验感和满意度的极致追求，以及背后作为支撑的物流、商流的整合运营效率。

更为重要的是，焦点企业需将自身资源放进这一全产业资源图谱中进行评价：自身资源及能力在各种价值链或价值生态中是否做出贡献、做出贡献的程度如何？自身资源是否具有异质性、异质性程度如何？价值创造背后的资源组合设计是很难的，焦点企业这时候如果不善于发现组合元素以及组合中的现有缺失元素、不能为创造价值的资源组合做出贡献，那么就可能被潜在伙伴们回避。发现了缺失元素，焦点企业还要想办法占有相应位置。换个角度，在我们看来，基于对全产业资源的认知，焦点企业需要从以下两种价值创造路径得出关于自身资源的价值判断：

一是由独特性或比较优势而引致的价值空间扩大。价值空间扩大的基础是扩大资源利用的范围。一种情况是，当企业占有异质性资源且这种资源又具有不可替代性时，企业的竞争优势凸显，如独特技术。企业可以思考在对这些异质性资源的使用上，企业有没有充分发挥其市场潜力，并从市场获得了足够回报。不少拥有独特技术的企业，为保护技术的专有，从生产制造到市场推广均有意将其隔离在自我控制的圈子中，以防专有的扩散及外泄。且不论企业自身一般不太可能拥有完备的产业价值链的所有元素，仅就技术的市场价值而言，一般都有时限性甚至某些技术的市场时限很短。在这种情况下，借用外部资源快速地进入市场获取利益回报才是理性的选择。另一种情况是，焦点企业拥有的资源在资源性质上不具有独特性，容易被替代，但在效率及成本方面拥有比较优势，那么也就有了扩大价值空间的基础。企业利用比较优势可以较好地开发及提升资源使用的附加价值，例如缩短客户的响应时间、交货周期和提高相关服务水准等，以增加相较竞争对手更多的优势范围。这一逻辑也给企业的价值创造提供了另外的思路，虽然资源基础观认为资源异质性才是竞争优势的来源，但当企业不具备这样的资源禀赋时，仍然可以通过集中资源打造比较优势而创造价值。当这种比较优势达到一定程度，例如建立起了规模壁垒、制度壁垒时，也可能演化出一般意义上的异质性。在中国的产业及企业发展过程中，所建立起的"世界工厂"地位就是对这一逻辑的最好阐释。改革开放之初，相对于欧美厂商，大多中国厂商技术落后，较缺乏技术创新的能力，事实上也没有漂亮的经验曲线。但是，中国市场利用当初低廉的人工成本、土地成本以及制度性优惠吸引了欧美厂商将其产品的生产加工放到了中国，同时随着厂商经验的积累、持续的资源投入，使比较优势更加明显。当然，值得关注的是，就全球市场而言，如果比较优势背后的资源是具备流动性的，则企业要关注资源流动的条件及路径，以做出适应性的转移。

二是由组合资源而引致的价值创新。一方面，不同的资源通过组合可以进行创新；另一方面，创新企业要在市场上获利，需要在相关的互补资产中占据较好位置（Teece，1986）。Teece（1986）认为，尤其是在容易模仿的环境中，市场会失灵，创新收益会由拥有互补资产的所有者占有而不是技术创新企业占有。这也说明创新价值的实现需要对一系列的资源进行组合。过去的研究比较多地集中在组织不断自我检验、探索组织内部的资源禀赋，重新组合既有资源，以开发创新产品来回应竞争者的市场行为（Dougherty，1992；Normann，2001），这是一种封闭式创新。相反，企业可以利用外部资源，将外部资源和内部资源组合进某种商业模式的结构及系统，进行开放式创新（Chesbrough，2003）。资源组合是创新的重要来源，可以说，每一种资源组合都代表一种价值创造方式。在全产业情境下重新来审视资源组合，则是首先无视组织边界的资源用途辨识，发现不同资源组合的新用途、新功能、新模式，继而通过组织间关系联结、有机组织这些跨组织边界的资源实现市场价值。对焦点企业而言，对这种通过组织间关系组合的价值创新，一种方式是由自己来主导价值创新，另一种则是参与非自己主导的价值创新网络。

当焦点企业有能力主导创新时，无论采用哪种创新方式，创新价值的获取都存在与外部资源进行结合的问题。当创新是由企业内部产生时，状况与上述封闭式创新情况类似，当创新成果寻求到与外部互补性资源的结合时，市场价值能以更迅速、成本可能更低的方式得到实现。当借助外部资源进行开放式创新时，焦点企业需要考虑如何从资源汇集的角度把握创新所需资源继而动员，通过资源的"拼凑"实现。例如，可以即时动员网络成员进行互补资产的拼凑（Garud et al., 2003），采用网络拼凑的方式（network bricolage）（Baker, Miner et al., 2003）使分散的成员能够快速集结，进行新产品原型的建构与发展使原型拼凑的效果得以改善，并创造更高的价值。IBM、INTEL、3M、苹果、谷歌等公司都是善于组织外部资源主导创新的典范。

焦点企业能否主导创新，与其自身能力（如组合资源价值的辨识能力、关系资源动员能力等）、资源地位（如声誉号召力、资源规模及异质性程度等）有关。当焦点企业没有或缺乏能力主导创新时，仍然存在获取创新价值的可能，即通过参与由其他企业主导的价值创新（网络），可以从这些创新网络的获利中"分利"。例如资源禀赋较弱的小企业可以积极参与到企业边界外更大系统的创新中，例如平台企业所主导的产业价值生态。而对资源相对富足的大企业而言，由于在集聚资源和整合资源的能力上更有优势，其追求主导由多方伙伴参与的系统创新的价值相对容易且更有效率。

全产业视角使焦点企业在组织生产的设计中超越了传统的"采购""生产""销售"选择的限制，企业可以从更宽泛的产业价值网中寻找机会。对产业特定信息的整体把握，加深了企业有关战略性资源及价值创造的知识基础，并增强企业吸收和应用通过关系联结得来的新知识的能力。

二、制度逻辑

经典组织理论对组织的研究视角包括理性系统、自然系统以及开放系统。开放系统视角的研究指出了更大的社会环境对企业行动的约束和影响作用。对于企业而言，从社会结构视角看，不仅是实现投入产出的单纯技术系统，而且还是社会结构中一个特定的社会角色。社会环境对企业的规制影响，通过制度要素起作用。同时，企业的活动作为社会活动构成，又会对环境起反作用，可以影响制度的形成和变迁。也有研究将制度逻辑定义为社会构建的物质实践、假设、价值观、信仰和规则的历史模式；通过这些模式，个人生产和再现其物质生活，并为其社会现实提供意义（Dzhengiz，2018）。

（一）制度环境对企业活动的影响

Dimaggio 和 Powell（1991）对制度做了一个解释，他们认为制度就是"行动主体作为群体在内部成员间共享的关于习惯性行为的类型化"。Scott 和 Davis（2001）对制度则做了如下定义：制度包括为社会生活提供稳定性和意义的规制性、规范性和文化—认知性要素，以及相关的活动与资源。制度是由符号性要素、社会活动和物质资源构成的持久性社会结构。该定义反映出制度的三大基础要素：规制性要素、规范性要素、文化—认知性要素（见表2-2）。按照制度学者的说法，所有社会系统以及其中的组织，都存在于一个制度环境中，该环境定义并制约了社会实体。

表2-2　制度的三大基础要素

制度环境	规制性要素	规范性要素	文化—认知性要素
遵守基础	权宜性应对	社会责任	视若当然、共同理解
秩序基础	规制性规则	约束性期待	建构性图式
扩散机制	强制	规范	模仿
逻辑类型	工具性	适当性	正统性
系列指标	规则、法律、奖惩	合格证明、资格承认	共同信念、共同行动逻辑、同形
情感反应	内疚/清白	羞耻/荣誉	确定/惶惑
合法性基础	法律制裁	道德支配	可理解、可认可的文化支持

资料来源：斯科特. 制度与组织——思想观念与物质利益 [M]. 3 版. 姚伟，王黎芳，译. 北京：中国人民大学出版社，2010.

制度环境对企业个体而言，既提供了资源支持，又对企业行为产生控制和约束。

可以看出，一方面，制度所包含的规范、共同认知，会引导企业去遵守相应的规则，使企业了解到，其经营活动除了需要生产性资源和技术信息外，还需要得到社会的认可、接受与信任，需要寻求在社会系统中的这种合法性，包括合法性地位及行为的合法性。制度环境对企业产生强制、模仿以及规范的压力，使企业寻求与环境的制度性同形，从而表现出相似的组织形式。如果不遵守，可能会受到惩罚，如，擅自在行业内挑起不同以往的做法（如改变定价规则等）可能遭到来自同行联合的一致抵制等。在成都的眼镜市场，曾经有一个商家自曝行业的暴利，进而大幅度降价以求扩大市场份额，可是促销方案一问世，立刻遭到当地同行联合排挤，这些同行甚至结成联盟一致要求眼镜的上游供应商立刻停止给该商家出货，否则其他商家一起退货，供应商就范，挑起争端的商家也偃旗息鼓。

对于制度环境给企业带来的约束，企业通常的做法包括：①认可并且遵守。也有研究提及从约束来看，企业的价值观导致其在商业模式和价值创造方式方面的差异，而塑造其组织价值框架的，恰恰是社会层面的制度逻辑与个体认知框架相互作用的结果（Dzhengiz，2018）。②增强自身合法性。增强合法性的应对基本上属于适应和妥协。增强合法性的做法可以是寻找机会直接参与制度网络，也可以是通过中间关系人桥联（bridge tie）[①]获得。有时候，企业取得合法性可能困难重重，这时候，能辨识出合适的举荐者就显得尤为重要。像中小企业在创业后通常会通过与有影响力伙伴建立关系来进入扩张阶段，以获得组织合法性（Almobaireek et al.，2016）。③采取迂回策略。企业可以有目的地、迂回地与环境合作，影响甚至控制环境（Oliver，1991）。

制度环境对企业的约束有时体现在压抑创新上。一是制度性同形使企业建立制度化正式组织，有在制度环境下获得稳定性以及相应利益的预期，这种既得利益使企业容易产生惰性；二是强的制度化约束使企业发展

---

① 桥联可被视为中介联结、间接联结，是一种网络传递机制。一种情形是，关系人 A 与关系人 C 之间无直接联结（direct tie），关系人 B 分别与 A 和 C 均有直接联结，由此，A 或 C 均有可能通过 B 的桥联作用而获取对方资源。另一种情形是，A 游离于某规则组织或网络之外，暂时不为其成员认可，而 B 是其中成员，甚至是其中颇有影响力成员，若 B 举荐 A 加入该组织或网络、为其背书，则 A 实现通过 B 的桥联获得其他成员认可，从而获得合法性。此处"桥联"指后一种情形。

的路径依赖性更强，不容易产生熊彼特式创新。对创新企业来说，尤其在没有更多先例的情况下进入未知领域，会遭受来自过度广泛的产业内互动形成的制度性墨守成规的压力，导致创新难以实现。例如，分享经济的市场创新者，如滴滴出行公司，在市场开拓前期面临不小的制度性挑战，合法性的缺乏导致创新企业无法得到既得利益者的支持，市场对做出购买决策表现迟疑。

另一方面，制度环境又为企业带来诸多好处。例如，既有制度环境为企业带来交易结构的稳定性，减少环境的不确定性影响，为其成员带来资源利益。

在特定的制度环境中，存在一种广泛交换，即经由其中一个或多个成员的介绍，可以为未来或群体中一个行动者或成员提供单边利益，这是个体组织可以从制度环境中得到的好处，如身份背书。一个特定的制度环境，通常也表现出网络形态，在制度网络中，参与成员之间相互认同，可以彼此提供资金、人员、技术、市场及规制等信息，互相推动发展。例如，某产业链联盟中，上下游成员间发生的融资信用担保；或某组织作为某技术标准联盟成员，可以在特定招标市场中得到加分。社会学家 Burt（1992）也指出，只有那些在特定社会情境中具有合法性身份的行动者，才有可能扮演经纪人角色，换言之，制度网络外部的行动者需要通过网络内行动者帮助引荐，才可能得到特定制度环境的信任并获取其中资源。从这个角度看，制度可以被当作一种特殊的资源。

有关组织场域的研究把制度环境对企业组织的影响聚焦到更具体的情境中。"组织场域"类同于"产业体系"，是一种组织集群，在特定的产业中，由关键的交易伙伴、消费者、竞争者、资金提供者、规制调节群体、专业协会或行业协会、其他提供相似服务与产品的组织，以及其他的规范影响或认知影响来源构成（Dimaggio et al.，1983）。场域内成员术语接近、技术方向相同、分享信任系统，各成员之间的互动交流较之场域外组织更为频繁。罗家德（2010）总结了组织场域内有许多被称为"场力"的作用力，包括信息类的，如声誉、口碑、顺应流行等，以及规范类的，如风俗、道德、法律与制度等。组织场域反映了个体行动者在更大的社会系统中的制度环境，建立了个体行动者与社会系统之间的特定联系。组织场域强调文化—认知以及关系系统。在我们看来，前者更多的是体现场域成员通过频繁交流及一致行动而形成的默认规则，后者则是由事实上存在的各种关系或者通过构建关系而使这种规则更为稳定或引导变迁。

从 Dimaggio 和 Powell 的研究中推断，关键制度的行动者从其中获取了相当收益，但面对场域变化时，想要保持这种权力，需要成功的集体行动实施持续不断的控制策略，通过社会化过程影响新进入者并迫使其遵守，或通过影响政府及相关规则机构获得支持。换言之，已获制度利益的在位者同样需要通过广泛联结采取集体行动来维持利益，或通过规则机构维护，区别于新进入者主要是通过联结获取合法性。这种集体行动大多表现在共同声明、界定任务及规则、游说政策制定者等，目的是提升自身地位。企业通过这种联结有望将企业目标及相关结构制度化进相应机构所立规则中，如行业或业务标准的建立。

（二）企业在制度环境中的能动性

Giddens（1984）在其结构化理论中探究了行动者与社会结构之间的关系，他将"结构"理解为不断地卷入社会系统的再生产过程之中的规则和资源，即我们所谓的制度环境和环境中的资源。Giddens 认为结构具有二重性：社会结构不仅对人的行动具有制约作用，而且也是行动得以进行的前提和中介；行动者的行动既维持着结构，又改变着结构，二者之间是种相互依存的辩证关系。在我们看来，吉登斯所谓的结构二重性，等同于我们所谓的制度环境的二重性或双元性，制度环境表现出形式面（ostensive aspect）和执行面（performative aspect）这样的两面特征。其中，形式面由形成制度环境的社会结构形态以及其中的规则及资源构成，执行面则指制度环境中的成员或行动者之间的互动以及各自的能动性对制度环境的影响，包括制度建立及制度变迁。后者结果无法预知，较多地依赖成员或行动者的特质。

从结构决定论的观点来看，制度环境对行动者的制约是首要的、最为强大的。然而，这种观点忽视了成员行动者的能动性。行动者对环境和自身的认知，产生了发展的愿景和战略选择行为，这些行为在规则的约束下，往往也出现某种程度的创新，有些行为甚至发展到破坏式创新，继而彻底破坏旧规则、建立新规则。

我们聚焦到制度环境中的制度网络，网络内部的规则包括制度性标准或市场"规则"。这些规则首先规定了作为网络成员所需呈现的特点，如规模、产品、资源等；其次规定了作为成员的潜在行为准则或行动路径。Kilduff 等（2003）认为网络演变的轨迹或是目标引导，或是偶得。具有明确目标的多边合作企业网络的成员认同自己的网络成员身份的合法性，因而有义务促使网络层次目标的实现（Human et al., 2000），成员的行动（构建的关系）也会朝着该目标实现的方向进行。网络的演变也有可能是受到偶得过程的驱动，此种情况下，网络就是围绕各行动者之间的互动而看似随意的演变。行动者之间结成关系并无网络层次的目标约束。这两种情况都是建立在行动者对环境和自我认知的基础上的，从本身目标及绩效实现出发，确定行动是朝着网络层次目标的实现（对自己更有利）进行适应性调整还是因为偶然发现合意的伙伴进而建立特定联结，这是一种行动者自主性的体现，都引致了网络的演变。就此意义而言，行动者的帮助决定了他们在其中相互依存、相互制衡。

换言之，虽然其中的制度和规则会制约行动者，但行动者的行动或互动会导致制度环境的变迁，也即制度环境的形式面与执行面在行动者行动过程中相互交织，从而构建出特定网络以及促成网络的演化，这正是网络结构双元性给予我们的启示。

形式面与结构面构成了制度网络的双元性（见表2-3）。形式面反映了网络的稳定性、路径依赖性，执行面体现了网络的弹性、创造性。形式面指导执行面，形式面说明执行面，形式面表达了一系列复杂而又难以理解的活动；执行面创造、维持以及修正形式面。制度环境中的组织成员可以积极地相互依赖，从而产生新的制度结构。

表2-3 制度网络的双元性模式

项目	形式面	执行面——组织层次	执行面——网络层次
内涵	网络结构形态规则和资源	组织成员在网络中的位置 认知能力 整合能力 关系能力 学习能力 联盟组合效率 行动选择	成员在网络中的位置分布（中心化程度） 成员的网络能力 学习及吸收能力（网络学习机制及途径） 成员间关系质量
性质	相对稳定、惯性（路径依赖）	弹性、创造性	

制度网络的结构体现了一系列关系，这些关系的交叉点构成网络的节点，即特定行动者的位置所在。这些交叉点上反映出特定的因果逻辑，这些逻辑既是行动者行动的指导，客观上又形成制约。并且，行动者的行动结果往往遵循了该逻辑。这些关系是相对稳定的，一方面，稳定是因为行动者之间关系一旦形成，不太可能短时间内频繁变动（因为关系的建立是需要支付成本的，而维持的成本相对较低，更何况关系建立的初始都是有目标的）；另一方面，稳定是因为网络隐含的"规则"。"规则"可能以"利诱"或者潜在的"惩罚"使行动者不敢"违规"，这种机会成本的风险使行动者按照惯例行事，从而维护了原有的网络结构。这是形式面对网络的意义。

然而，执行面使网络具有弹性与创造性。诠释执行面的行动者的能动性尤其是行动者们的异质性表现使相对稳定的网络也变得生机勃勃，网络结构反而成为行动者行动的中介。

既然规则系统作为重要的社会技术而成为社会互动中的资源和重大利益，而制度网络又具有执行面的特点，因此，企业可以积极地想办法创设规则，或者引导制度向有利于自己的方向变迁。

然而，企业创造或影响规则往往由竞争利益中的政治过程决定（Scott，1987），比如权威、合法性、政府权力等，同时还受到企业自身结构和它与社会的关系以及在社会中的渗透有关。换言之，企业如果有广泛及深入的社会关系支撑，其塑造或影响规则的诉求相对更易实现。

同时，不同行业、不同市场的制度环境对企业的要求不同或约束程度不一。一般在新兴市场，参与者的注意力主要在有关产品以及市场方面，尚缺乏所谓的游戏规则，这正是个广泛借助合作伙伴力量塑造行业规则的好机会。

制度逻辑主要是强调在特定场域中，企业取得合法性身份的重要性，而这种合法性身份不一定由企业生产行为本身确定，而是要得到场域中其他成员对其的身份认同，因此，与相关成员通过关系联结得到这种认同有时就变得至关重要。关系联结的选择及状态会影响身份认同的效率及程度。比如，如果是与场域中重要角色建立起"显眼"的关系，则可借由重要角色的影响力尽快得到其他成员的认同。然而，在我们看来，制度逻辑对联盟组合战略来说，最重要的也许还不是取得既存的合法性，而是对潜在的或未来的创造规则或合法性内容的变迁机会的把握，进而实现从创新中获利。

容易观察到，近年来在企业拓展国际化业务方面，规制性要素的影响分量越来越重。虽然与来自不同国家的合作伙伴建立联盟是一种克服长期以来外国人劣势的方法（Rossmannek et al., 2019），但近年越来越多的事件表明，合作伙伴所在国的制度因素与地理距离、经济发展以及文化环境相比，几乎成了影响企业联盟组合国际化的最重要因素。同样，规制性要素对创新的影响也是显而易见的。例如，对知识产权保护不足的国家可能会在总体上阻碍创新，但又可能有利于一些二次创新，像有研究总结的一些新兴经济体国家利用对引进国外产品的逆向工程，然后引入增量创新（Caldas et al., 2021）。这似乎在提示焦点企业需要对制度环境更为敏感，并且在依循制度逻辑时更为审慎与理性。

三、关系逻辑

传统经济学研究基于理性人的假设前提，并未考虑人的社会属性以及社会关系对经济活动的影响。而 Granovetter（1985）指出，经济行动是嵌入（embeddedness）在社会结构中的，是在社会网络中的互动过程中做出决定的。嵌入反映出信息和资源的扩散和获取，反映出一种交换逻辑（Uzzi, 1997），可以促进时间经济性、一体化协议、在分配效率方面的帕累托改进以及复杂适应。有学者（Gulati, 1998）进一步将嵌入理解为结构性嵌入和关系性嵌入，前者反映出公司间的联结方式以及公司所处结构位置，后者强调了公司之间关系联结的质量而不是围绕着它们的联结的拓扑结构。

在我们看来，广义的社会结构体现出经济交换和社会交换的关系以及关系网络，就资源而言，关系网络的结构表达出资源流通的途径、资源的流向以及资源汇集的状态（节点特征），也即可以将公司间关系的内容归纳为信息传输、资源交换、权力关系、边界渗透以及情感附属五种。

但是企业从其结构性位置获得优势，却依赖于覆盖它们的关系联结的性质，包括关系质量和关系强度。关系结构和关系性质构成了关系逻辑的两个构面，对关系的分析，需要借用社会网络的分析方法。

（一）关系结构

价值逻辑为企业辨识了产业中的资源组成及现有的资源集合模式。关系结构是焦点企业的联盟组合的拓扑结构以及焦点企业的联盟组合作为一个整体在其嵌入的更大产业关系及社会关系网络中的位置，显示出资源汇集的途径以及动员、使能这些资源的方式，即谁与谁以什么样的方式联结在一起。每一个联结描述出对信息和资源的转移所提供的必需的和有效的条件，联盟组合的总体关系结构决定了焦点企业汇集资源的总体潜力。对关系结构的分析容易使企业获得以下认知：

第一，辨识出资源流动的结构性约束以及可以对付或控制该约束的因素。产业中的关系网络结构通过直接和限制获得关键资源的通路，促进或限制了产业及其中企业的发展。焦点企业在做出发展战略时，可能发现自己缺乏重要的输入和及时的信息去做出决策。一方面，不同资源所有者在产业链中占有不同地位，占据高中心性位置的企业有更强的获取和动员网络资源的能力，公司间中心性的变化可以作为产业结构变化的重要指向标（Madhavan et al., 1998）；另一方面，如 Galaskiewicz（1979）说明的，比起它通过关系联结所能动员的资源集合来说，一个组织的力量较少由其内部资源决定，而是更多地取决于它通过外部关系联结所能动员的资源集合，而这种动员能力又与其在网络结构中的位置及其关系联结组合相关。对于如何去应对企业所遇到的结构性约束问题，一种最易理解的逻辑是与高中心性组织建立关系，更为一般性的是寻找策略性伙伴（Burt，1992）。在 Burt 的理论中，有关企业之间的竞争存在一个"竞争场"，竞争场是有界限的，区分了场内人和场外人，界限由社会规范或者权威界定，场内人之间的谈判很认真，对与场外人谈判总是很谨慎。对照到特定产业中，在资源的获取或者参与特定市场行动时，企业尤其是新企业会遭遇"场外人"的约束，这时，从"场内人"中找到合适的策略性伙伴，由其桥联继而享受场内人的待遇（获取"合法性"）就可以控制或解除约束。值得一提的是，桥联运用的是网络传递机制，它与结构洞策略有些许不同。在典型的"A–B–C"的联结链条（A 与 C 不直接相连，但都与 B 相连）中，以 A 为例，A 通过 B 到达 C，反映的是桥联的网络传递，而对于 B，B 将无联结的 A 和 C 连接在一起，是结构洞策略。焦点企业通过桥联突破约束，形成获得信息及资源的通路，因而获得机会和举荐的利益。结构洞策略则是焦点企业占有其他组织之间的缺口资源从而享受经纪人利益。

根据资源依赖理论，组织生存与其从外部环境获取关键资源的能力密切相关。换言之，这种能力是对企业与外来资源之间依赖关系的控制。外来资源的供给天生充满了不确定性，因此企业始终会努力使用各种策略去修正或重构与外部资源之间的依赖关系以降低不确定性。这也可被称为吸收约束（Casciaro et al.，2005），将来自环境中的约束转为可以内部控制。在这些策略里，一些策略是单边的，企业采取的是回避姿态，如寻找、培育及使用可以替代的资源，直接收购或合并资源约束方（外部资源拥有者）。另外一些策略则不同，企业采取合作姿态，通过与资源约束方建立关系联结来重构彼此间的依赖关系。例如联盟合作，可以社会化约束方组织或通过交换其他有价值商品如地位、友谊或信息，来稳定资源供给。吸收约束使得受约束方可以通过创造约束方对受约束方的依赖而控制受限资源。

第二，辨识出结构洞以及结构洞机会。是否占据结构洞以及占有多少结构洞位置反映出资源所有者在网络中的中介性。中介性越高的企业，因为占据了更多网络中没有连通或者不能连通的企业之间的位置，作为未连通者进行沟通及合作的桥梁，越能从网络结构中收获利益，此为经纪利益。同时，焦点企业占据结构洞的经纪地位使其更容易认识市场中的信息非对称性并将表面上不相关的事实连接进新组合中（Burt，2000；Hargadon，2002），因而有更多发现机会、利用机会的潜力。从企业战略来说，在不存在结构洞的领域，企业会去建造结构洞，或者将由于洞的缺乏而造成的约束降到最低（Burt，1992）。Andrevski 等（2016）基于对 12 家大型全球汽车制造公司的研究，提出高水平的结构洞组合有助于企业最大化机会识别能力。Wang 等（2017）发现企业的跨区域搜索行为能为企业提供更多机会来构建结构洞，从而提高管理资源的能力。

第三，制造或创造保护竞争力的结构性壁垒。既然既有的关系结构制造出资源限制的壁垒，焦点企业也正好可以用此策略来保护竞争力。曾经，腾讯公司以投资收购搜狐旗下的搜狗公司的方式与其结成同盟，目的在于约束其他从事搜索业务的公司的竞争力。微软从与手机终端公司合作到直接收购诺基亚手机业务，也是为了通过延长产品链条，为自己的 Windows Phone 系统塑造稳固防线，以保护及提升自己在移动互联市场中的实力。

第四，构建意义更为广泛的社会性网络。企业总是在保护现有价值回报和寻找新机会之间采取行动，当注意力在维护并力图扩大现有价值回报时，对新机会的寻找动机会减弱。但事实上，企业可以采取策略使两者兼顾，这就是构建意义更为广泛的社会性网络。追求不可知回报的机会要求与完全不同的社会圈进行联结，这些社会圈可以提供新视角和非冗余信息（Perry-Smith et al.，2003），帮助企业发现机会。即便是原本中心性高的企业，如果几乎没有产业外联系，也可能就从超出他们网络的新知识中封闭起来。另外，只依赖产业内联结的公司可能面对遵从产业流行的规范和实践的重大压力（DiMaggio et al.，1983），会影响创新。

企业生产经营所需的资源是多重的，其所需要的潜在信息更是多样，企业通常被繁杂的信息包围，甚至要为其付出不菲的筛选成本，或者为了某一目的主动搜索相关信息。社会性网络最大的好处是带来意想不到的信息及资源的潜在可能。

多重的关系结构会表现出围绕焦点企业的网络形态。前人关于网络形态特征对组织成员的影响的研究认为密集（围绕着焦点企业的关系的密度高）的网络意味着网络成员间互动程度深，信息集合和发布路径的分享使信息流及其他资源的流动更快且更有效（Coleman，1990）。密集的网络类似闭合的系统，伙伴间的关系可以得到改善，信任、共享规则以及共同的行为模式发展更容易（Rousseau et al.，1998；Coleman，1990）。由于密集网络可以放大制裁的声誉效果（Granovetter，1985），因此制裁的威胁在密集网络中更可能且更有效。不过，Burt（1992）同时指出，松散连接的网络往往存在更多的结构洞，有助于企业享有效率和建立在套利非冗余信息交换基础上的经纪优势，从而获取经纪利益。

（二）关系性质

关系性质包括了关系质量和关系强度特征。通常，关系质量是指关系联结各方之间的信任程度，这种信任程度对应了联盟活动中的行为取向，如合作意愿、协同程度、对联盟活动失败的容忍度、在关系租金分配中的价值主张、对联盟冲突的态度等。Kale 等（2000）甚至提出关系资本的概念，将其视为"联盟伙伴之间，在个体水平上，由密切互动而产生的相互信任、尊重以及关系的水平"，并发现其在促进学习以及保护私有资产方面发挥重要且积极的作用。关系质量反映出伙伴资源以及与伙伴资源的组合的潜在价值能多大程度地被挖掘出来的可能性。关系强度指合作伙伴之间关系的紧密程度，体现在相处时间、情感强度、紧密度以及互惠性服务方面（Granovetter，1973），强联结和弱联结反映出了关系强度。关系嵌入强调联结程度的重要性。信任通常和关系强度相关，信任来源于长期互动的历史或者特殊的人际关系。

关系持续的时间、互动频率、分享的信息范围以及互惠性活动的开展，共同形成了关系联结的强度。在强联结中，伙伴之间存在细致的信息交换，进而容易建立起与伙伴间的信任以致更容易协调经济活动（Uzzi，1997；Larson，1992），但通常强联结需要付出更多的诸如时间、精力等成本。在弱联结中，易出现新信息（非冗余信息）（Granovetter，1973），从而使企业容易发现新机会和进行创新，也是企业在更大范围整合经济活动的基础。此外，过多的强联结有可能使企业的自我中心网络成为一个类似闭合的网络，被强关系包围的企业虽然在闭合圈内容易取得资源、协调行动，但是可能隔离于网络边界外的创新机会；而弱联结则导致企业在信任和合作方面难以与其他企业一致。在 Rowley 等（2000）看来，哪种关系强度更为有利，与产业的不确定性程度和环境要求的创新率有关。Hoffmann（2007）表明企业在市场可能性的基础上调整组合，在不确定市场内形成许多弱的联结，当市场变得确定时，形成极少的强的联结。一般而言，强联结和弱联结的组合会导致高绩效（Uzzi，1997；Rowley et al.，2000），有卓越的、资源丰富的和有经验的伙伴的组合会改善公司获取联结利益的可能性（Rothaermel，2001；Stuart et al.，1999），同时，强弱关系随着企业不同的战略目标阶段调整。

企业的联盟组合，实际上是构成了一个关系系统。在这个系统中，信息、知识及资源按照关系的构成进行流动，这种关系的构成包括系统成员的特征、对偶或多方关系的性质、各成员之间互动的界面规则等。焦点企业对联盟关系系统的研究，可以洞悉信息、知识及资源的流动规则及结构性约束，从而可以采取相应的行动，构建出高效的联盟组合。

从组织网络的后结构主义视角看，组织是永远处于流动与转型状态中的各种关系所构成的网络（Kilduff et al.，2003）。对于焦点企业而言，在不同的社会网络中其身份可能存在多元性和变动性，比如在某条供应链中其是生产商，在另外一条供应链中又是供应商，在某协会中是重要会员，是某研发联盟中成员……焦点企业可以通过不同联结加入不同网络而积累联盟组合资本。

四、三重逻辑之间的关系

联盟组合构建的三重逻辑，蕴含着对产业中价值资源、价值创造潜力以及价值实现路径及手段的认知，它使企业从环境整体、资源组合整体以及资源撬动的层面去把握组合战略的要素。同时也可以看出，企业所依赖的资源的范畴是广义的，包括生产性资源、市场资源、知识资源、能力资源以及广泛的社会资源，如制度性资源、关系性资源等。

三重逻辑分别基于三种不同的视角。价值逻辑是最基本的逻辑，其与企业存在的理由、使命相关，是最为直接的市场逻辑，是企业的首要战略观。价值逻辑基于生产系统和交换（交易）系统的技术，从投入、产出及交换分析其所需技术及生产性资源，这个生产及交换系统不是孤立的，其中所需投入不能被单个企业占有，因为资源的异质性和不完全流动性，或者因为从市场途径获取的交易成本及潜在风险更大，企业需要以联盟的方式与外部资源进行合作，每一种资源组合都代表了一种价值创造机制。制度逻辑基于规范、合法性情境，认为企业不是一个简单的生产及交换系统，其运营过程及效果受到环境尤其是制度环境的影响。一方面，企业在特定场域中的运营要面对一个合法性或身份认同的问题；另一方面，企业又具有能动性，可以通过有意识地与伙伴联盟，与伙伴一起采取行动，以维护既有受益制度、自建新制度或引导制度向有利于己的方向变迁。关系逻辑基于资源动员潜力及资源组合的利用效率，既强调企业的非孤立性，也强调非简单性，认为企业通过联盟方式获取高绩效与其嵌入的关系结构以及联结关系的质量相关，其中关系结构决定焦点企业汇集资源的潜力、关系质量决定伙伴资源的利用效率、关系强度则与关系维护成本及功能主张相关。企业可以通过对各种关系的组合和设计使企业运营效率更高从而获取高绩效。关系逻辑反映出焦点企业通过联盟组合获取价值的条件和路径。对焦点企业来说，制度逻辑和关系逻辑给其带来的是社会资本的集合。

企业通过集合伙伴的资源进行价值创造，这些活动日积月累，会逐渐形成以致塑造出复杂的自我中心关系网络。关系网络的结构化程度越高，即意味着网络成员之间的关系越来越强，彼此的影响制约也越来越强，对企业的经营就越会产生影响。当这种影响跨越了自我中心网络边界，渗透到产业中更广的范围时，其外部性也将逐渐增强，便导致一种"制度"的形成。

帕森斯（1960）在对组织的研究中提出了著名的组织层次论，认为组织存在技术的、管理的以及制度的三个层次，每个层次具备不同的责任和控制。在他看来，每个组织都有由技术任务决定的有关原材料、人员合作的问题，在其下有对协调、采购等活动的管理，同时组织还是更广泛社会系统的组成部分，组织的意义、合法性或者更高层次的支持均源自这一"制度"性环境。就组织履行功能的意义，进而支配资源和制约顾客"权利"来看，组织从来不是完全独立的。从这个角度看，焦点企业的联盟组合也可被看作一种组织形态，对照帕森斯理论，价值逻辑、制度逻辑和关系逻辑可以被分别与其技术层次、制度层次以及管理层次相对应。从这个意义上，可以将联盟组合的多重逻辑模型视为对组织层次论在联盟组织领域的延伸和拓展。

企业将三重逻辑运用于实践，在价值逻辑下，寻找或识别价值资源关联伙伴；在制度逻辑下，寻找或识别为取得合法性背书的伙伴、维持当前有利制度环境的伙伴、能携手合作创造新制度规则或引导规则变迁的伙伴；在关系逻辑下，基于资源动员、特定功能目标及成本选择与伙伴联结的方式和强度。价值逻辑和制度逻辑让企业明晰备选伙伴及其资源价值，关系逻辑使焦点企业基于自身的战略目标做出与两类备选资源伙伴是否联结以及如何联结的选择。

如果说价值逻辑反映的是企业对物质及技术资源等生产性资源的依赖，那么制度逻辑反映的就是企业对社会资源的依赖，关系逻辑反映出企业对上述依赖的治理或实现手段。三重逻辑视角给焦点企业选择伙伴以构建组合以及对联盟组合的治理，提供了有效指引。

需要指出的是，对三重逻辑均应持动态的、权变的观点。随着时间推移，产业环境发生的变化会促使有关价值逻辑、制度逻辑以及关系逻辑的具体内容发生变化。技术、市场需求等的变化使得有关资源内容发生变化，例如可能产生了新资源、既有资源的价值地位或价值范围发生了变化、资源的流向及资源汇集的节点发生变化等，使得价值创造的方式有所不同，机会和威胁也因此并生。加上更广范围的环境因素的改变（如区域性的相关政策甚至地缘性政治因素等），又构成了制度环境的变迁，也因之形成新的关系结构，关系联结需要随之调整。

第三节　联盟组合的伙伴选择

焦点企业发起及发展联结伙伴的过程，即其形成和构建联盟组合与自我中心网络的过程。焦点企业的联盟组合具有什么样的特征会对公司绩效产生影响。例如拥有正确的伙伴对联盟成功至关重要（Brouthers et al.，1995），有突出联盟伙伴的公司可以在 IPO 中受益（Stuart et al.，1999），伙伴资源对焦点公司的价值贡献与其互补性相关也与伙伴们的议价力有关（Lavie，2007），联盟伙伴的多样性会以更低成本给焦点公司带来多样性资源（Baum et al.，2000），企业通常利用结构洞桥联的混合以及强联结以增强联盟绩效（Tiwana，2008）等。

联盟组合战略的价值基础，来源于组合伙伴所形成的"资源池"（resource pool），形成于联盟组合的构建过程。组合是否有高绩效，与企业构建组合过程中的对战略价值资源的认知、对潜在伙伴的认知以及选择有关。正确地选择伙伴可以减少组织间合作所引发的沟通、协调以及相互调适等组织间治理问题，可以影响对昂贵的正式控制机制的设计与实施的需求（Dekker，2004）。战略伙伴的选择是联盟成功的决定因素之一（Shah et al.，2008）。联盟组合的构建过程既是一个价值识别的过程，又是一个选择价值伙伴的过程。

一、伙伴特征

基于三重逻辑视角的评价，伙伴的选择从可实现的联盟功能、在价值链范围的合作、伙伴对企业能力提升或知识积累的贡献、能否最大化企业本身内部资源的价值等方面考虑。就一般性而言，具体到伙伴个体特征，主要包括资源互补性、资源增补性、资源兼容性、知识异质性、伙伴承诺、伙伴的社会特征等。同时，伙伴组合特征主要包括伙伴数量或规模、多样性、资源的整体协动性。

（一）伙伴个体特征

就单个联结或联盟而言，企业在战略决策中选择好伙伴（或称策略性伙伴）主要从以下方面考虑：①资源互补性（resources complementarity）。伙伴资源与焦点企业资源在类别及属性上存在差异，没有交叠或很少交叠，在价值链或其他方面可以以互补方式协同，产生联盟租金。②资源增补性（resources supplementarity）。伙伴资源与焦点企业资源在类别及属性上几乎无差异，在价值链上具有对等作用，但是在特定情境下，可以合作以增加基于量或者规模的需求或供给，创造增补效应。例如，在针对行业新技术的共同研发方面，可以共担开发风险并共创技术标准，或者在合作开发新市场方面共同进行消费者教育、市场引导等。值得指出的是，相比互补性，因为增补性而结成的联盟关系更有可能引发冲突，因为资源对等而导致的相互可替代性有潜在的竞争危机，因此比较多地只出现在特殊的发展时期如产业或市场初期。③资源兼容性（resources compatibility）。资源兼容性主要指企业与伙伴的工作方式、企业文化的兼容程度，兼容程度越高，越容易协调行动。Dzhengiz（2018）在对英国电力行业中 16 家公用事业公司的研究中发现，这些公司的发展强调可持续性目标，如可负担的清洁能源、再生能源、减少不平等以及气候问题等，因而一方面，公用事业公司更倾向于与认知上相似的组织合作，在意与合作伙伴之间的认知同构性，联盟伙伴的选择在很大程度上取决于组织价值框架的兼容性。当然，另一方面，如果认知相似的合作伙伴经过长期互动，又可能反过来继续强化焦点企业的认知，进而产生导致组织惰性的风险，不利于持续创新。同时，从组合层面考虑，为避免联盟组合内成员之间发生冲突，焦点企业对合作伙伴选择的一项重要关注是需要选择与联盟组合中其他伙伴兼容的合作伙伴（Lavie et al.，2012），以确保合作伙伴之间的相互理解。④知识异质性（knowledge heterogeneity）。伙伴之间知识的异质性有助于促进创新。但也有研究（Sampson，2007）指出，对从伙伴学习的最佳利用来说，知识和能力方面一定程度的重叠是必需的。如果伙伴集中在价值链的某一部分，则协同的价值创造较容易实现，而如果伙伴在价值链中分布较广，由于彼此的知识重叠较少，则协同不易（Sarkar et al.，2009），因为容易缺乏对对方行为的同理性理解，造成沟通不易或难有效。但对后一种情况来说，又可能在更大范围的机会辨识上具有优势。⑤伙伴承诺（partners' commitment）。伙伴承诺对于焦点企业建立战略性关系联结至关重要。伙伴承诺意味着伙伴有与焦点企业共同发展的意愿，为了长远利益可以做出暂时的利益牺牲。组织承诺还可以鼓励伙伴之间的知识共享（Arora et al.，2021）。⑥伙伴的社会特征（partners' social characteristics）。伙伴的社会特征表现在社会地位、声誉以及在公司间网络中的位置优势。焦点企业与有较高社会地位或声誉的伙伴结成关系，可以提升其客户、供应商等利益相关者对其的认知度和信任度，同时帮助企业区别于其竞争者，从而改善企业的战略地位。反之，企业若与声誉欠佳的公司形成联结，则会使其身份和经济回报处于危险之中（Stuart，2000）。与在公司间网络中处于高中心性位置的企业形成联结，可以建立快速获取有效信息及资源的特殊通道。但是，形成高绩效组合一开始并不见得要与"最"好的伙伴形成联结，因为围绕独特产业结构的强协作会把起初的普通伙伴转变成高中心性、显著的以及有价值的伙伴（Ozcan et al.，2009）。伙伴的中介性的强弱意味着能否或者可以多大程度通过该伙伴桥联到其他价值网络。该伙伴本身的资源也许欠佳，但占据了连通或快速连通其他两个或多个企业资源的重要位置，有时还在企业着意的网络中有较高中心性或与某高中心性角色有特别联结，如技术委员会等中间组织的常务委员、龙头企业的重要供应商等。如果与这样的伙伴构成联结，则可利用网络的联通性及传递性获取联通资源，这些可谓是伙伴的间接资源。资源禀赋好的企业容易吸引其他同样优秀的伙伴构成联盟关系，资源禀赋弱些的企业则不易，因此这一点对资源禀赋尚不"优异"的焦点企业具有特别的意义。

（二）伙伴组合特征

联盟组合作为焦点企业的战略行为，不仅分别关注单个联结或联盟，还要把所有联结或联盟作为一个集合整体来看。在围绕焦点企业的关系构成中，伙伴数量或规模、多样性、冗余度及联结强度等决定了焦点企业可获得资源的质量、数量和多样性，获取这些资源的效率以及焦点企业在组织间网络中地位，从而影响其联盟组合绩效（Hoffman，2007）。

1. 伙伴数量或规模

Reuer 和 Ragozzino（2006）在研究统计中发现，在当时的一般大公司中，有超过 30 个联结占了公司价值的 6%～15%。一般而言，伙伴数量越多，给焦点企业带来的潜在资源和机会越多，如微软与惠普公司单是在技术方面的联盟就有 40 个之多（Dyer et al.，2008）。据统计，特斯拉在中国的合作伙伴就至少有 20 个。在芯片设计方面居于全球领先地位的英国 ARM 公司，在世界范围内有超过 100 个合作伙伴，一方面，其与广泛的研发联盟一起共同推动芯片技术的发展，另一方面，由合作伙伴负责生产芯片使 ARM 公司可以专注于半导体技术研发，成就其作为知识产权供应商的独特商业模式的成功。

然而，大量的研究表明，组合规模对组合收益的影响可以是积极的，也可以是消极的（Van Wijk et al.，2020）。随着规模增长，联盟组合对企业绩效的积极效应先增加后减弱（Wang et al.，2017），即联盟组合规模与收益之间的关系呈倒 U 形。一方面，随着组合规模的增加，焦点企业可利用的资源集合增大，获利的机会也随之增加。例如，Castiglioni 等（2021）基于对航空业的研究发现，联盟组合的规模很大程度上决定了航空公司的网络资源数量，而后者会显著影响生产力。活跃联盟的数量越多，联盟的组合就越大，网络资源也就越多，这决定了公司生产力的显著提高（Castiglioni et al.，2021）。另一方面，随着联盟组合规模的扩大，至少有两方面因素导致焦点企业的联盟组合收益下降。一是规模扩大会影响焦点企业对合作伙伴的注意力分配，导致注意力分散，从而使其有效利用联盟利益的能力降低。并且，合作伙伴过多可能会出现信息过载（Simsek，2009），信息过载同样容易分散焦点企业的注意力，也可能增加决策的噪声干扰。需要对过载信息进行过滤，分辨信息的过程也是一个决策过程，会增加管理难度。此外，随着网络规模的增长，联盟组合中任何两方之间直接互动的可能性会下降（Kim，2020），这也可能导致焦点企业意图在自我中心网络中促进成员间良好频繁互动的可能性下降，从而减少获取组合效应收益的机会。二是随着规模扩大而来的是组织间协调成本会增加。例如伙伴增加可能会导致多边冲突发生的可能性的增加，协调和监测成本以及管理复杂性相应增加（Gulati et al.，1998）。因而 Kim（2020）也由此提出小型联盟组合可能比大型组合能提供更好的频繁互动环境，可能更适合合作伙伴公司的价值创造。因此，在关系维护成本与伙伴数量之间有个关键的权衡。

总之，对焦点企业来说，其联盟组合存在一个可能的最佳组合规模，否则，继续扩大组合规模所产生的边际成本将超过其从中获取的收益增量。这也从另一个角度表明，如何从网络关系观构建组合，以"聪明"地撬动更多资源，而又不必明显地增加成本，这种治理能力至关重要。例如能清晰地识别和判断特定资源对自身的价值、能理性地建构具体联结并进行合理的注意力资源分配，如善用强关系与弱关系的组合管理、善对伙伴关系进行生命周期的管理等。

2. 联盟组合多样性

关于联盟组合多样性的解释极为丰富。在我们看来，联盟组合多样性主要体现在两个方面：一是合作伙伴多样性，二是联盟功能多样性。其中，合作伙伴多样性通常被默认为等同于联盟组合多样性，并一直是许多联盟组合研究中的中心议题（Lee et al., 2017），且大多集中于研究多样性与创新绩效之间的关系。合作伙伴多样性指焦点企业的各合作伙伴之间的异质性，区别于与焦点企业之间的异质性，其特征差异分布如资源、能力、行业、类型、地理位置、存续期等诸多方面。伙伴之间在提供独特或互补资源及能力方面应该有明显的区别。联盟功能多样性是指构成联盟组合的个体联盟之间在功能方面的异质性，如生产联盟、研发联盟、市场联盟、（技术）标准联盟等。例如，一家制药公司可能与一个伙伴结成开发某个新药技术的联盟，同时可能与另一家公司在跨区域市场的推广方面进行合作，而且还与别的伙伴在生产制造、原材料采购等方面结盟。合作伙伴多样性通常是形成联盟功能多样性的基础。

一般认为，联盟组合多样性对焦点企业的绩效影响存在二元性。一方面，联盟组合多样性会促进企业创新绩效的增加。伙伴多样性丰富了资源来源，增加了组合创新的机会，增加了向更多伙伴学习的机会。联盟组合多样性由于给焦点企业带来了互补资源，因此通常会对焦点企业的绩效产生积极影响（Jiang et al., 2010；Duysters et al., 2012；Collins et al., 2013；Bolivar et al., 2021），多样性程度越高，通过互补效应可创造的潜在价值越大。Baum 等（2000）也发现与制药公司、大学、政府实验室等不同类型伙伴结盟的生物技术公司在首次公开募股后比仅有单一类型伙伴的同类公司更成功。从学习角度，联盟组合多样性扩大了焦点企业对外部资源和知识的获取，提供了丰富知识流，促进了组织学习，为创新过程提供新的投入，提高了内部资源创造价值以及焦点企业实现卓越知识产权的机会（Macedo Soares et al., 2016；Caldas et al., 2021）。焦点企业通过与多样化的联盟伙伴进行互动，接收新知识和信息，也避免了自身被锁定在内部资源基础中（Marhold et al., 2017a），否则只能依赖封闭式创新。焦点企业利用联盟组合多样性可以实现多重目的。随着联盟组合多样性的增加，焦点企业发展了关系广度，从而更能获得不同的知识资源（Wassmer et al., 2017）。合作伙伴类型越多，焦点企业可利用的知识类型越多，将这些知识进行创造性重组的机会就越多、潜力就越大，越有助于焦点企业的创新绩效产出。此外，从组织学习的角度来看，企业从不同的经验中学习，能够获得收益并降低联盟组合多样性带来的风险，而且像产品多样化经验、国际多元化经验、联盟经验以及联盟经验异质性与联盟组合多样性呈正相关，这些经验可使焦点企业能更好地面对多元化环境（Shukla et al.，2018）。

但另一方面，联盟组合多样性会导致管理成本增加。随着联盟组合多样性的增加，焦点企业与合作伙伴或不同联盟之间的沟通成本、协调成本将随之增加，对知识管理的复杂性增强。当增加的成本超过增加的创新收益时，显示出多样性程度并非越高越好。虽然随着重复合作，吸收知识将变得容易，但焦点企业在协调和监控其联盟组合方面都存在认知极限（Goerzen et al.，2005；Martinez et al.，2017）。联盟组合多样性会带来各种管理挑战，如冲突和竞争目标，当这些挑战超过了认知极限，就会阻碍联盟伙伴之间的最佳决策和协同效应的利用（Duysters et al.，2011）。并且，随着联盟组合多样性的增加，各种沟通模式都可能导致合作伙伴之间的误解，资源、能力和知识的转移可能会受到阻碍（Rothaermel et al.，2006），尤其在涉及更多隐性和复杂知识的情况下，知识重组不再容易发生（Lane et al.，1998；Simonin，1999）。

对联盟组合多样性这种二元效应，不少研究也形象地将其描述为联盟组合多样性与焦点企业创新绩效之间呈倒 U 形关系（Duysters et al.，2011；Oerlemans et al.，2013；Martinez et al.，2017；Marhold et al.，2017a；Hagedoorn et al.，2018；Martinez et al.，2019；Jiang et，2010；），即随着伙伴多样性的增加，焦点企业创新绩效先是增加，继而增加到某个顶点，随后随着多样性程度继续增加，创新绩效反而会下降。一方面是因为多样性会增加焦点企业对合作伙伴的协调和交易成本。Macedo-Soares 等（2017）对巴西案例的研究表明联盟组合多样性与知识产权存在负面关系，对创新结果产生负面影响，原因是多样性增加了焦点企业的协调和交易成本，但是联盟组合多样性的负面影响可以通过提高公司的吸收能力水平来缓解。另一方面是因为多样性虽提供了更多资源和信息，但同时因为知识的异质性会增加焦点公司与其合作伙伴之间的认知距离，进而阻碍了信息和资源的交流和整合。

随着研究的扩展和深入，不少学者认为不能简单地讨论多样性与创新绩效之间的关系，而需要更细致地考虑到其他多种因素对这种关系的影响。如①环境因素。荷兰的 3 000 多家公司从 1996 年至 2010 年联盟组合的情况表明，在知识模块化程度更高或知识分布范围更广的环境中，合作伙伴类型越多越有利于企业的创新绩效；反之，在知识模块化程度低的环境中，合作伙伴类型相关性（伙伴知识在焦点企业创新活动中的重要程度）相比多样性更有利于创新绩效（Hagedoorn et al.，2018）。由于高科技行业需要一个广泛的商业生态系统，才能在快速变化的商业环境中保持竞争力，因此高技术行业相较低技术行业，对联盟组合多样性的水平要求更高（Martinez et al.，2017）。②能力因素。焦点企业的内部能力会调节联盟组合多样性对创新绩效的影响（Chung et al.，2019）。随着多样性的增加，管理难度和成本也在增加，Bos 等（2017）指出这与焦点企业联盟管理的能力边界有关，当治理成本超出其能力边界后，多样性及规模的增加才会对绩效产生负的影响。多样性联盟组合的结构特征中蕴含的创新潜力是否被充分释放，与焦点企业的联盟组合协调能力以及主动选择合作伙伴能力的高低相关，并且两种能力对创新环节的影响可能是相互替代而非互补的（Degener et al.，2018）。企业内部需要专注于这两种程序以管理联盟，协调组合以及对组合进行合理配置，才可能从多样性外部联盟伙伴中获得创新利益。Dong 和 McCarthy（2019）则提醒人们关注吸收能力对通过联盟组合多样性实现突破性创新的约束，"更多并不总是更快乐"。他们以制药企业辉瑞公司为例，认为辉瑞与同行、高校等不同类型伙伴建立多元化联盟组合无疑是明智的，因为突破性创新需要多元化的知识基础，这也意味着联盟组合的多样性，如"基于市场的"和"基于科学的"，但应该谨慎地避免在其组合中加入过多的多元化联盟。因为这意味着焦点企业的知识基础与多元化伙伴的差异水平将增加，会加快企业达到吸收能力极限的速度，当其吸收能力接近极限时，每一个新的多元化联盟的边际收益都会减少，一旦超过极限，就会面临不堪重负的风险。辉瑞的第一个联盟带来了新知识，但随着多样化的新联盟的增加，"消化"它所带来的新知识所需的努力也会增加，而且某一点，消化知识的努力将大于消化知识的利益。多元化应该足够集中，以便能够获得联盟网络中的知识，但不应该过于集中，以至于被其淹没（Dong et al.，2019）。Martinez 等（2017）同样强调了企业应该在吸收能力方面加大投资，以增强对外部多样化知识的整合能力，促进价值获取。内部价值创造能力如组织搜索惯例和技术能力也被认为起到了调节作用（Chung et al.，2019）。③制度因素。企业如何设计激励制度也会影响到联盟组合多样性对创新绩效的正向效应是否实现。例如，面对联盟组合的国际化，企业内部个人激励制度会激发员工积极参与创新过程，从而将多样性对创新绩效的积极影响方面体现出来（Ardito et al.，

2019）。当然这里的制度因素也与焦点企业的内部能力有关。

因此，焦点企业在构建联盟组合时，需要根据环境特征和自身战略定位的创新导向来配置联盟组合的多样性。例如，如果环境中技术不确定性使企业难以预测哪些技术将成为下一个驱动力，企业可以着力于联盟组合的技术多样性（Marhold et al., 2017b）。当创新导向是渐进创新（incremental innovation）（改进或升级现有产品）而非激进创新（radical innovation）（创造新的和以前无法想象的产品）时，较高水平的联盟组合多样性似乎会带来最佳绩效（Leeuw et al., 2014）。此外，焦点企业对联盟组合多样性的配置需要考虑到管理能力和管理策略（Van Wijk et al., 2020）。

伙伴数量似乎越多越好，但维护与每一个伙伴之间的关系联结都需要花费成本。同时，联盟数量多也意味着管理复杂性的增加，伙伴间的潜在冲突增加。关系维护成本与伙伴数量之间有个权衡的关键。

3. 资源整体性

对资源整体性的评价把联盟组合作为一个整体看，在围绕焦点企业的战略目标实现上，考察所汇集的所有伙伴之间资源和能力互补、协动及兼容程度如何，构成联盟组合的个体联盟之间兼容程度如何，伙伴之间以及不同的个体联盟之间是否存在竞争关系，竞争关系有什么样的特征，资源组合在更大的产业环境中是否具有竞争优势。Kale 和 Singh（2009）注意到，实践中对联盟组合的管理还处于幼稚期，他们通过对 76 家公司的调研发现，仅有 30% 的公司在建构联盟战略时把它们所有的联盟作为一个组合整体来考虑，大多数只是评估组合中两个不同联盟之间的竞争程度，只有少部分公司考虑联盟组合的互补，甚至只有更少量的公司会评估组合中跨个体联盟的互补程度。一般而言，如果伙伴之间存在竞争关系，则对焦点企业提高联盟租金占有的议价力有好处，但组合中不同的个体联盟之间存在竞争，或者说焦点公司与不同的伙伴结成相同目的的联盟，则过多的竞争所产生的竞争成本最终有可能超过焦点公司从联盟中所获的利益。此外，焦点公司将资源组合作为整体放入更大的产业价值体系中，与其他组合资源相比，从组合的价值创新、关系壁垒、可模仿性及替代性、应对不确定性以及组合内资源的相互依赖程度等方面考察其竞争优势，更能理性地选择结盟伙伴，也是焦点企业联盟组合战略成功的关键。有时，这种组合更表现为一种生态链（网）与另一种生态链（网）的竞争，例如，围绕苹果公司的联盟组合，核心是在苹果提供的免费开源操作系统上的应用开发，与围绕谷歌的安卓系统的应用生态链（网）之间的竞争目前几乎占据了移动应用领域的绝大部分市场，随之则是微软推广iOS操作系统的努力追赶和试图突破。在电商平台领域，也有同样的现象，例如阿里巴巴的淘宝购物平台体系与京东商城平台体系之间的竞争。

表2-4 联盟组合伙伴选择的特征描述

特征		描述
伙伴个体特征	资源互补性	没有或很少资源交叠，不能在价值链或其他方面协同
	资源增补性	资源性质相同，处于价值链同样环节或片段
	资源兼容性	工作方式、文化等是否兼容，或在多大程度上一致
	知识异质性	异质知识促进创新，同质知识促进协同
	伙伴承诺	伙伴共同发展的意愿，例如为了长期利益可做短暂利益牺牲
	伙伴的社会特征	伙伴的社会地位或声誉，伙伴在公司间网络中的位置
伙伴组合特征	数量或规模	伙伴数量越多，规模越大，给焦点企业带来的潜在资源和机会越多
	多样性	伙伴之间跨组织、制度或者社会边界的资源、能力、行业背景的异质性、分散度
	资源的整体性	伙伴之间资源和能力互补、协动及兼容程度，竞争关系及冗余，以及资源组合在更大产业环境中的竞争优势

二、伙伴选择与实践变化

一般而言，对于伙伴的选择，企业较多地从资源以及能力的互补性方面考虑，但有时企业为了避免潜在的被单一伙伴敲竹杠的风险，会有意识地通过发展等位伙伴（增加市场厚度）以降低伙伴的谈判地位或以此提高自身的谈判地位来进行避免。需要指出的是，从平台经济的兴起和繁荣中可以看到，通过平台企业的中介，伙伴搜寻变得容易且成本降低，企业间联结也可以选择更加松散的方式，而平台企业自身则可以迅速地构建起大规模联结组合。

在伙伴选择上，一些研究认为企业会选择与新伙伴形成新关系以扩充网络，一些研究则认为企业倾向于选择过去与自己有交易的伙伴以强调社会结构的稳定性。公司与新伙伴形成新关系是为了探索（exploration），与既有伙伴形成额外关系是为了利用（exploitation），是探索还是利用则取决于企业面对的是企业特定的不确定性还是市场的不确定性（Beckman，2004）。企业特定的不确定性包括内部改变，如进入一个新市场、兼并另一家公司或正经历高层变动，以及来自外部的不确定性。这种风险是非系统的，企业往往通过增强伙伴的多样性、减少对单一伙伴的依赖以应对，这是探索。市场不确定性则更复杂，它与产业集中度有关，如需求不确定、输入成本不确定等，这种完全外生的不确定性使企业倾向于加强既有关系以形成联盟以联盟对抗市场不确定性。这实则反映出不同的创新导向，也是焦点企业选择伙伴类型的依据。例如，在技术创新领域，有学者（Estrada et al.，2022）将技术联盟区分为探索型（exploration）与开发利用型（exploitation），两种不同导向将决定其选择联盟伙伴的类型。探索型主要选择以研究为重点的组织为主要合作伙伴类型，如大学和研究机构等；而开发利用型则会以企业为主要合作伙伴类型，如供应商和竞争对手。

对于可持续性发展议题，组织价值框架在联盟伙伴的选择中也起着关键作用（Dzhengiz，2018）。组织价值框架反映了组织的认知取向，以及它们如何解释自己周围的世界，即组织的价值观和世界观。可持续性问题，如全球气候变暖、可持续粮食生产、可持续社区等，往往具有复杂性、系统性及技术性特征，需要企业形成包括各种合作治理的综合安排，因而对合作伙伴之间的同质性要求较高。事实上，英国电力公司经常与认知相似的组织合作（Dzhengiz，2018）。

在关系的形成过程中，存在焦点企业的目标引导和机会偶得两种情况。在结盟目标的引导下，焦点企业对周围环境进行扫描，有意识地搜寻潜在的有利伙伴，继而意图明确地努力联结并促成结盟成功。例如宝洁公司设置的创新主管岗位就是为公司寻找能推动公司创新的个人或机构，建立平台也便于外部创新资源能主动与自己建立联结。有时，却是偶然发生的事件或机会使企业之间建立起伙伴联结。例如，高级管理人员从一家公司到另一家公司任职，容易促成这两家公司之间形成联结，在多家公司同时任职的董事容易促成这几家公司之间的联结，EMBA（高级管理人员工商管理硕士）同个班级的学员所在公司也易建立关系。在有关社会资本研究的诸多文献中，更是比较多地注意到这种现象。但从联盟组合作为战略的角度，在我们看来，无论是目标引导还是机会偶得，所形成的关系是否纳入组合战略的内容，也即是否属于焦点企业今后理性维护的范围，最终都是目标引导的。联盟组合的战略目标体系，如同一张过滤网，不符合战略目标的偶得联结关系会从联盟组合管理体系中被筛除。偶得是指偶然接触到潜在组合伙伴的机会。这两种情形推动了焦点企业的自我中心网络的演化。

实践中，关于伙伴选择，有以下特点及变化：

一是从供应链垂直方向向更广的水平方向发展。早期的联盟合作，比较多地发生在制造商与其供应商以及制造商与经销商之间，目的是减少交易成本、采购成本，合理安排生产以及保证原料供应的稳定，是沿着供应链的垂直方向发生。随着社会的不断发展，企业选择联盟伙伴的视野更加开阔，开始向更广的水平方向发展，这种情形至今似乎表现得更为活跃。一般认为，纵向联结可以沿着供应链方向提高制造生产率，水平联结可以使集合资源发挥作用以及联合产品创新（Mesquita et al.，2008）。在纵向上发展的伙伴关系可以减少交易成本以及发展关系专用性资产（Williamson，1979），但对实施联盟组合战略的企业来说，从水平方向上发展的联结可以扩大获取机会的资源范围并且提升技能，在协调伙伴之间的生产及发展管理活动能力的方面好处明显，典型的如发展外包业务、与各类研究机构及中介机构的联盟合作等。

水平方向的伙伴甚至包括了企业的竞争对手。与竞争对手的联盟较多地发生在开发新市场、新技术、新基础设施方面，或者在位企业为了建立对新进入者的壁垒时也通常采取联盟策略。越来越多的企业开始与直接竞争对手开展某种程度的合作。曾经，西门子和飞利浦联合研发新一代半导体，佳能向柯达供应复印机，IBM 和苹果公司共同开发 PowerPC 芯片技术。手机运营商为开发 3G 技术而成立的 3G 联盟，也是为了共同分担进行基础技术研究所需的投入成本及风险，为了建立技术标准以及共同争取政府补贴等。或者在满足消费者的广泛需求方面，例如，国际航空产业中的许多航空公司结成同盟，对各自所运营的航线及航班进行整合，为有多次转机、不同航线需求的乘客提供无缝衔接服务。

二是由组织到个人。在围绕组织的价值资源中，企业越来越注意到诸如顾客、知识工作者这样的外部个人战略资源。顾客的消费体验、对新产品的期望对企业的研发、生产、销售以及服务等活动产生重要影响。例如，丹麦的玩具生产商乐高为顾客免费提供软件来设计制造个性化玩具，事实上顾客已成为企业的合作生产者。知识工作者则更为不同，作为特殊的智力资源群体，知识工作者具有独立、分散以及专业跨度大的特点。通过紧密联系知识工作者，企业可以非常及时地获取相关的技术和信息动态，可以广泛地搜集相关问题的解决方案，可以快速地以及更低成本地购买相关发明。在宝洁公司的日常经营中，全球有50多万名独立发明家都成了宝洁的创新服务提供商，这些分散在全球各地的专家学者充当了宝洁的智囊顾问团，同时又成为宝洁研发力量的重要补充。并且，信息技术的充分发展在当今给企业与个人形成战略联结提供了技术支撑，使越来越多的企业可以更为便利地通过搭建信息平台与数量众多的个人保持联系并管理这些联系。例如，IBM通过论坛、维客和其他网络联系方式，使公司以外的顾客、有兴趣的设计者甚至竞争者可以参与进公司的成百上千个项目。这有利于IBM降低研发成本。美国一家名叫Quirky.com的公司，是一家创办于2009年的创意产品设计、生产和销售的社区型产品研制公司，它主要面向社区成员，鼓励这些成员向公司提交自己的产品创意，公司据此组织生产和销售。成立后的短短几年间，这些成员已达37万人，公司也成功推出了310种产品，并与188家零售商建立了稳固关系，并且公司在第一年即实现了100万美元的盈利。

三是由营利组织到非营利组织。之前的研究和实践对联结伙伴的范围大多认定在商业或营利性公司，近些年来逐渐有企业开始注意到与非营利实体、非政府组织之间的联盟关系价值。非营利组织往往在其工作领域拥有专有的特殊社会和环境能力（Al-Tabbaa et al.，2021）。今天的商业发展环境，要求企业不仅对股东负责，还对社会其他利益相关者负有义务，通过与非营利实体或非政府组织合作可以更好地理解其他利益相关者的需求。同时，在竞争激烈的环境下，许多公司为加速增长，对市场进行深耕，尤其着意开发处于所谓金字塔底层的消费者新兴市场，对该市场的准确理解也需借助那些与这部分潜在客户更多直接互动的组织，如社区的服务机构等。在我们看来，与不同的非营利组织发展关系可以向消费者展示企业对于环境和社会的价值主张，有形化企业的社会作为、提高社会声誉，对投资者、政府、客户表现责任承担，还可以通过跨界知识与信息辨识机会，抢占先机。非政府组织不仅通过宣传，而且通过向私营部门的合作伙伴提供专业知识，来促进企业变革（Yan et al.，2018）。企业与非营利组织合作，可以更好解决社会经济问题（Koschmann et al.，2012）。商业与非营利伙伴关系（BNP）被广泛认为是公共价值创造和社会创新的重要途径（Al-Tabbaa et al., 2021）。暂时抛开焦点企业的个体视角，从宏观层面看，如今经济和社会环境变得越来越复杂，不确定性陡增，经济发展容易处于困境或面临严峻挑战，研究人员和公共决策者都在致力寻求解决之道，而仅仅依赖单类型部门已明显表现出能力和资源的不足。公共治理是近些年达成普遍共识的治理理念和模式，主张对公域问题的解决应该是一种在共同目标下多元参与的方式。政府、市场和社会各类主体一起，通过协同进行社会创新，以合作解决公共问题、生产公共物品以及提供公共服务。这其中，就包括了企业作为市场主体与非营利组织一起合作，共同实施政府外包项目。非营利组织也在更加积极地思考与私人部门之间的合作（Mirońska et al., 2019）。在广泛的社会责任方面，相较于企业，非营利组织一般对其有更全面和深刻的理解，这是由其组织的本质属性决定的。非营利组织的相关知识对企业更好理解其社会责任有利，有效担负起社会责任是每一个追求基业长青和可持续发展、追求更广泛的价值创新的企业所需要的，同时与非营利组织的良好合作也是其实现这些追求的路径。

四是由现有伙伴到潜在伙伴。需要指出的是，联盟组合作为企业的战略行为具有动态性的特征。这种动态性表现在企业需要根据目标、环境等因素的变化对组合内容及结构进行调整，其中一个重要方面是对伙伴的调整，一些既有伙伴逐渐退出，一些新的伙伴被组合进来。因此，联盟组合战略实施过程中，企业除关注当前的、活跃的或有确定结盟目标的伙伴，同时还持续关注对潜在伙伴的搜寻，并为此设置各种机制或平台。例如宝洁公司设置有"外部创新主管"的职位，保持对外部潜在创新伙伴的随时搜寻。还有实力颇强的公司，通过设立"创投基金"或投资公司这样的平台来留意有创新技术或市场前景的中小企业。

五是组合布局将社会结构性因素纳入考虑。联盟组合对伙伴的选择较易从资源依赖或互补的角度考虑，但从社会结构的视角看，联盟网络的结构也会成为影响伙伴合作和竞争的社会条件（Bae et al., 2004）。联盟组合形成的网络结构对其中每一个成员都会形成程度不同的结构性约束，这种结构性约束可能影响不可替代伙伴（如在生产资源的依赖方面）施加控制的能力，以及由此影响与这些伙伴结盟的成本及分配关系租金的能力，因此焦点企业可以通过与共同第三方的联结来制约势力强大伙伴的议价力。另一种情形则是，当因为种种原因，焦点企业无法与中意的潜在伙伴结成真实联结时，便会通过寻找第三方中介形成桥联。

值得指出的是，焦点企业有意无意形成的松散联结，事实上构成了潜在伙伴集合，这一集合的动态存在，类似于伙伴备选，在焦点企业构建实质性联盟组合时能有效减少搜寻成本。并且，与这些松散联结伙伴之间的互动有时能产生意想不到的效果，例如某些信息的传递及碰撞导致了焦点企业的创新产生。从这个意义上说，所谓"联盟组合集合"的伙伴边界在战略意义上可以是模糊的，不一定是联结双方形成了正式的特定目的性关系，也可以是非正式的关系或者目的性不是那么明确。

第三章 联盟组合的价值创造与租金分配

过去的研究思路主要依据不同企业加入联盟的目的与动机来分析，而价值基础的战略观点强调，价值创造是企业加入联盟的终极目的（Collis et al., 1998）。焦点企业采用联盟战略主要考虑的是如何与伙伴共同创造价值，最后要如何来分配这些价值（Zajac et al., 1993），即价值实现。从价值实现过程来看，包括价值识别、价值创造以及价值获取。基于价值识别的联盟组合构建为焦点企业奠定了价值创造的基础，该基础为由联盟或伙伴关系而来的"资源池"。将这些池中资源与自身资源相结合并通过一系列机制进行价值创造，形成联盟租金，进而从联盟租金中占有合理份额才是焦点企业展开联盟组合战略的真正目的及意义所在。

第一节 联盟组合的价值创造

联盟组合为焦点企业构建出了自我中心网络，网络中伙伴资源大多通过正式的合作关系为焦点企业分别利用，有些却因为网络效应可被焦点企业间接撬动。因而，细致解析焦点企业可利用的伙伴间网络资源构成，有助于其更为准确清晰地认知伙伴资源价值。同时，进一步洞察联盟组合各种价值创造机制以及联盟活动价值分布，将更加有助于焦点企业联盟组合战略价值的最大化实现。

一、联盟组合价值创造来源

正如 Barney（1991）所说，企业资源是企业构想及实施其战略的力量。通过联盟组合，企业扩展了其资源无论是在数量、多样性还是在资源质量方面的表现，从而增强了战略谋划及实施的能力。

焦点企业价值创造的资源来源示意见图 3-1。图中，个体联盟 f_i（由 f 与伙伴 i 联结而成）、f_j（由 f 与伙伴 j 联结而成）以及 f_{mn}（由 f 与伙伴 m 及 n 一起联结形成）一起构成了焦点企业 f 的联盟组合。在联盟组合中，焦点企业可以用于价值创造的资源包括：①与伙伴的共享资源 $R_{共享}$。这是联盟价值创造最主要的资源来源。通常在联盟关系中，无论是基于主观还是基于客观，焦点企业和伙伴都不会贡献出自有的所有资源，而只是部分资源与伙伴分享，如图 3-1 中焦点企业 f 的资源 R_{f1} 与伙伴 i 的资源 R_{i1} 共享，在焦点企业 f 与伙伴 j 的联盟中，R_{f3} 和 R_{j1} 构成共享资源，在 f、m 以及 n 形成的个体联盟 f_{mn} 中，三家企业分别贡献出 R_{f5}、R_{m1} 和 R_{n1} 作为分享资源。共享资源中，可能由双边（对偶）个体联盟得来，如 f 分别和 i、j 构建的联盟，也可能来自多边联盟，如 f、m、n 构建的联盟。②由伙伴溢出的资源 $R_{溢出}$。伙伴与焦点企业通常不会在所有方面进行合作，也即不会有意拿出所有资源进行分享，但由于联盟关系的存在，资源尤其是无形资源的溢出普遍存在，焦点公司于是可以将这些由伙伴溢出的资源加入自己的价值创造中来。例如，某知名公司与焦点企业展开研发联盟，双方在研发投入、研究技术及成果、研究人员方面进行资源共享，知名公司的品牌声誉并不是其在该联盟中有意贡献出的资源。但是，焦点公司可以借由与伙伴的关系联结形成对自己声誉的背书，将其好处在其他业务的开展上予以利用。如图 3-1 示意的伙伴 i 未分享的资源 R_{i4} 对焦点企业 f 的溢出。③由伙伴桥联的网络资源 $R_{桥联}$。正如我们对焦点公司的联盟组合同时也是其自我中心网络的研究，事实上其每一个组合伙伴也拥有各自的自我中心网络，构成伙伴的网络资源。除了焦点公司与伙伴在组织间关系中构成等位的情形（二者都联结了同样的伙伴），焦点公司可以通过伙伴的关系，以伙伴为"桥"从而建立获取与伙伴直接联系的资源的通路。如焦点公司 f 通过伙伴 m 的桥联而获得获取 m 的网络资源的通路。④间接获取的伙伴间关系资源 R 间接。在联盟组合中，存在伙伴们与焦点公司分别结盟，但伙伴之间又在其他方面结盟的情形，如伙伴 i 和伙伴 j 共享资源 R_{i3} 和 R_{j2}。在此情况下，由于溢出和网络传递机制，焦点公司也有可能间接地利用到这种关系资源。例如，伙伴 i 将与 j 合作开发的技术嵌入在与焦点公司 f 合作的产品中，特别当 i 与 j 之间就合作产生的相关产权或成果应用界定不清晰的情况下，焦点公司由此获得的利益最为明显。焦点公司获取桥联资源以及间接获取伙伴间关系资源，都是因为公司间网络存在传递机制。在我们看来，厂商的重要资源可拓展厂商的边界，这些资源可能镶嵌于厂商间的资源与惯例之中。⑤剩余的自有资源 $R_{自有}$。除了在联盟关系中贡献出的可分享资源 R_{f1}、R_{f3}、R_{f5}，焦点公司还有未分享的资源如 R_{f2}、R_{f4}，它们与共享资源一起，构成了焦点企业在联盟组合中可用来进行价值创造及创新的全部资源 TR_f（total resources of focus），即

$$TR_f = \sum R_{共享} + \sum R_{溢出} + \sum R_{桥联} + \sum R_{间接} + \sum R_{自有}$$

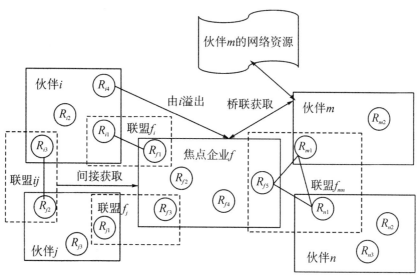

图 3-1　焦点企业价值创造的资源来源示意

注：虚线为个体联盟边界，实线为企业边界，圆圈代表资源。

按照 Kim（2021）的说法，除了与焦点企业直接联结而形成的自我中心网络结构外，还存在一个扩展的联盟组合配置结构，由焦点企业的合作伙伴之间的许多联系形成，可能是一个更大的稀疏的网络结构。在自我中心网络中，嵌入其中的每个成员组织都是其中流动信息的接受者和传递者，焦点企业位于结构的中心，以控制信息。但是在扩展的联盟组合配置中，焦点企业不必然处于结构中心，但是享有稀疏网络带来的新鲜资讯，有利于焦点企业的创新活动。

如 Dong 和 McCarthy（2019）的研究中提到的辉瑞公司（Pfizer）的联盟组合。辉瑞公司于 2011 年与加州大学旧金山分校（UCSF）结成联盟，

并于 2014 年与默克公司（Merck）结成与之不同的联盟。而默克公司在 2011 年与精鼎公司（Parexel）结成了其他多样化联盟。2018 年，精鼎公司又与 CHA 医疗集团合作实现多元化，同年 Immutep 公司也加入了辉瑞-默克联盟。通过这种方式，五家公司和一所大学结成了"联盟多元化网络"。这样，辉瑞公司联盟组合的业绩不仅受到与其直接合作的加州大学旧金山分校、默克公司以及 Immutep 公司的影响，还会受到默克公司加入的其他联盟的影响，这些关系网络资源对辉瑞公司实现突破性创新贡献了多元化的知识资源。

在联盟组合内部，由联盟组合关系而来的价值创造机制主要包括三种：

（一）对资源进行组合、整合或重组

任何一种产品都是由特定的资源集合创造而生成的，这些资源既包括公司内部资源又包括外部资源，资源的种类和数量越多，越有可能组合出更多的资源集合因而生产出更多的新产品。熊彼特将创新组合的形式分为五种类型，分别为开发新产品、革新生产方式、开拓新市场、取得新原料来源，以及创立新组织（Schumpeter，1912），这些都能为企业带来价值的创新。熊彼特也是最早强调通过资源组合创新产品开发活动重要性的经济学家之一。但熊彼特所强调的资源更多的是指公司内部资源，是一种封闭式创新，由于公司内部资源的有限，产品的创新来源受限。因此，当公司获取资源的途径越过了企业边界，就拓展了可以用来组合的资源范围。联盟关系正是为此聚集了跨组织资源，使获取的资源从 $R_{自有}$ 扩充到了与 $R_{共享}$、$R_{溢出}$、$R_{间接}$ 以及 $R_{桥联}$ 的集合，企业可以对这些资源进行任意的组合，从而实现开放式创新，并且随着联盟数量的增多，所汇集的资源就越多，可以组合的资源集合种类就越多。可以说，资源组合是价值创造的主要驱动因子。

联盟组合伙伴所贡献出的共享资源，造就了焦点企业可以进行价值创造的资源池。一种情况是通过简单的组合，以"拼凑"的逻辑创造价值，如焦点公司在供应链联盟中，寻找更低出价的上下游伙伴以长期交易的承诺降低交易成本的情形。一种情况是对结盟伙伴资源进行系统性整合，以协调活动的方式更为高效使用资源，因而获得协同价值。例如焦点公司通过向供应商提供及时透明的订单及库存状况协调双方之间的生产销售活动。典型的如沃尔玛与其供应商及时共享商品销售、库存及订单数据资源，既优化了卖场品类管理，又优化了供应链合作流程，不仅满足了消费者需求而且使双方的库存都可以降到最低，双方的资金利用率都得以提高并都从中受益。

组合资源间的互补性、增补性等为上述情形提供了价值创造的空间。联盟组合的价值创造是基于不同类别、规模和范围的资源所形成的互补效应、增补效应以及创新效应，并且在组合层面表现出特别的不同。

1. 互补效应（complementary effect）

Teece（1986）发现，在绝大多数情形下，创新要成功商业化需要将有关诀窍（know-how）的知识与其他能力或资产相结合。如市场、竞争性生产、售后支持。这些通常由互补的专业化资产而来。互补性资产分为普通资产、专业化资产、共同专业化资产。普通资产指有通用作用的资产，不需要被剪裁以适用创新。专业化资产指在创新和互补性资产间存在单边依赖的资产，是企业的专用化投资。共同专业化指存在双边依赖的资产，是合作双方对合作行为的共同投资。

高度相似的资源给予公司获取规模经济的机会，但企业主要是利用现有的价值优势（Ireland et al.，2001）。然而，不同但互补的资源为收获范围经济制造了可能性，创造了协同且开发了新资源和相应技能（Harrison et al.，2001）。前人的许多研究都将资源互补性作为价值创造的必要条件并且假设互补资源的所有组合都会带来价值创造。当前，尤其在新兴市场中的企业实践表明，因为互补性资产可以实现跨组织的大规模协作，以致这种价值创造方式在市场中的表现甚至超越了技术创新。因此，资源互补被用于开发新的竞争优势，有潜力整合伙伴互补资源的联盟拥有生产价值的最大可能性。

Teece 等（1997）和 Pisano（2006）倾向于从企业内部构建重要的互补性资产。这是因为资源具有先天黏着性，企业无法快速发展新能力；且隐性知识无法轻易通过外部要素市场买卖取得。Pisano（2006）认为，企业通过保护互补性资产取得渠道，能战略性地弱化技术创新的专属性。他们比较倾向于从企业内部构建重要的互补性资产。但由于市场外部性的存在，Teece（2006）进一步补充说，当共同专业化资产仰赖外部会导致交易成本增加、降低创新的专属性时，应考虑自制，否则应以委托外包为原则。Jacobides 等（2006）则强调企业以多方合作、自身产业领域的进入障碍来创造资产的"可移动性"，通过发展组织间关系获得互补性资产。这可视为以组织间关系的构建来获得发展所需而自身并不占有的互补性资源。可见，焦点公司通过联盟组合从组织外获得互补性资产，可能是一种更为迅速和便捷的途径。一些后发厂商正是懂得善用低廉劳力，开发在地化的（positional）市场营运模式，以提供定制化产品或服务从而获得了后发优势。

2. 增补效应（supplementary effect）

增补效应是指由拥有相同或类似资源的伙伴通过资源组合而进行的价值创造所产生的效应。虽然在价值创造中强调互补资源的组合，但有时企业面临的问题不是没有所需的某种资源，而是该种资源在针对特定目标时力量欠缺，或者是数量上短缺，或者是能力上不足，这时所需的就是能够组合进同类资源以提升资源的应用能力。这有别于互补效应中组合资源间的差异性。常见的情形是彼此都缺乏独立开发某新技术或新市场的企业可以通过联盟进行资源增补。例如，在对萌芽市场的开发中，有时会存在消费者教育的问题，即此时市场对全新产品还非常陌生，市场反应慢，即便存在先行的种子类消费者也可能在对新产品价格、服务等方面因循旧有经验，导致市场推进缓慢甚至先行企业还未等到新市场的发展期就经营失败。此时若能与同样的先行企业结成联盟，共同在消费者教育方面分担成本和义务，使增补效应得以发生，则可能促进新产品萌芽市场向可持续发展转化。需要指出的是，焦点企业与因增补效应而合作的伙伴之间，因关系建立在相同或类似资源的基础上，在资源属性方面存在替代性，因而一般存在潜在的竞争关系，只是因为特定的目的在特定的阶段发生了合作，甚至是同样困境下的权宜之计。因此，这种合作关系并不一定持久，焦点企业有必要在其联盟组合战略规划中区分伙伴资源的价值创造机理的不同。

3. 创新效应（innovation effect）

严格地说，资源组合属于一种创新组合（new combination），动摇现有市场的均衡状态，可实现破旧立新的创造性破坏。当竞争优势需要的组合资源给企业带来持续的租金收入，而这种资源既不能由市场交易购买，也不能及时地以成本有效的方式从内部开发时，联盟尤其有效。这就是说，当公司不具备在特定领域活动中挣取持续租金所需的全部资源和能力，以及从内部开发又缺乏竞争力时，联盟关系会使其得到获得这些资源和能力的途径。涉及创新的资源通常是隐性的、复杂的，同时这些资源大部分是路径依赖的、特殊的并且是特定企业的历史专有形成的（Winter et al.，1982；Teece et al.，1997）。与已经拥有他们的企业相比，焦点企业若选择自主开发往往会受规模不经济、范围及时机的影响（Dierickx et al.，1989），而焦点企业的联盟组合有助于将不同伙伴的相关隐性资源和能力归拢在一起。

联盟组合对来自不同伙伴的隐性资源和能力的归拢作用通常也是市场难以充分做到的。由于分布在公司所有方面并嵌入公司内部，这些资源难以识别、评估且难以没有价值损失地通过公平交易交换（Madhok，1996，1997）。市场在交换一般和可替代资源及知识方面是有效的，这些东西容易被识别及表述，也能无利益损失地从占有它们的企业中分离出来，但市场在传输更深层次知识上就无效了。相比之下，联盟更能提供灵活关系和有质量的协调机制进而有助于有效的隐性知识流的传输与协调。

在丹麦发展风力发电机产业的案例中，大量的多元资源来自不同的拥有者，但资源在重新使用（reuse）、重新组合（recombine）与部署（deploy）的拼凑过程中，创造了新的运用方式与组合规则（Garud et al.，2003）。当资源脱离原有的功能时，代表它们开始介入另一组变换系统中，就如同万花筒的材料一般；而这些碎屑即图样变化的材质。当物体可形成一种相继的关系时，在系统内即能产生资源的可置换性。

4. 联盟组合层面的价值创造

对焦点企业来说，相较于个体联盟，上述三种价值创造机制因为焦点企业对组合资源的便利调动有更大的不同。Lavie（2007）注意到一个焦点企业可以通过组合有区别伙伴的网络资源创造价值，这样可以享有其联盟组合中个体伙伴不能获得的协同。例如，设想一个具体的情境：一家精于系统整合的企业构建了自己的联盟组合，它可以将一个伙伴的硬件平台与另一个伙伴的软件开发专长组合起来，而这可能是其硬件伙伴或软件伙伴不能单独做到的。或者焦点企业还可以将在自己所参与的不同个体联盟中获得的联盟成果进行组合，例如焦点企业在 A 联盟中收获了合作专利技术 m，在 B 联盟中获得了创新成果 n，又通过 C 联盟取得了某市场准入，如此，当焦点企业将整合了 m 和 n 的产品向市场推广时，就获得了三个联盟中其他企业不能单独具有的优势，因此创造了市场价值。换句话说，因为拥有联盟组合的焦点企业存在从多重伙伴获得不同资源的可能性，所以其价值创造可以通过协同的组合资源而不仅仅是单个伙伴或单个联盟的资源进行。

对此，Wassmer 等（2011）就联盟组合的价值创造提出了"创利益服务"（benefit creating services）的概念和观点，他们所谓的创利益服务可以被看作产生于资源组合的服务，使得企业可以提高运营效率而减少成本或者创造额外产品及提供服务，从而提高收入。在此概念下，资源根据其在被利用方面是否存在数量或规模损耗上的限制被分为两类：一类资源是有规模限制的（non-scale-free），如生产资料，一家企业用了就会减少另外企业的使用量；另一类是无规模限制的（scale-free）（Levinthal et al.，2010），一般不存在更多的使用者损耗，如商标。而一个完全（complete）的资源组合应该包括：①所有所需的无规模限制资源类型；②产生利益所需的最小量有规模限制资源。"最小量"是指对焦点企业产生最小可能利益所需的资源数量。换言之，即使一个资源组合拥有一种或更多有规模限制资源的最少数量以生产最小利益，一个更大利益被资源限制阻止。由此，Wassmer 等人认为焦点企业联盟组合的价值创造有两种演绎脚本：一种是焦点企业的联盟组合中的网络资源可能具有增补性及互补性，但构建了不完的资源组合，即，一旦组合，他们不能提供创利益服务；另一种是焦点企业联盟组合中的网络资源具有增补性及互补性且构建了完全的资源组合，即一旦组合则提供至少最小可能的利益创造服务。所以从这种观点来看，焦点企业联盟组合所汇集资源的价值潜力，还要看其是否有以下缺失元素：①一种或更多无规模限制资源；②所需的用以生产最少可能利益服务的一种或多种有规模限制资源的最小数量，或二者都缺。因此，在创利益服务的框架下，联盟组合的价值创造首先要看其资源组合能否提供创利益服务，对组合资源的利用，要充分有效地使用有规模限制的资源，这与后面"创造性利用有限资源"不谋而合。

资源组合不仅可以产生基于资源异质性的李嘉图租金（ricardian rent）和基于知识能力的彭罗斯租金（penrosian rent），还可以产生基于资源组合创新的熊彼得租金（schumpeterian rent）。同时，就联盟的组合关系而言，组织间这种关系不能简单被看作区别于市场和层级的混合性质的治理结构，更重要的是，作为价值创造和实现的生产性资源。

（二）提升自有资源的异质性

资源都存在固有价值（intrinsic value），资源的固有价值独立于资源的使用方式，当这种固有价值优越于其他同类资源时，例如是稀缺的、比其他资源更有效率等，就会产生李嘉图租金。李嘉图租金产生的保证是用于同类用途的同种资源之间存在使用效率等方面的差距。对此，资源基础观认为企业就是资源的集合体，资源是一个企业所控制的并使其能够制定和执行改进效率和效能之战略的所有的资产、能力、组织过程、企业特性、信息、知识等，包括了有形资源和无形资源，这些资源可转变成独特的能力，资源在企业间不可流动且难以复制，资源的异质性和不可移动性成为公司持久竞争优势的来源。因为李嘉图租金仅归资源所有者所有，所以，公司对提高自身资源异质性的追求有不竭动力。在联盟组合中，焦点企业通过不断积累来自外部的知识和由伙伴溢出的资源，向伙伴学习技能以提升自身能力。Lavie（2006）基于联盟伙伴间资源的重叠程度将联盟分为汇集联盟（pool alliance）和互补联盟（complementary alliance）。在汇集联盟中，伙伴之间是一种既合作又竞争的横向联盟，伙伴之间有较多的资源重叠，联盟的目的是追求规模经济或分担成本及风险。这样，每个公司都试图努力从同质伙伴身上学习到提升自身资源异质性的东西，以拉开与其他同质性资源的差距，构造李嘉图租金基础，当通过学习得到改善后，就增加了相对竞争对手的资源级差，就如同施肥使一般土地变成更肥沃的土地。联盟关系形成的交换渠道，为这种学习打开了方便之门。当然，这种学习也可能出现相反的结果，即相互之间的学习、模仿反而使得同质性资源的差距缩小进而削弱李嘉图租金的来源基础甚至使其消失。对于不存在改良潜力的资源，此学习机制则不能起作用，例如稀缺的矿源。

与此同时，资源的移动性也会影响到李嘉图租金的产生。资源的移动性一方面是因为有些资源天生具备可转移特性，如人力资源以及以其为载体的知识，尤其是隐性知识、技能诀窍等，企业不可能永久占有。另一方面与战略要素市场相关。如果战略要素市场是完善的，任何资源都可以从市场中获得，资源的市场价值反映了其固有价值（Park，1998），企业不容易获得李嘉图租金。只有当要素市场没有效率，资源移动性减弱时，企业才最有可能追求李嘉图租金。一般而言，李嘉图租金由占有稀缺资源的所有者获得，但是，资源移动性对企业追求李嘉图租金的影响在联盟关系情境下有所变化。一种情况是，资源不具备移动性时，即便焦点企业不占有这些资源，也可以通过与拥有这种资源的组织结盟，以关系联结为手段间接"占有"这些资源，还能通过长期联盟维护和保证这种长期"占有"。另一种情况是，资源具备移动性，但是不同企业对资源的潜在使用效率不同，同样的资源在不同企业中的产出绩效有差异，这时焦点企业可以凭借对资源价值的特殊识别，例如发现该资源未被其他企业发现的特殊价值或该资源未来的价值增长潜力等，不用占有而是通过联盟得到获取这些资源的渠道，利用自己的能力异质性对其进行开发利用。此时，不是通过真实占有而是通过关系占有而获得的李嘉图租金，其本质上是一种企业专有准租，它与焦点企业对资源潜在或未来价值的判断积极相关，更与焦点企业利用这种资源的组织性特征（例如只有焦点企业重视该资源，相比其他企业，焦点企业的其他相关资源和能力对该资源的利用效率最强）相关，具有隐性、组织性嵌入以及社会复杂性特点，也因此不易被其他企业模仿（Barney，1991；Reed et al.，1990）。

这几种情况因为都是与焦点企业的资源异质性相关，或者是直接提升自身异质性资源程度，或者是利用能力异质性更深入地开发了伙伴资源，因此创造了更多李嘉图租金或企业专有准租。

企业专有准租一旦产生，可能比李嘉图租金更为持久，这是因为这种租金的产生是来自企业将李嘉图资源与企业其他资源尤其是专有能力一起进行了捆绑并统一管理，使得即使其他企业也获得了同样的李嘉图资源，也只能产生一般意义上的李嘉图租金，而不能产生同样水平的租金（因为在捆绑资源如专有能力方面存在差距）。通过合作，企业可以搜集新知识并以价值增加的方式与企业内其他资源进行独特组合，由此提高它们在合作关系之外的租金产生能力。这种联盟的非直接利益在后续有关联盟组合的价值分布的讨论中，被称为私有利益。

（三）开发富余或闲置资源以及资源的闲置面

企业为应对不确定性而采取的缓冲策略，随着时间推移发生的策略转移，都可能使企业内部出现富余或闲置资源。Baker 等（2005）指出，闲置资源可视为一种"未开发的资源"，但在过去的文献中，未明确指出闲置资源从何而来，以及如何挖掘潜在的多元应用（Baker et al.，2005）。Drucker（1985）认为，除非人们发现自然界某样东西的用途，并赋予其经济价值，否则，根本就无所谓资源的存在。从资源基础观的相关研究可以看出，已有的研究多以"已经存在的组织或厂商"作为分析的切入点，致力于探讨组织内的剩余资源或闲置资源，但都忽略了初创企业创意团队对闲置资源的运用。Chiambaretto 等（2019）倒是总结了通常企业所具有的两种过剩资源能力，即资源利用率低的两种情形：一种是资源未被充分利用或根本未被利用；另一种可能发生在通常不可分割的单一资源的水平上，指资源的未使用能力。交通运输业中的例子很能说明这一问题，如乘客或货物未满载而导致固定运力未被充分利用。应当说，"闲置"是一个相对性的概念，闲置资源的概念更可引申为尚未完全开发的资源，亦即发现资源应用的另一种可能性，例如将塑料袋、胶带、硬纸板和输送带重新组合作为临时的求生设备，并使这些资源跳脱（而非取代）刻板的使用习惯，开创出新的运用方向（Weick, 1993）。换言之，即发现资源的多重应用与新维度，而资源新维度的出现，也隐含着创造第二种新的资源价值。事实上，Penrose（1959）有关资源基础观的中心主张，即动员闲置资源。闲置资源的顺利集合，将有助于降低资源取得成本、提高资源组合效率，以迅速响应环境、创造机会，取得竞争优势。因此，如何挖掘未经妥善运用的闲置资源与创新使用方式，并创造独特的资源价值，就成为焦点企业利用联盟组合进行价值创造的一项重要任务。

对于焦点企业而言，个体所拥有的资源非常有限，如何创造性地利用有限资源，是每个企业可以创造更大价值的源泉。Baker 和 Nelson（2005）分析了"创造性利用有限资源"的含义，他们认为这个概念主要包括以下含义：①主动性。在面对问题和机会时主动采取行动，而不是观望等待；不轻易放弃在一般人看来不利的条件，不断进行尝试。②组合资源以实现新的目的。囿于资源的最初用途，对资源进行重新组合利用。③挖掘手头的资源。每个人都会拥有一些零碎的东西，包括物质资源、技能和主意。这些东西非常廉价甚至是免费的，因为在其他人看来，这是一些无用和不符合标准的东西。创业者所具备的"创造性利用有限资源"的能力为处于资源约束期的创业企业提供了赖以生存的优势。在高度竞争的市场上，那些创造性利用能力比较强的创业者足以应对资源缺乏的问题，而那些缺乏这种能力的创业者可能会选择中途退却或退出市场。"创造性利用有限资源"的行为可以帮助企业发现和开发新的机会，而如果采用其他方式来开发这种机会，代价可能很大。对资源约束，创业者有两种选择：一是对有限资源进行创造性利用；二是寻找新资源加以弥补，特别是在利用网络关系资源方面，创业者更有可能采取"创造性利用有限资源"的行为。无论是在创业过程中还是在创建企业以后，创业者都会充分利用手头的各种资源，包括顾客、资金提供者、供应商、顾问、员工等资源。联盟组合正是为焦点企业提供了更多并更为广泛的"手头资源"，焦点企业可以充分利用这些网络关系资源对自身富余或闲置资源进行开发，或者利用伙伴的资源或能力优势开发资源的闲置面，即可以将过剩资源通过联盟关系的部署使其机会成本转变成焦点企业的收入。

在联盟组合外部，把联盟组合作为一个整体考察，焦点企业获得的价值创造受到更多外部因素的影响，这与联盟组合在产业环境中的竞争优势相关。联盟组合的资源对焦点企业来说，构成了相互依赖的网络资源，其中的各种组合的汇集为焦点企业带来价值增长潜力，但是这些个体联盟以及组合联盟发挥的作用还受到来自产业中各种竞争威胁的挑战和制约，多数体现在组合资源的替代性方面。一种情况是焦点企业的联盟组合在更大的产业价值网络中不具有异质性或成本优势，存在其他的可替代联盟组合，则组合整体价值产出降低；另一种情况是组合中伙伴受到来自伙伴所在行业市场竞争情况的影响进而影响到焦点企业联盟组合的竞争优势，例如关键合作伙伴因为所在行业市场影响而导致成本急剧上升或技术升级换代，都会影响到焦点企业的联盟产出，这时形势的扭转需要依靠焦点企业的及时调整能力。

不仅如此，焦点企业及其伙伴还可从合作关系中获得额外的溢出效应。例如，与伙伴之间的技术联盟组合对非技术创新如管理创新产生了潜在影响（Estrada et al., 2022）。在 Howard 等（2016）的研究中也提到相关例子，由于 Lilly 公司在合作创新方面的专业知识在制药行业里得到广泛认可，因此与其进行研发联盟的几家生物技术公司不仅在意研发目标的实现，而且利用合作关系学习 Lilly 的合作技能。也即在合作中，合作过程已超越了特定联盟的功能性动因，技术联盟不仅交换技术知识，还交换非技术知识，由此创造了更多的创新机会。

二、联盟组合的价值分布

焦点企业发起联盟组合是为了生存及发展，因此在我们看来，对于联盟的研究应该由价值基础的战略性思维出发。Brandenburger 和 Stuart（1996）提出企业的价值基础战略（value-based strategy），重点确定了附加价值（added value，AV）和价值创造（value creation，VA）两个方面。所谓的附加价值指焦点企业实施联盟战略之后所能产生的好处（价值）（Brandenburger et al., 1996；Madhok et al., 1998），一般是以主观的或客观可衡量指标来表示。我们认为，价值基础的战略应当考虑价值创造与价值专有（value appropriation，VA）两个方面。所谓的价值创造，是由联盟活动所创造出来的总价值，是由联盟网络的资源合并后所产生的共同利益（common benefit）与私有利益（private benefit）的总和，其本质是关系租金，或称联盟租金（alliance rent），是由联盟伙伴所形成的网络资源，跨越企业的界限，通过合作、交换与共同开发特有的资源而产生的，非单方的伙伴所能产生；所谓的价值专有，是指相对于所创造的总价值的比例，每个伙伴能由联盟获取到的部分（Gulati et al., 2003），是代表每个联盟伙伴所能获取价值的最大数量（MacDonald et al., 2004）。价值创造与价值专有这两个方面的最终结果是联盟租金的增加。联盟的管理者必须思考如何去极大化由交易而来的价值以达成联盟的目标，同时也必须极小化伴随交易而来的伙伴投机行为，以避免联盟存在的价值的减损。联盟租金的价值分布见图3-2。

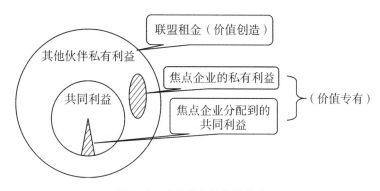

图3-2 联盟租金的价值分布

Dyer等（2008）发现，联盟租金中的共同利益来源于伙伴们贡献出的各自的资源，由这些资源的协同而产生；而私有利益对其他伙伴来说不明显，来源于企业将由联盟关系而得到的知识或资源与企业内关联或对互补资源组合的能力、在企业间网络中与其他企业的资源进行组合的能力，以及决定企业未来发展中应该投资的资源的能力。我们认为，对焦点企业而言，私有利益还包括了焦点企业在不同的联盟之间可能获取的经纪利益。

第二节 联盟组合的租金分配

焦点企业与联盟伙伴合作会产生联盟租金，所有联盟租金一起构成了联盟组合价值，焦点企业能从其中占有的份额即焦点企业从联盟组合所获得的价值，这与联盟关系中租金分配的影响因素有关，并有赖于焦点企业控制合作成本同时综合利用多种路径扩大价值创造范围。

一、影响联盟组合租金分配的因素

联盟组合通过资源汇集及资源组合创造了价值，产生了共同利益或联盟租金，但这些共同利益如何在组合伙伴之间进行价值分配是满足各企业参与联盟的动机所不可回避的问题。联盟组合中的价值分配有三个层次：①遵循普通市场交易的原则，即抛开联盟关系的简单市场交易。伙伴之间结成联盟只为保护特定交易本身，彼此在交易的价格结算上并无特别的好处。②在对长期互惠的预期下，参与方有可能放下类似一次性交易的"斤斤计较"，在分配份额、结算条件方面做出让步。③盘算联盟组合下的综合收益尤其是综合获取的私有利益。这一收益是最能体现联盟组合战略目标的，最不容易引起组合伙伴的敌意，也最能体现联盟"共赢"好处的。公平的价值分配有助于组合伙伴之间相互信任的建立。

在联盟组合创造的价值中，属于私有利益的租金一般无争议，难的是关系租金的分配问题。关系租金可能是焦点企业与伙伴的个体联盟内的，也可能是跨多个个体联盟的，有的仅涉及双边，有的则有多方参与。通过对前人相关研究的总结及进一步分析，我们发现，影响租金分配（专有）的要素主要包括以下内容：基于资源的议价力、基于社会资本（网络）的权力、合约安排、交易专有资产投资、相对吸收能力、关系质量、基于偏好和效用的价值主张、价值创造中的因果模糊性等。

（一）基于资源的议价力

在 Giddens（1984）看来，社会结构还包括社会行动所牵涉的资源——分配性资源和命令性资源，它们是行动者在互动过程中不断地再生产出来的。资源是权力的基础，权力是行动者改变周围既成事实的能力，表现在社会环境中，则是其对资源的支配能力。然而，资源并非权力，只是权力得以实施的媒介。因此，行动便具备了意义的掌握与沟通、社会的认可与制裁以及资源的支配三种特性。资源也因此具有转换性和传递性，可以随行动者在具体情境中的使用而得到改变。

资源基础观一再强调企业的竞争优势来源于其资源的稀缺性与不可替代性，也是企业对其交易对象形成议价力的基础。在联盟组合的价值分配中，我们强调企业对其伙伴资源的依赖程度，这种依赖程度不一定与稀缺及不可替代完全对等，可能存在联盟关系形成中的路径依赖及转换成本考量。

美国著名组织理论家汤普森（Thompson）在对组织的研究中指出，组织内部各分部之间存在三种依赖关系：集合的相互依赖、序列的相互依赖以及互惠的相互依赖。在集合的相互依赖情形下，各分部为整体提供分散的贡献，同时也被整体支持，或者说任何一个分部的绩效都会影响整体。序列的相关依赖指分部之间具有可以准确定位的直接依赖且依赖的顺序确定，例如后续工艺部门对前序工艺部门的依赖。互惠的相互依赖则指每个分部的产出都成为其他分部的投入，即每个有关部门都被另一个渗透。三种依赖中，只有集合的相互依赖可以单独存在。当我们把视角从组织内扩展到组织外或组织间，发现汤普森关于依赖关系的看法仍然适用于对焦点企业的联盟组合的研究。这时，联盟组合构成的网络形成了一个更加复杂的组织，各组合成员即"分部"。一般而言，这个复杂组织包括了所有上述三种依赖，例如研发联盟中可能存在集合的相互依赖以及序列的相互依赖，服务外包联盟中存在互惠的相互依赖。随着依赖方对被依赖方的依赖程度的加深，被依赖方会形成相对依赖方更强势的联盟租金议价能力。

通常，资源的替代性（与等位者的资源差距）、移动性（无法简单从市场购得、资源能在多大范围得到应用）、战略位置（该战略资源的形成与时间有关时，如需要时间累积的规模、经由机构流程审批的准入获取，即便先进入者所拥有的资源不够理想也因此占据了重要战略位置）决定了资源所有方在租金分配中的议价能力。

联盟组合是一个以资源集合为基础的协同价值创造，从价值逻辑的角度，对焦点企业的伙伴而言，其竞争者与其在资源上形成等位关系，更简单地说，就是互为替代。这种情况就相应减弱了焦点企业要求租金的能力。并且，这种资源差距越大，影响作用就越大。也即如果伙伴们在产业环境中容易找到与焦点企业有类似资源的替代者，则焦点企业向组合索要租金分配权力的大小就与其和替代者的资源水平差距（resource level gap）的大小有关。例如，如果焦点企业在资源的规模、地理接近性、资源质量、管理水平等方面优于替代者，差距越大，议价权力就越大。但是，换个角度，如果联盟各方都认为维持当前联盟（的稳定）是理性的，则它们会把各方投入的资源都认为是不可替代的，如此一来，会在租金分配上采取接近平均的方法，资源强势方会在分配上让步。如格兰多里（2005）在有关网络公平性特征的研究中所提出的观点：把各个企业按次序加入联盟所带来的不同的总收益的边际增量平均分配给各方的公平原则，会消除"先发优势"和谈判能力的影响。

资源的可移动性越强，意味着资源越容易从市场中获取，则其在租金分配中的议价力减弱。例如，一家 IT 公司与伙伴合作是基于其软件开发能力，但若这种开发能力建立在其程序员的技能上，而具备这种开发技能的程序员或团队在人力资源市场上又有丰富供给时，这家 IT 公司在合作租金分配的议价力方面可能因此变弱。但如果其移动性指资源能在多大范围得到应用，则随着其移动性的增加，资源所有者在租金分配中的议价力可能不变或者略强（依照具体交易情境而定），因为此时资源所有者对伙伴的依赖降低，有宽范围的资源利用选择。同样的例子，如果很多企业需要与 IT 公司合作，例如在传统行业向数字化转型期间，这家 IT 公司拓展业务有许多客户伙伴选择，则就不会对其中某家特别依赖，因而其诉求租金分配的议价力不仅不减弱甚至反而更强。

毫无疑问，资源所处的战略位置越高，其在租金分配中越有话语权，这是因为伙伴依赖或期望从其位置获取声誉、信息、合法性等好处。一般情况下，企业在组合活动中贡献的资源规模及范围越大，也越容易在租金分配中形成话语权。沃尔玛的市场力量就增强了其对其供应商合作伙伴的议价力，使后者的定价策略倾向于减少与沃尔玛之间的联盟租金占有。

Dyer 等（2018）在有关价值捕获的研究中讲述了丰田公司与其伙伴之间的故事。1980—2000 年，丰田及其合作供应商的利润比竞争对手汽车制造商及其供应商高出约 50%，这表明了丰田联盟组合给自身及其伙伴均创造了更高的价值，联盟组合的有效性不言而喻。然而，丰田的利润（资产回报率 ROA = 13.0%）远高于其合作供应商（平均 ROA = 7.1%），在联盟中获得了更大比例的关系租金。由于丰田控制了更有价值的、稀缺的和难以模仿的资源（品牌、系统集成技能、制造技术等），因此能够获得更高比例的收益。合作供应商不可能轻易取代丰田，而丰田则可以更容易地取代某个供应商。然而，其中一些合作伙伴供应商，如电装公司（Denso），获得了与丰田类似的利润回报（ROA = 12.8%）。原因是电装公司也为这段关系带来了更多有价值的、稀缺的和难以模仿的资源。电装设计和制造复杂的电子元件只能由少数供应商提供，较少有替代品。同时电子技术的持续进步及其对现代生活的广泛影响，使其对汽车性能的影响也越来越重要，在这样的情形下，由于电装公司在电子技术方面的独特能力帮助它更有效地讨价还价，因而其能在联盟租金中获得更高的份额。汽车行业中联盟关系租金的分布很好地表明了资源依赖理论及其对价值获取的影响。

（二）基于社会资本网络的权力

Granovetter（1985）倡导的新经济社会学的基本观点"嵌入"（embeddedness）指出，经济行动是在社会网的互动过程中做出决定的。社会资本是嵌入的结果（Portes，1998），社会资本的最初定义是指个人拥有的社会结构资源，实际上对于组织来说同样如此。组织的社会资本可以看作通过它们的成员身份在组织间网络或更宽泛的社会结构中获取或者动员资源尤其是稀缺资源的能力，当组织需要某项资源时，可以通过采购或交换获取，也可以通过社会关系网络摄取或动员。社会资本更强的组织对于其他组织具有更强的影响力，因而在议价或操纵方面拥有更大的权力。

企业经由社会资本形成在租金分配中的占取能力是通过其对资源的运作能力来实现的，而这种能力依赖于企业的声誉以及所在社会网络或组织间关系网络中的位置，后者具体来看，可以由中心性及所占结构洞位置来衡量。在组织间关系中，组织的声誉的优劣、在其关系网络中所占位置的中心性或中介性（是否占有以及占有多少结构洞位置）的强弱是其社会资本高低的重要来源及表现。

中心性表达了焦点行动者在网络中凭借有许多显著联结而占据的战略位置的程度。中心行动者可以从联结者处获取外部资产，如技术、金钱以及管理技能，也往往能获得更好以及更多的资源和机会，如更容易汇集大量信息。比起低中心性的行动者，高中心性行动者意味着拥有更高地位和更大权力，因为许多联结的接收方（指对应中心性联结者）被认为是声望行动者。中心性越高，对潜在的伙伴联结更有吸引力，也因此在租金分配上更有话语权，因而可以占取到较多份额的合作特有准租，尤其表现在联盟前的合约安排中（如事前要求分配更多的租金）。

在组织间网络中，出于种种原因，或者是注意力方面，或者是联结成本方面，或者是涉及规制方面，等等，如果某些组织之间没有联结或者没有好好组织起来，其中所形成的结构洞就为能占据该位置的企业提供了利益好处。这种好处表现在它使拥有者具有信息利益和控制利益的竞争优势。结构洞玩家通过通路获取网络中有价值的信息，在把握机会上，由于位置特别，可以获得信息上的先机（timing），而且还容易获得网络联结者的举荐（referrals）。控制利益来自第三方策略。这个策略的逻辑类似于在结构洞连接的两方或更多方之间创造竞争，从而"渔翁得利"。控制利益反映出了企业家机会，为企业获取利润增长点（或经纪租金）或发现新业务（经纪业务）提供了条件。焦点企业在享有经纪机会的同时，也就对想要且接近或获取洞周边资源的企业产生议价权力，这种权力随着由自身跨越该洞的难度增大而增大。如，相较于只是通过转移注意力就可实现跨越的结构洞而言，涉及规制、时间累积、路径依赖或惯性以及关系质量等的跨越更难、成本更高。在这个角度，如果焦点企业的联结都跨越了结构洞，而其自身没有被结构洞包围，则其结构洞的资本权力最大。在某些特定的资源情境中，社会资本甚至取代财务资本决定了资源的获取通路。

从制度理论的角度看，那些在制度环境中创造了规则或者影响了规则的变迁、被大多数行动者默认的规则维护者，在议价力中表现出更强的权力，如果这种权力还受到产业中占有制度的强力保护，则更显示出制度权威来。典型的如技术标准集团，在使用者利用相关标准创造出的最终产品价值中，标准集团中的成员赚取了更多租金，例如，由飞利浦、索尼、先锋及 LG 电子组成的 3C DVD 专利使用权联盟，曾经向中国 DVD 生产厂家索取的专利费用达到了成本的 15%，而通常这个比例在 3%～5%。所以，有时存在企业在租金分配中被迫接受突出方（社会资本高者）的主张的情况。

（三）合约安排

一般而言，联盟合约中会有有关合作利益如何分配的约定，但合约的不完备性始终存在。准确地说，不是合约本身影响租金的分配，而是合约制定过程中有限理性导致的合约不完备性。一种情形是，联盟的事前合约中，由于信息的不对称、有限理性，合约各方对未来租金价值不易准确确定或各方的期望租金不同，可能存在在联盟行动中实际贡献的价值低但所获得的租金价值高的情况，反之亦然。这种情况虽然随着联盟活动的开展会得到改善，但囿于事前合约，租金分配状况不易调整。但也因此可能诱发机会主义行为风险，例如伙伴单方减少在合作活动中的投资、追求最大化短期的私有利益，虽然这种行为减损了联盟的共同利益，但机会主义行为方在关系租金占用中获得了相对更多的份额。此外，任务特征也可能会给合约安排带来困难，例如当任务表现出复杂性以及面对的不确定性因素较多时，合约制定的难度会提高。

无论如何，合约安排还是体现了对联盟租金分配的事前理性决策。例如，在特斯拉与松下（Panasonic）的合作中，松下投资建设电池生产线，而特斯拉负责向松下购买电池。双方约定了电池供应量、价格以及其他相关条款。在英国 ARM 公司与合作伙伴之间的技术许可合作中，ARM 通常会收取一定的许可费，并可能与合作伙伴分享基于销售额的分成。

但管理者必须意识到合作伙伴的合作动机，以在合约中能理性回应伙伴关注。例如，如果领先的公司没有将足够的租金留给其联盟伙伴，后者将不会努力参与合作，或者只会以敷衍了事或投机取巧的方式参与（Arora et al., 2020）。除合同明确约定外，领先的公司可以在有关联盟的组织部署中做出一些结构性安排，例如在公司内部分离相关部门等，以减少合作伙伴的相应担忧。这些结构如同主动构建隔离墙，以分隔和保护合作伙伴的机密信息。例如，丰田有意采取措施将其运营管理咨询部门与采购部门分开，以便供应商与丰田共享信息，而同时供应商不必担心这会限制其未来的定价灵活性。

（四）交易专有资产投资

在公司间联盟中，共同利益的最大创造不仅会依赖于各方资源的互补和增补程度，而且依赖各方对联盟特定交易或交换的投资程度。例如，在上下游关系中，上游扩大产能以追求规模经济，但是交易专有投资因其特定性、不可移动性而给投资方带来伙伴方机会主义行为的风险，从而降低伙伴的投资动机，在这种情况下，通常的做法是使用长期契约来规定各方重复交易的条件及条款。在我们看来，长期契约虽然对激励投资动机及一般性地维护联盟持续时间比较有效，但在联盟租金的分配上较为微妙，依赖于事前合约约定、专有投资的性质以及外部环境对投资资源的估价。合约约定的情况已有前述，一般而言，在专有投资上力度更大的一方有理由要求得到未来租金中更大的份额，但如果所投资产在产业市场上容易寻到替代者，则其租金要求权下降。另外一种情况是，随着时间的推移、产业环境的变化，原有专有资产的市场价值会降低，虽有合约保护，但伙伴基于市场压力（产品成本上升而降低市场竞争力）或保证自有收益需要，会要求投资方降低租金分配份额，否则退出联盟或者消极开展联盟活动（在有合约硬性保护的情况下），这在产能扩大后遭遇产业技术路线变迁的情形中较为常见。例如 A 公司因为 A、B 公司之间的联盟而增加了诸如厂房扩建、地点迁移、人力资源、研发等方面的投资，如果 B 公司也做了类似投资，则二者因为"相互绑架"可能维持长期关系，但在交易成本理论看来，因为契约的不完备性，在共同租金的分配中仍然存在风险。

（五）相对吸收能力

企业通过联盟关系获取外部资源、学习新知识，并将获取的资源和知识与自身所有相匹配以创造关系租金。在此过程中，企业因为学习能力、固有惯性、资源存量、沟通路径等的不同表现出吸收能力的差异。吸收能力强的企业，更能识别、评估、模仿及开发外部知识（Cohen et al.，1990），也因此更能利用伙伴知识和资源改善绩效，在关系租金中占有更大份额。

吸收能力对应的是公司专有价值的创造。公司专有价值的创造，很大程度上来自资源持有者对公司专有知识价值的认知（Park，1998），从而对外来知识进行同化、整合，对其开发利用。

（六）关系质量

相互信任的关系使得各方在利益分配中放弃"斤斤计较"的想法，会更多地从长期互惠、自身的偏好和效用方面考虑。

在有关联盟租金分配中有个非常有趣的现象，即虽然伙伴拥有强的议价力地位，却不一定在租金分配中据此提出主张要求占有更多的关系租金份额。一方面可能此联盟产出对其意义不大，也可能是因为因果模糊性等，伙伴并未认识到其议价力或者该联盟产出的实际价值；另一方面也可能是因为与焦点公司的关系质量使其放弃依据议价力的价值分配主张。

（七）基于偏好和效用的价值主张

在联盟价值的占有中，分配方案的可行性契约点最终会落在对参与各方的偏好满足和效用最大化上。联盟各方都希望在创造价值过程中获得效用最大化，而对此的评价可能基于各自偏好，表现出各方对价值分配的方式存在差异，有的可能期望通过联盟增加市场占有份额，有的可能期望顺利进入新市场，也有的可能希望借此提升研发能力或者聚焦在财务绩效的改善方面等。或者说，对联盟参与各方效用最大化的评价是看所分配到的价值是否与其本身资源实现了最好的匹配（或补其短、或扬其长），从而最大化了其私有利益。因此，如果联盟各方能清晰地提出基于自身偏好和效用的价值主张，就有助于联盟利益的分配机制设计，但是事实上不是所有企业都能清晰地认知自身偏好及效用的，这时就增加了价值分配的困难。

（八）价值创造中的因果模糊性

在联盟关系的租金分配中，公平和公正是广泛适用的原则。将亚当斯的公平理论放在有关联盟组合的价值分配中，意即参与组合投入的各方所得报酬应与其所做贡献相匹配，否则若某一方对分配结果产生不公平感后，将会影响联盟关系的持续或高质量合作。当投入全是货币类可衡量的资源时，容易根据各方所出份额分配其应得利益，也难引起争议，但是，联盟组合战略的起因就是聚集多重的、不同种类的资源，存在不易衡量或衡量标准不确定的无形资源类，如技术、品牌号召力、社会资本等，更存在不同类别资源之间的比较衡量。因此，在联盟的价值创造中，成员的投入和价值贡献的一致性的衡量很多时候难以实现，出现因果模糊性（Dyer et al.，1998；Blyler et al.，2003）的困境，尤其在投入无形资产如品牌、技术时。模糊性的主要来源是信息成本，即搜集准确的有关投入价值的信息成本。同时在对联盟产出的衡量上也存在类似的问题，这个问题之所以重要，与焦点企业获取联盟绩效非常相关尤其在发展私有利益上。所讨论的要进行分配的联盟租金，往往是组合资源在市场上得到了价值兑现的那部分，然而由组合资源创造的共有价值部分不仅包含该项，还有由联盟可能派生的战略市场位置、技术标准、市场（渠道）资源等，这些也可以被看作分配完联盟租金后的"剩余价值"（联盟组合共有收益-联盟租金=剩余价值）。并且这些"剩余价值"可能是有规模限制的，也可能是无规模限制的，敏感而能力强的参与者，能够主动索取及占有这部分剩余价值，或者对剩余价值进一步开发，以提高私有利益收益。

在存在因果模糊性的情境下，社会资本对租金分配起了重要作用。同时换个角度看，在这种情况下，反而给焦点企业争取更多的联盟价值提供了思路。关于社会资本对租金分配所起的作用，在相关文献中似乎体现了谁主张谁受益的思想，未主张的由于拿不出确切的证据进行反驳，所以只好接受，尤其在Blyler等（2003）的研究中表明，当因果模糊性掩盖了个体贡献时，个体可以用其社会资本对租金建立可信诉求。

在价值分配中，因果模糊性的存在是价值分配遇到的最大难题。如果联盟关系是类模块化结构，成员之间存在较为清晰的交易或交换关系，则通常的定价因素如成本、替代性等可以引导价值分配（通过关联价格）。但在因为成员之间由互补及整合而创造出的在市场层面难分彼此的价值增值尤其是爆发式的价值增值时，困境便出现了。

联盟关系中的租金分配，是一个平衡各方利益和风险的机制，影响到各方建立互信的基础。双赢以及多赢的架构设计是合作成功的关键。

二、焦点企业的价值获取

价值基础的战略观点强调，价值创造才是企业加入联盟的终极目的。焦点企业采用联盟战略主要考虑的是如何与伙伴共同创造价值，然后从这些共同价值中分配到多少份额以及获取多大好处。联盟组合的实质是焦点企业整合利用伙伴资源以及与伙伴间形成的网络资源来创造价值。在有关提高焦点公司的价值占有策略的研究中，Cox（2001）着重研究了如何从供应关系中改善价值占有。例如从买方立场，Cox 总结并列举了六种可能的路径以建立买方优势或使从供方优势转移到买方优势，追求的是以协同工作或公平方式获得最大回报。其列举路径中与联盟租金占有相关的做法有：增加选定供方对买方的依赖、确保成本和质量透明、与首选供方密切工作以分享技术或创新、锁定高质量供方、创造共同拥有的产品或服务的差异化、减少供方对知识产权的控制等。在我们看来，这其中的逻辑是认清双方之间的依赖关系以及促进依赖关系的转移以增强权力。

之前有关联盟组合的文献，较少有提及联盟组合的成本，较多地关注联盟组合为焦点公司带来的绩效、价值或竞争优势。事实上，焦点企业最终能否从联盟组合获得好处，不仅取决于由联盟组合创造的价值占有的多少，还取决于建设和维护联盟组合所发生的成本的高低，也即焦点企业联盟组合的净收益 NPF（net profit of focus）。NPF 等于其所获得的联盟组合价值专有 TPF（total profit of focus）与联盟组合成本 CF（cost of focus）的差值：

$$NPF = TPF - CF$$

Wassmer 和 Dussauge（2011）对联盟成本做了总结：通常，联盟相关成本被分为控制（Hennart，1988；Williamson，1991；Dyer，1997）、合作（White et al.，2005）以及竞争成本（Koh et al.，1991；Park et al.，2005）。控制成本发生在伙伴评估及选择阶段、联盟生命周期的合约协商以及治理安排阶段。具体地，控制成本主要包括与搜寻合适伙伴相关的搜寻成本、与谈判和编写合约相关的合约成本。控制成本主要在交易成本经济学联盟文献中得到重视，其首要关心选择合适的联盟治理结构以预防联盟伙伴的机会主义行为（Hennart，1988；Williamson，1991；Hennart et al.，2005）。

合作成本本质上是不间断的联盟管理和协调成本，源自处理联合任务以及确保联盟伙伴之间的社会整合所需（Gulati et al.，1998；White and

Lui，2005)。这种不间断合作成本包括与伙伴沟通、解决冲突、监视合约执行以及若合约义务未被执行而对伙伴实施惩罚相关的成本（Dyer，1997；Gulati et al.，1998；White and Lui，2005），由管理时间及花在联盟上的努力构成（White and Lui，2005）。竞争成本包括与弱化由于资源和能力的泄漏引起的针对其他伙伴的竞争地位相关的成本（Koh et al.，1991；Park et al.，2005）。在联盟组合层面，合作成本和竞争成本还特意强调了焦点企业协调组合中不同的个体联盟之间竞争和协同行动所发生的成本。

简言之，焦点企业通过联盟组合战略获取价值，一方面是尽力扩大联盟组合价值专有，另一方面是尽力减少联盟组合成本。焦点企业利用联盟组合进行价值创造和实现收益主要有六种途径：

一是利用伙伴资源直接扩展和丰富价值创造机会。单个企业占有的资源有限，伙伴资源如人力、财务、市场、研发、声誉等可以在资源的广度及深度上对企业形成支持，特别是，在开发新产品或开拓新市场方面，焦点企业利用伙伴关系可以迅速获取互补资源使自身产品商业化或提高对客户的服务承诺。如智能手机厂商利用伙伴的成熟生产组织技能大规模快速完成产品的生产制造，利用通信运营商的网络快速地将新产品投放市场，利用网络运营商及内容提供商的资源迅速丰富产品的应用并扩展产品的价值增值空间。在金融业务领域，信托公司、保险公司利用商业银行庞大的终端网络，快速地将理财或保险产品业务布局到市场终端，并借用银行的客户关系管理系统精准地识别目标客户以降低营销成本。

二是从伙伴资源的组合中产生价值。焦点企业将内部资源与来自不同伙伴的多种资源进行组合，通过协调产生价值，并且价值创新或重构也更多地来源于该机制。一种情形是焦点企业内部资源与伙伴资源可以组合成产业价值链或价值网，像上述智能手机厂商的例子；另一种情形则是焦点企业发现了与自己分别联结的伙伴之间存在的结构洞并随之开发了结构洞利益而获取经纪收益。随着有价值的资源组合范围的扩大，焦点企业在享受资源利用的柔性的同时还可以限制在关系维护上的投资，例如焦点企业与多个拥有类似资源的伙伴形成联结，如果这些伙伴之间彼此存在竞争关系（程度与这些伙伴所在行业需求状况相关），则焦点企业可以相应减少在这些关系上的维护支出。

三是从与伙伴合作塑造产业结构而获利。努力塑造一个领域使一组产业参与者获利在各种领域可见。企业通过找到一个舒适的位置而在其行业中获利。在这个过程中,焦点企业自身不必非要去追求从创新中获利(profit from innovation,PFI),而是可以投资于有利产业结构中的互补资产。Santos 等(2009)观察到即使小的、萌芽的企业都可以在产业结构中找到一个舒适位置,通过以最终匹配它们自身能力的方式影响其行业结构。这表明管理或影响一个结构可以使企业捕获相关产业中由创新产生的利益,如同 Teece(1998)在研究中发现的,技术创新者所得到的市场回报可能远远不及占有互补资产者。例如富士康的发展历程,其起步于早期在非创新的生产性资产方面的投资,为苹果等技术创新者提供生产制造服务,虽利润不及创新伙伴,但着力于实现规模经济,并致力于将生产成本降低到极致,同时在此过程中逐渐进化出有利于成本降低的一系列独特的工业生产技能,如相关工艺技能、生产组织的管理技能等,最终成为具有显著市场优势的专为技术创新企业提供互补性生产资源的优质合作伙伴。在新兴行业中,新技术、新体制或者新的需求会要求或容许新结构的创造。在新兴行业发展早期,如何定位的过程可以导致潜在的非常有利可图的平台的创造。例如互联网企业百度一开始就将自己定位在搜索业务领域,一方面通过搜索技术与诸多内容提供者和服务提供商建立联结,免费向用户开放使用以获取流量的积累,逐渐增加搜索平台的广告价值;另一方面采用竞价排名方式将广告价值高水平地变现,占据信息服务供需双方间的有利结构洞位置,塑造出早期互联网平台经济的一种结构模式。腾讯在即时通信软件市场所做的市场圈定,也是因为在早期定义了新兴市场的获利模式从而获得丰厚回报及市场竞争优势。阿里巴巴作为国内开发电子商务市场的先行者,早期也是通过免费方式吸引生产商或销售商作为共创事业的伙伴入驻电商平台,共同发展并塑造出电商产业格局。通过与伙伴形成具有结构优势的组合联结,企业可以收获租金并促进未来的发展。焦点企业可以围绕其自身创新需求以及其当前位置,塑造产业结构,通过这种方式获得结构优势。

四是通过伙伴提升内部资源的价值。通过嵌入不同伙伴的价值网络中,焦点企业可以最大化自身资源及能力的产出,从而扩大价值创造空间。这一机制类似于同心多元化战略的逻辑,不同的是更多体现的是"被利用"而来的收益获取。这一价值创造途径的好处尤其反映在对焦点企业"冗余"资源的利用上。一般而言,为应对不确定性,企业往往会在组织设计上保留一定的冗余,如人员、资金、产能、原材料,或因为专门性的建设而导致的某种程度的富余（如五脏俱全的市场部门却存在工作量不饱和的状况）。这些企业暂时不能放弃的"冗余"资源可能随着时间的流逝积累为可观的沉没成本，与外部伙伴的联结则为"激活"这些资源提供了机会。

五是通过联盟关系，将外部资源内部化而间接获利。在组织间的联盟关系中，知识的共享和扩散使伙伴间均有机会学习并吸收到其他伙伴的知识与技能。吸收能力强的企业通过学习、模仿将伙伴的特有知识转化为自身的技能，进而将其整合进自身的内部价值链中而获利。在索尼与苹果公司曾经的合作中，索尼学到了如何设计和生产笔记本电脑，也学到了在发展速度更快的电脑产业（相较于索尼所在的电子产品产业）中如何管理产品开发周期，索尼把这种发展了的能力用到了其擅长的消费电子业务与其增长的电脑业务中，使两种业务及多种能力发挥协同作用，从而实现了更大发展（Dyer et al., 2008）。

六是增加社会资本积累。社会资本不仅有利于焦点企业获取更多机会资源，而且在有关联盟租金的分配中，由社会资本而形成的议价力可以对焦点公司占有租金的份额有重要影响，社会资本越强，越有可能占有更多联盟租金，尤其在协同活动存在因果模糊性的情形下。因此，焦点企业可以多关注积累社会资本的路径，如积极参加有助改善社会声誉的活动、建设广泛的社会关系网络等。

第四章 联盟组合的管理

联盟组合构建为焦点企业带来了一系列有价值的外部资源，焦点企业可以利用三种价值创造机制和若干价值创造途径对这些资源予以利用，从而为自己谋求联盟组合收益。联盟组合作为焦点企业扩大价值创造机会以及开放式创新所选择的战略，合作伙伴（组合）资源特征以及伙伴关系结构只是为其价值创造奠定了资源基础并形成了价值潜力，其最终的价值获取或联盟组合绩效取决于焦点企业如何管理联盟组合以及其管理水平。联盟管理方法包括基于组合匹配的伙伴选择、利用跨伙伴知识以及把联盟作为一套能力的管理（Duysters et al., 1999）。一般而言，联盟组合管理首先需要回答如何进行治理框架的设计，如在治理机制以及组织保障方面的安排；其次需要进行联盟组合能力方面的建设。

第一节 联盟组合的治理框架

虽然 Kale 和 Singh 于 2009 年发表的研究表明，联盟在彼时过去的 20 年已经成为大多数公司核心的竞争与成长策略，联盟组合的目的是与伙伴们共同创造价值，然而，多数的战略联盟与跨国并购都是失败的（Dyer et al., 2001），联盟的失败率为 30% ~ 70%（Bamford et al., 2003）。虽然联盟失败的原因不完全是机会主义行为，也有可能是组合伙伴认为相关投资过度、净收益少于预期或者少于其他方式的潜在收入等，但伙伴间缺乏合作以及伙伴的投机行为是造成联盟高失败率的最主要原因（Das et al., 1998），伙伴之间的信息不畅或联盟决策机制的缺乏也导致了联盟价值创新的失败。因此设计适当的治理机制可以减少组织间治理问题的发生，且可达到联盟管理的目的（Dekker，2008；Neumann，2010）。对不同的焦点企业而言，联盟组合所构成的资源组合质量存在差异，如组合资源的互补程度、兼容程度、竞争性，以及专业性、资金、合法性等，但就特定的组合而言，如何治理是不同联盟组合战略存在绩效差异的主要原因。完善的治理机制可以尽量消除伙伴间的投机行为、激励伙伴共同进行价值创造及创新、提高联盟决策效率，并且从具有战略意义的动态发展观看，还要考虑对合作关系变迁的管理。

联盟价值的实现依赖于治理水平，焦点企业的联盟组合治理水平也直接关系到伙伴对交易专用投资的支出。高水平的治理机制可以促进伙伴间专用性资产的投资以及共同专业化的发展，这些无疑是强化共有价值创造纽带的举措，同时也使实际实现的联盟价值更接近联盟的潜在可创造价值。

联盟组合的治理与通常所谓的联盟治理有所区别。联盟治理往往针对单一联盟，可能是一对一联盟或有多成员参加的功能联盟。这里我们仍然强调联盟组合的治理是从任意一个我们所关注的焦点企业出发，是指该焦点企业对其所参与的所有联盟（包括联结）的治理。从治理对象来看，是一个拥有多种以及多重联盟关系的集合，其中既有一对一（焦点企业与单个伙伴）、也有一对多（焦点企业与多个伙伴）的关系。治理对象甚至还延伸到跨伙伴的网络联盟，其中包含双边契约、多边契约以及网络化关系治理。联盟组合的治理与单个联盟治理的不同在于，联盟组合的治理既是对偶的，又是整体的、系统的。其对偶性是指焦点企业对其每一个对偶联结（伙伴个体）关系都是特定的，但整个组合治理的水平及结果既不是所有对偶联结的加总，也不仅仅是单个联盟治理的简单合并，而具有整体性、系统性特点，表现在：①组合中的伙伴数量更多、性质多样，联盟功能不单一，焦点企业需要在组合层面去整体把握各联盟的贡献；②因为每对关系的维护和发展都会或多或少占用焦点企业的资源，存在发生冲突的可能，且关系冲突不仅体现在对偶水平上，还有可能是在联盟组合水平上，即构成组合的个体联盟之间；③不同的联盟关系在不同的范围以及不同的时点（阶段）对焦点企业的作用不同，企业对关系的治理途径需要随着战略阶段进行调整；④组合治理是从企业总体战略目标实现的层面在治理期望与交易成本、监控成本之间权衡，对其中个体联盟的目标可能造成影响；⑤焦点企业对联盟组合的治理从伙伴间利益角度看，有个"互惠"

的底线，也即治理机制中能保证关于各伙伴的价值专有。焦点企业对不同的联盟或者不同的伙伴实施不同的治理方式或方式组合，以至需要建立专门的联盟功能组织进行管理。因此，联盟组合治理框架主要包括一系列治理机制以及为实施专门的联盟管理功能所进行的组织设计或安排。

一、联盟组合治理机制

就联盟合作而言，联盟伙伴集合资源，决定需要实施的活动以及劳动分工。联盟关系中，伙伴们同意协调各任务之间相互依赖的跨组织边界活动，以保障边界接触点（界面）之间的行动匹配（Dekker，2004）。焦点企业有关联盟组合的治理，就是协调与其相关的与伙伴之间以及伙伴们之间的相互依赖任务。协调活动的另一面则是控制，包括对联盟产出结果的控制以及对联盟活动行为的控制，这些控制又融入活动的过程。换言之，从成本角度看治理，治理机制是为了尽量减少联盟组合相关成本（协调成本、机会主义成本等）。从控制的角度看治理，治理机制是实现联盟组合行为控制和产出控制的基础。

联盟组合的治理机制本质上是焦点企业与其伙伴之间互动的规则及规范，既是一种界面规则（interface rules），又是一种能实际操作的实务。它约定了焦点企业与其伙伴之间交易、交换、分享以及共同开发（发展）的行为遵守准则或规制以及途径，是联盟组合的一种制度性的安排，目的是解决有关防卫、合作以及协调等的组织间治理问题，是联盟组合的管理与控制活动的基础。治理机制一方面保证及促进伙伴间价值资源的整合及协动，激励伙伴共同进行价值创新、提高联盟决策效率；另一方面尽量消除伙伴间的投机行为，保护交易专有性的投资，降低伙伴间机会主义风险及互动的成本并保证彼此的利益获取。

联盟组合的治理机制包括正式的治理机制与非正式的治理机制。正式的治理机制包含合约的义务以及为了合作所设计的正式的组织机制（Dekker，2004），是一种能与特定个人及其关系独立出来的操作机制，明确地表明所期望的结果或行为（Hoetker et al.，2009）。正式的治理机制包括设立目标、书面合约、行为与绩效监控系统等机制。非正式的治理机制是指社会性控制（social control）与关系式治理（relational governance）（Dekker，2004），是以非正式的文化与系统来影响成员，并以自我规范作为治理机制的基础（Ouchi，1979）。非正式的治理机制产生作用的前提是人们能决定自己的行为，自我控制，如关系式治理，包括信任、名声、关系弹性、信息交换与共同行动等机制。

治理机制反映了对企业价值创造的关注从组织形式转向了组织过程，是绝大多数联盟失败或不同的联盟组合之间存在绩效差异的重要影响因素。联盟组合治理机制主要包括交易治理、关系治理、知识治理以及联盟组合调整。

（一）交易治理

在联盟组合中，焦点企业与伙伴之间发生了交易或交换的关系。环境的不确定性、信息的不完备性、信息在伙伴间的不对称分布、人的有限理性及机会主义行为倾向，都促成了交易成本的产生。管理者或交易的双方设计出各种防卫机制与诱因机制，以降低"道德风险"，这就是威廉姆森所谓的"交易治理"概念。交易治理是正式的治理机制，包括正式的组织机制、治理结构、激励计划与契约安排等。焦点企业根据交易的内容、伙伴的特征以及与伙伴之间的关系特征，选择合适的交易治理方式，如资产治理或契约治理。资产治理，如合资、连锁等，以资产的互相质押方式捆绑彼此利益，以此表达承诺。其中值得一提的是以共同专业化投资作为资产治理的形式。合作关系的各方均投入资产性资源作为专门的合作共享资产，不能单独撤出或单独撤出后面临资产价值急剧贬损而不能撤出。这形成了联盟关系的排他性，因为焦点企业与合作伙伴一起创造了其他企业无法复制的独一无二的东西，有利于联盟关系的长期稳定。单纯的契约治理如研发同盟、技术或市场许可、互利贸易协定等，通常是无资产的。交易治理的目的是以最小的交易成本维护并激励联盟伙伴共同创造联盟租金。契约安排比较多地表达了交易治理的具体内容，但由于有限理性，企业再怎么努力都回避不了契约的不完备性，因此，对于实施交易治理，契约制定的事前评价和事后评价同等重要。事前评价主要集中在潜在伙伴的可靠性方面，如履约能力、信任信号（经营历史、关键实施者的承诺等）；事后评价主要集中在伙伴对约定的遵守过程及完成状况，以控制道德风险。

罗珉等（2006）在研究中指出，当组织之间必须相互支持、相互连接时，组织间界面就会产生，而组织间关系的界面规则，即指处理组织间关系的各结点关系，解决界面各方在专业分工与协作需要之间的矛盾，实现组织间关系整体控制、协作与沟通，提高组织间关系效能的制度性规则。在我们看来，就组织间关系的界面规则而言，交易治理是联盟关系建立的硬界面（hard interface）或刚性界面（rigid interface）或关系界面的硬规则（hard rules），其基础是依赖正式的规制如法律、相关经济组织协议等的威力。

交易治理往往会在合作开始之前，通过谈判和协商，明确合作方各自的权益和责任，例如技术许可、知识产权保护、投资分担、市场推广和售后支持等方面的内容；在达成一致后，还会在合同中详细规定利益分配的条款，以确保在合作过程中各方的权益得到保障。例如，特斯拉与松下于2014年达成协议，共同在美国内华达州建立工厂，以生产锂离子电池供应特斯拉的Model S、Model X和Model 3。松下投资数十亿美元，在该工厂生产电池，而特斯拉负责提供设备和建筑。双方通过这种方式共享成本，共担风险，实现了规模化生产和成本降低。在交易治理机制如合同中，承诺公平对待合作伙伴并分配租金的可信度非常重要（Arora et al., 2021）。在英特尔体系结构实验室（IAL）的案例中（Arora et al., 2021），英特尔主动将IAL与英特尔的其他业务分离，这一分离从外部可以观察到，从而提高了可信度，通过减轻来自英特尔其他部门的竞争威胁，增强了有互补资源的潜在伙伴与IAL合作的动机。这种实践的启示在于，对于拥有强大实力的焦点企业，需要意识到有时需要刻意限制自身的学习和吸收能力，通过采取一些"主动隔离"机制，以打消潜在合作伙伴的合作顾虑，从而促进联盟合作价值的生产。

（二）关系治理

对焦点企业来说，在联盟组合内，与多个伙伴的关系具有多重复杂性：既包括对偶关系、多伙伴关系以及跨个体联盟关系，又因为多样性伙伴可能来自不同领域而在文化、生产方式、经营理念、人员构成等方面存在极大差异。以什么样的方式与伙伴进行互动、伙伴间关系性质要呈现什么样的特征，是关系治理所应包括的内容。

从资源基础观视角看，资源的稀缺性、不可替代性、难模仿性以及不完善的流动性会影响企业的竞争优势。但在企业互动以及互相依赖的网络环境中，关系的性质比资源的性质更有影响力。关系的性质决定了焦点企业与伙伴之间互动的深度及广度，决定了彼此资源协动或整合的程度、效率，因而决定了联盟租金的产出水平。因此，在联盟组合的管理中，对伙伴的关系治理非常重要，关系治理的目的是降低合约成本、监督成本以及协调成本，并激励伙伴进行价值创造，这是解决交易治理中契约不完备性的有效手段。

虽然客观上关系治理可以消除或尽量减小机会主义行为缺陷，但在我们看来这仅是其中一个方面，从价值创造的目标看，更重要的是保障和激励伙伴的协同活动，以实现集合资源可能达到的最大价值潜力。Williamson（1971）在对市场失灵的考察中，提出组织问题的核心不是敲竹杠问题而是适应问题的观点，可以进一步解释为敲竹杠问题是企业经营活动中普遍存在的现象，但企业经营的中心不是为了一味地对付这种机会主义行为。在联盟活动中，如果说交易治理是为了尽量避免及解决潜在的敲竹杠问题，那么关系治理就是旨在寻找更佳的适应办法。

关系治理通常包括表达善意、建立信任关系、潜在的处罚机制（如声誉损失），或者说关系治理的核心在于信任乃至信任机制的建立与建设，也可以被认为是一种自我加强（强制）的治理方式，不同于市场中的价格控制或层级中的管理权威，不依赖外在的因素，是基于信任的治理方式。在我们看来，从契约到信任关系的建立，是一个关系质量增强的过程。最高的关系质量表现在关系联结的各方建立了共同的愿景，并且为了该愿景，有共担风险的意愿、有自我调适的自觉，从而使机会主义风险大大降低。

发展信任关系使联盟关系的适应性、柔性得到增强，焦点企业与伙伴之间可以在刚性的合同之外通过简单磋商应对环境复杂性，即对合同条款进行及时调整或直接采取行动。信任彼此的公司可能有更一致的意识和愿望来明晰每一个需要遵循的规则、路径以及程序，根据不断积累的先前经验共同开发互动的路径以使彼此的联合互动更容易（Gulati et al.，1998）。企业间信任是合作伙伴满意度和联盟成功的关键变量（Das et al.，1998）。更丰富的相互历史意味着更深层次的联系和关系，有助于企业间发展信任并缓解机会主义行为感知以致积累为关系资本。其影响犹如 Xu 等（2019）在关于制药行业的研究中所发现的，就知识积累和发展而言，关系资本观在其中的作用远大于知识结构价值观，一个伙伴拥有多少知识不如该伙伴愿意分享多少知识重要。因为存在学习竞赛，所以只有来自伙伴间长期的以及反复的合作互动，才有助于促进彼此发展（Xu et al.，2019）。

由关系治理发展出的信任关系使竞争对手难以模仿，因为信任关系具有复杂的社会性及特质性（Dyer et al.，1998），是一种社会性建构。伙伴间互动除了具体的交易内容外，很容易融入更多内容及更大范围的互动，例如高层人员之间的互访、执行人员之间的人际交流等，这些都增加了对彼此除交易性质而外的其他特点的了解和理解，尤其当这种关系随着关系持续时间的增长或地缘性等因素变得更为嵌入社会结构中时，还构建出了对外的关系壁垒。

西方理论认为，公司间的信任通过讨价还价、互动、承诺以及执行这样的循环过程建立及发展，并依赖于已发生的诚信表现而积累。有学者（Rousseau et al., 1998）曾依据信任的来源将其区分为算计性信任、关系信任和制度性信任。从算计性信任到关系性信任进一步提升了关系质量。在中国，除此之外，企业间的信任关系会由特殊的人际关系导致，呈现出一些特色。罗家德等（2007）在对中国组织进行社会网分析时，把信任区分为一般信任与特殊信任，前者来源于制度、认同等，后者来源于两两关系中的互动，可以是权力关系、保证关系，也可以是基于情感关系与交换关系。他们认为中国情境下的企业管理，对特殊信任的研究尤为重要，中国式特殊信任往往建立在特殊的人际关系上，比如由血缘产生的亲缘关系、由同学而产生的近友关系等。在我们看来，无论是哪种信任，都加强了契约形式形成的关系。对于组织间的经济关系联结来说，契约关系仍是最基本的、最底层的关系，尤其对涉及经济租金分配时不可或缺。在关系治理中，当焦点企业与其伙伴的关系从完全契约性质到彼此建立信任，乃至享有共同或兼容的愿景，特别是当价值链得到拓展以及合作形成的结构性竞争优势尤为显著时，会使共同的价值创造上升，收获更多的关系租金。好的关系联结是契约和信任的综合。

关系治理是复杂的，企业在与联结伙伴之间的互动过程中形成合作、分享的往往是非正式的机制，同样，互动也是形成声誉、信任、依赖的过程。质量高的关系治理，使伙伴之间在长期合作中，对彼此的工作失误有一定的容错度，愿意为改善伙伴的生产质量、工作流程等提供积极的配合。质量高的关系管理，还可以使双方对彼此的需求、愿望以及偏好有更细致的认识，因而更容易在互助方面达到高水平。在吸引伙伴方面，相互信任更有可能使企业吸引到高固有价值资源的伙伴，并使伙伴的价值资源驻留在关系联盟中。例如，日本丰田汽车制造商与其供应商之间的关系治理就达到了较高水平，为有效率地实现订单拉动的精益生产，供应商愿意搬迁以及在围绕丰田的半天运输距离范围内建厂。这时，制造商与供应商之间的互动是广泛且深入的，彼此的生产信息几乎完全透明，供应商配合制造商的订单直接传送零部件到其生产线上使其达到零库存，制造商直接介入供应商的零部件设计。这种高水平的关系治理最终使得联结各方都可以达到合意的产出。

关系治理可以看作联盟关系的软界面（soft interface）或关系界面的软规则（soft rules），其基础是对社会规范如道德、文化等的认同。

关系治理的效果与关系专有投入、联结强度以及关系结构特点三个维度密切相关：

（1）关系专有投入。关系专有投入是指企业为完成与特定企业（对象）之间的交易而进行的投资，如专有设备设施的购置建设、专用技术的开发、专用技能的培训以及一些特殊的组织安排等，往往发生在彼此建立联盟或伙伴关系的前提下。企业加入合作关系，会对联盟这种组织形式的产出有更高的期待，认为联盟关系能提供基于互补资源、知识和能力的潜在协同组合，但通常因为伙伴企业没有事先认识到交易专有投资的性质和程度，导致这种期待常常落空。对关系专有的投入是联盟合作关系要实现协同价值的客观要求。在关系专有上的支出（时间、金钱、精力等）能有效提升合作特有准租（collaboration-specific quasi-rents，CSQR）的获取、减少机会主义风险，哪怕是在组织间任何"信任"都缺位的情况下（Madhok et al.，1998）。关系专有投资的目的是锁定用于交换的伙伴资源、发展用于交换的资源、减弱伙伴资源的移动性，因此投资不仅花费在相关的技术或其他经济资源方面，还要在有关社会承诺和管理人员的人际关系上。先前有学者的研究认为关系过程不是线性的而是环形的（Zajac et al.，1993；Doz，1996），包含反馈环，其特征是"协商、承诺以及执行阶段的一个重复序列，每个阶段都以效率和公平来评估"（Ring et al.，1994），过程的重复环状必须是持续的、关系导向的、交易专有支出或包括重协商、更新承诺的投资，以及出于公平和效率考虑的连续重构（Arino et al.，1998；Kumar et al.，1998；Doz，1996）。因此，虽然关系专有投资存在发展成为沉没成本的风险，但对伙伴间关系质量的建设可视为积极的信号。投资投入向伙伴展现了对合作的期待、决心以及公平，表达出合作的承诺。在此过程中，也包含有相互教育的元素，即伙伴们在教和学中能更好地理解、接受和对待彼此的互补贡献（Nooteboom，1996）。有时，经过长期合作的公司间关系可能变得看起来更松散，这是因为长时期互动中积累起来的彼此会意及信任。关系的维护通常要靠具体业务衔接的双方员工实施。

（2）联结强度。前人的研究广泛认为，强联结意味着联结双方之间的信任以及细致的信息交换，对于隐性知识的传递尤为有利，而弱联结可以导致新颖信息产生。从结构的观点看，与伙伴形成强联结并阻止对手与这些伙伴形成联结，这种合作一旦成功，伙伴们不仅可以获利，而且会因为可能创造了产业结构而在更大的产业网络中占据更中心、突出的位置，更具竞争优势。但是同时，强联结往往因为互动的频繁而维护成本过高，因此，焦点公司可以采取强度混合的策略，对不同的伙伴实施不同的关系强度管理，并且随着时间或时机的变化进行强度调整，比如顺序关注（sequential attention）（Ozcan et al.，2009）。焦点企业使用该策略来回连续关注其伙伴，在特定的阶段，与产业中某些活跃的伙伴保持紧密关注的强联结，对其他伙伴则保持沟通以表达出持续承诺的信号，后者虽是弱联结，却让伙伴产生被时时关注的错觉，对焦点企业来说，可以因此避免丧失因产业不确定性产生的机会。

（3）关系结构特点。焦点企业与组合伙伴在关系结构方面呈现的特征会从以下几方面影响其绩效：一是如果焦点企业所处的位置是伙伴之间的结构洞（Burt，1992）位置（玩家之间存在无联结或非等位的情形），那么它就因此享有信息利益和控制利益，像印度的 Tata 集团，在国外大公司和国内软件公司之间经纪，拥有丰富结构洞，因此它非常容易地获得了在国际市场、产品规范、定价、相关技术的新发展等方面的信息，并逐渐形成并巩固了在国内外公司间网络中的中心位置，从而促成了集团的成功（Dyer et al.，2008）。二是联盟网络的结构会影响伙伴合作和竞争的社会条件，可能影响不可替代伙伴施加控制的能力，以及由此影响与这些伙伴联盟的成本及分配关系租金的能力，因此焦点企业可以通过与共同第三方的联结来制约势力强大伙伴的议价力（Granovetter，1985；Gargiulo，1993；Bea et al.，2004）。这一角度的研究反映出的是如何通过关系结构在多元联盟关系中形成制衡。三是联盟组合如何结构性地嵌入其他网络会影响焦点企业能够多大程度地从外部吸收资源以及通过伙伴桥联多大程度地最大化了自身内部资源的价值。

好的网络关系需要成员间的互惠行为。根据社会交换理论，至少成员能相信从长远来看其善意行为会得到回报，哪怕是在很久以后的未来。关系行为中的善意表达也是一种隐性的承诺。在帮助伙伴方面，相互信任的存在，会使能力强者更愿意花费时间和精力去帮助能力弱者在能力和资源固有价值方面的提升。

关系治理为联盟关系中单纯的经济交换活动建立了特殊的"游戏规则"，适应了经济活动的社会性特征，使经济契约同时也成了社会契约，为交易和交换创造了软的环境，它使得焦点企业与伙伴之间的合作更加充满了活力与生机，在对环境的适应性上进一步增强了柔韧性。

从某个角度看，关系治理与交易治理完全不同甚至存在对立的特点。交易治理是一种正式的治理机制，在联盟中往往表现为有资产的共享或联盟各方之间的资产置入或合资，以及正式的合约，而关系治理可以被看作非正式的治理机制。之前有学者认为一种机制对另一种机制形成了替代或排挤，如非正式关系治理减少了对正式治理的需要（Bradach et al.，1989；Gulati，1995），或正式治理机制阻碍了关系治理在联盟中的发展（Ghoshal et al.，1996）。也有学者认为这两种机制对于促成联盟成功来说，是互为补充的，例如 Poppo 和 Zenger（2002）认为关系治理进一步放大了正式治理的积极作用并使伙伴更能接受正式合约治理，尽管合约条款的不完善及模糊性特征存在（Gulati et al.，2008）。我们认为这两种机制是互为补充并且在持续成功的联盟中，两者缺一不可。交易治理是最底层、最基本的，它规定或正式化了联盟伙伴最基本的权利和义务，也体现出之所以结成联盟关系最根本的目标。对特定联盟的实际运营而言，哪一种治理机制所表现的内容更多，取决于管理者在联盟决策中所做出的选择，例如管理者对联盟关系性质的期望、对联盟产出的期望以及当时联盟关系产生的特定交易环境条件。一般而言，对于持续的、单一的（指交易内容及过程）、稳定的、技术复杂性程度低的合作，交易治理内容更多，如生产资料采购；对合作环境复杂多变、合作过程要素广泛以及技术复杂性程度高的合作，关系治理会发挥更大的作用，如研发联盟。

对于关系治理，焦点企业可以设置专门的评估机制，以定期检视并调整注意力分配，避免过度承诺消耗的成本。否则，在缺乏常态化理性检视的机制下，存在形成组织惯性后难以及时发现并纠正可能发生的目标或行为偏离问题。

（三）知识治理

焦点企业的联盟组合，从知识的汇集看，类似建立了一个"云资源"（cloud resources），这个云资源的构成颇为复杂，有显性知识，也有隐性知识，有组合伙伴愿意拿出来分享的知识，也有伙伴留有一手的秘密知识，各种知识在专有性、可模仿性、可替代性、可流动性方面也表现不同。这些知识是焦点企业的重要价值资源，焦点企业价值创造及创新的一个重要来源就是与这些伙伴知识之间的相互交换、共享及转移。其中的同质性知识使知识传输更加容易（Reagans et al.，2003），能提升合作的效率从而提高联盟绩效，异质性知识通过互补创造价值或创造新知识。焦点企业对这些知识的利用及使用效率取决于焦点企业的智力及知识治理的水平。

焦点企业与组合伙伴之间的任何一项问题的解决、决策制定和任务的执行，都不免涉及知识的交换，进而衍生出各种不同类型、数量以及质量的知识流继而形成联盟组合的知识流系统，一旦知识流系统出现障碍，联盟活动就表现出低效率或无效率。这种障碍出现的原因一方面是组织间知识本身具有的分布性、嵌入性、复杂性、异质性（集体性和累积性）等特性，影响每一笔知识流的正确流向、流动的质量及数量、流动的范围和流动的效率；另一方面是与知识交换各方对知识交换本身不同的认知差异有关，存在 Nickerson 等（2004）认为的"与知识相关联的危机"（knowledged-related hazard），该危机又可以进一步分为"知识交换危机"（knowledge exchange hazard）和"知识占有危机"（knowledge appropriate hazard）。例如，焦点企业与伙伴在互动和任务协调过程中，对知识流产生不一致的知觉、诠释及价值判断等，使知识交换过程变得复杂甚至引发冲突。知识治理机制的设计旨在排除组织间知识流的障碍因素，使焦点企业与组合伙伴的协同活动能够达到最佳状态，也因此包括了以下两个方面的内容：一方面，通过对知识交换的组织流程的设计保障知识传递、共享及知识创造；另一方面，通过设计恰当机制尽量消除"与知识相关联的危机"，从专有知识的价值保护角度鼓励焦点企业与伙伴贡献知识。

1. 知识及信息层面的协调

联盟组合的知识及信息层面的协调主要是为了解决焦点企业与伙伴之间知识的交换、转移与共享，激励组合成员贡献知识，促进联盟价值创造并创新知识。知识转移被认为是联系网络结构与绩效的因果机制（Reagans et al.，2003）。

一方面，知识和信息的充分交换和共享可以提升焦点企业与伙伴间的协商活动发生的频率和程度，进而促成联盟关系质量的提高，因为伙伴之间越了解，信任就越容易建立，彼此之间的经济活动更容易得到协调。例如沃尔玛与其供应商之间通过电子数据交换（EDI）平台充分地共享商品在各店的实时销售状况、库存状况，沃尔玛积极地向其供应商引入库存管理相关知识及应用，使其采购活动和供应商的生产及销售活动密切协动，有效地使各方都得到减少成本等方面的益处。这种获益又进一步鼓励组合成员持续贡献知识。

另一方面，充分的知识交换和共享使得组合各方都有机会获得能力的提升。苹果公司曾与索尼公司就笔记本电脑 PowerBook 的生产进行合作，在此次成功的联盟活动中，苹果得到了索尼的产品最小化设计专长，这在此后苹果的诸如 iPod、iPad、iPhone 等产品设计中得到应用，而索尼学到了与笔记本电脑相关的设计、生产及生产组织技能，丰富了其产品线。此外，在知识上的有效互动会促进知识创新，还会促进对潜在的更好机会的发现、合作以及减少机会成本。

对知识和信息层面的协调，需要设计所谓的包括软、硬控制系统的"组织流程"来管理知识分享、创造与累积等"知识流程"（Foss，2007）。有效的知识治理，是指通过组织流程的设计来实现组织知识治理。焦点企业对联盟组合知识治理的流程设计内容主要包括：①与伙伴间知识共享途径的建设。有效的联盟治理结构的建立以及便利知识和信息共享的公司间路径的演进对产生关系租金有影响（Lavie，2006）。根据 Dyer 和 Singh（1998）的研究，关系租金的一个来源途径是互相联结的伙伴之间充分的知识交换，包括合作学习产生的知识交换。联盟成员如何系统地进行相互学习、跨组织边界的知识传输与共享是竞争成功的关键。这种知识交换可以使焦点企业与组合中联结伙伴拥有一定程度的同质知识，能提升合作的效率从而提高合作绩效，并且，焦点企业通过向联结伙伴学习从而提高自身能力。知识治理也是通过知识共享、互相学习的方式帮助联结伙伴提升关于联盟的认知水平、关系能力，为达成联盟的共同愿景奠定基础。②知识的积累、创造及扩散。组织从事的再生产包括两种：一是物质资料的再生产，另一种就是知识资产的再生产。因此，管理者应致力于知识经验的保留和积累，以增加组织知识资产的储存（Nonaka et al.，2000）。焦点企业有关组织间知识交换的内容以及交换经验的积累，可以提升自身的知识能力以及对联盟关系的治理水平，同时，通过知识共享和转移积累起来的知识，往往是跨界的或与跨界应用相关，是知识创新的基础和来源。恰当的治理机制可以使得联盟组合的知识积累产生"滚雪球"式效应。积累的知识要在组织内以及伙伴间进行复制及传播，才能有效地实现知识的应用和创新，在此过程中，焦点企业吸收到的往往是有多重来源的知识，并且往往只是简单甚至杂乱的堆砌，因此需要将来自不同伙伴的知识及联盟管理经验进行整合、重构、系统化，并尽可能地编码且形成工具，否则，并不能将这些知识资产重构为自己的隐性知识，也就不能从学习方面提升竞争优势。③与知识互动相关的关系管理。知识包括显性知识和隐性知识，一般更能带来竞争优势的是隐性知识，比如组织特有的技能、诀窍（know-how）。但这些隐性知识只能通过联盟伙伴之间频繁、深入、广泛的互动而传达。因此，关系强度对知识互动效果有重要影响。一方面，在强联结下，焦点企业与伙伴之间的知识交流得到加强，有助于彼此对诸如成本降低、市场占有率、创新等结果目标形成相同的理解，从而有助于提高联盟效益。但是，如果过强的关系导致彼此的知识同构程度过深，则有可能导致认知僵化（cognitive rigidity），不利于产生新知识及影响探索式创新学习。弱联结反而可能因为伙伴间的认知距离（cognitive distance）而产生知识碰撞（knowledge collision），从而创造出新的知识和认知。另一方面，强联结的维护需要焦点企业付出更多的成本。复杂性程度高的任务因为涉及更多的隐性知识，比较适合强联结；而对于相对简单，且所涉及更多的是可编码的标准知识的任务，弱联结在成本方面更为有利。

组织间知识共享带来的好处与组织内部信息共享平台带来的好处本质上是一致的。总而言之，知识治理的共享与传递本质上是学习机制的建立。

2. 专有知识的价值保护

知识治理解决了焦点企业与组合伙伴之间知识不对称的问题，优化了知识分享、交换及创造的过程。在此过程中，虽然理性让各方心知肚明只有充分共享才能最大化知识联盟租金，但是因为知识是难以被圈定、限制以及监督的资源，并且知识一旦被分享出去，就不能再收回，各方会担心知识泄漏而导致的关键技术被占有或者被免费"搭车"，存在接收方将其私用或滥用的风险。例如，未经许可将该知识应用到其他市场，或者回过头来入侵知识传出方市场，因而联盟各方难以贡献完整信息尤其是有关专有知识方面的信息，这种治理困难在含有较多技术成分的联盟组合中得到更多的体现。保护专有知识需要寻求一种隔离机制（isolating mechanism），知识共享又是一种反隔离机制（anti-isolating mechanism），知识治理虽然不能绝对地解决该悖论问题，但可以在两种机制之间寻求平衡。我们认为平衡的关键是认识到企业真正关心的不是知识分享本身，而是分享后获得的对应租金价值回报的数量、持续性以及保障性如何。

Arora 等（2021）在研究中提到克里斯滕森（Christensen）书中所分享的一个例子。Vistakon 是强生公司生产隐形眼镜的部门，精密注塑及模具制造商 Nypro 公司与其结盟以开发一次性隐形眼镜的一次性镜片模具。该项目有大量问题需要双方联合解决，但当 Vistakon 试图更充分地整合两家公司的工程团队时，冲突就产生了。Nypro 的高级管理人员反对这些尝试，理由是它们可能会损害 Nypro 的知识产权和谈判地位，具体表现为三个方面。一是增加了 Nypro 的专有知识泄漏风险。虽然 Nypro 所掌握的专有知识的一部分表现为专利技术，但大部分技术并未获得专利。如果双方合作密切，Vistakon 的工程师有更多机会获取 Nypro 的商业秘密。Nypro 担心 Vistakon 可能会跟与 Nypro 直接竞争的其他制造商进行合作。二是 Vistakon 可以利用获取的信息开发制造镜片的替代技术，Vistakon 可以在与 Nypro 合作的项目中自由探索这些技术，一旦成功则可避开 Nypro。三是深度合作会使 Vistakon 更好地理解 Nypro 的制造过程，进而有机会限制 Nypro 在未来合同中的议价力和定价优势。因此，对 Nypro 来说，必须谨慎管理与 Vistakon 的知识共享。

Xu 等（2019）在对制药行业中联盟的实证研究发现，该行业存在大量的技术联盟，由于知识的不完全契约性质，参与多个合作者联盟的公司越来越意识到参与方机会主义行为的潜在危险。因此，企业对任何敏感、隐性和深入的信息都高度保护，这将限制企业的知识深度发展。

有关专有知识的保护机制，最为普遍的做法是充分利用各国专利占有制度的保护，或者利用合资、交叉持股的方式进行资产质押。除此之外，有学者（Henkel et al., 2009）提出通过将知识产权模块化而画出知识产权的界限，好处是一部分知识可以共享，一部分知识仍然保留在内部，将专有知识包裹在模块内部，开放接口。

模块化被首先运用于生产制造领域，当产品如汽车由成千上万个零部件构成时，其生产制造就演变成一个复杂系统，几乎每个零部件的设计、生产自成体系，原材料、技术、工艺千差万别，生产的组织活动变得复杂且管理难度不断增加，将产品及流程有意分割成不同的加工模块后，有效降低了认知难度因而降低了管理成本，同时专业化的分工促进了生产效率的提高，并且，模块化生产使得企业容易将某些模块的生产外包给有比较优势的其他组织。知识模块化首先将需要受保护的专有知识从其他知识中分离出来，划分模块边界，进而设计边界上的交流或连接机制（界面规则）。这里，划分边界是为了明晰相关知识的价值创造性进而以恰当方式进行价值索取，因此 Henkel 和 Baldwin（2009）认为在划分模块边界时，需要区分有关系价值（Dyer et al.，1998；Lavie，2006）的知识和有位置价值（Wernerfelt，1984）的知识。有关系价值的知识是指这些知识的价值通过与组合伙伴分享，能创造联盟租金；而有位置价值的知识是指已经拥有这种知识的企业由该知识获得了先动者优势，而后获得者无论是在成本上还是在收益上都会处于不利局面，拥有者则应该通过知识产权权利或者保密予以保护。大多数时候，知识不能单独而是以有形产品为载体嵌入有形产品中，含专有知识的模块与其他模块相互独立，这种结构的好处是容易明晰专有知识所创造的租金，如早期个人计算机（PC）厂商在产品中专门设计及保留许多外围设备的接口，将关键技术嵌入产品中，产品的市场价值就基本反映了专有技术的租金。但是这种结构又存在其他风险，比如因为有关接口的信息透明而完整，使得许多别的厂商容易提供外围设备进而蚕食 PC 厂商的利益，又或者使竞争者更清晰厂商的知识技术图谱。我们认为，在这个问题上，一方面，联盟关系恰恰对其做了尽量公平的保护，组合成员虽然对知识进行了模块化设计，但模块之间的接口规则可以只对联盟成员开放，可以由交易治理中有关契约约定或者设定为关系专有。另一方面，在知识更新速度快、需要更快地占有市场或更快地从知识创新中获利的情境中，这种对专有（创新）知识模块化的做法对协同价值创造极具意义，它可以在有限的时间范围内，使企业更快地借助伙伴的力量收获知识租金，反而能有效抑制竞争者。格兰多里（2005）在研究中提到一个案例，在一家意大利空气净化器公司和一家日本空气净化器公司的联盟合作中，意大利企业在真空提取技术和空气净化技术上世界领先，日本公司则生产大型新式空气净化器，这些净化器安装的是意大利公司生产的精密部件（"吸入装置"），日本公司控制着日本市场的准入，使意大利的专有技术通过合作伙伴日本公司在不可得（因为市场准入原因）的市场收获了知识租金。苹果公司所免费开放的在其 iOS 操作系统上使用的应用开发工具，从这个角度来说，可以看作核心技术模块与外结盟合作的连接模块或界面规则，只不过在表现形式上，该规则因为使用了太多的代码，所以显得复杂些。在智能手机市场领域，苹果公司、谷歌以及微软无不积极寻求与终端制造商、半导体公司、应用软件商以及移动运营商结成联盟，目的是使自己的专有操作系统 iOS、Android 以及 Windows Phone 可以借助伙伴的力量尽快地占据并扩大市场份额，以建立持续的竞争优势。

从创新来看，公司的生存和发展离不开持续的创新，同时由创新建立的优势要具备持久性才能真正成为公司的竞争优势，资源基础观要求这种创新必须是不可模仿的，必须是公司专有的，企业可以以产权、专利、版权以及保密等机制来保证。但是，在对美国制造业公司的大规模分析中发现，虽然公司更多的创新租金占有与其创新知识中的专有性的增长有关，但当产品或技术市场处于高度动态变化中时，其中的正向关系倾向减弱 (Wang et al.,, 2010)。换言之，这种公司专有创新的价值会受到环境（市场条件及竞争局面）动态性的制约，并且有使创新遭受价值减损的风险。在当今经济发展速度加快同时全球化程度日益加深的背景下，企业追求专业化甚至超级专业化已成寻常或迫不得已之事，这个过程中的创新也变得更加地公司专有。一方面追求公司专有创新，另一方面又存在创新价值被减损的风险，而且有法律保护意义的机制保护的是由专有实现的那部分价值，而不是价值创造本身，那么保护创新价值的积极思路应该是极大化创新的本身价值，即在高动态环境下，公司可以将其公司专有创新应用到更广的技术领域，争取与更多的伙伴一起共同增加知识组合的多样性，以减轻与公司专有创新相关的价值减损的风险。Caldas 等（2021）特别指出在合作伙伴关系更为普遍和丰富的行业，产业中知识溢出程度更高。亚马逊公司对此的做法是，直接将自己赖以建立竞争优势的新兴技术的基础设施开放给他人，如其服务器和存储设施，据推断它每年由此所增加的收入超过 15 亿美元。而特斯拉除了在全球不断开放充电桩以推广自家充电标准并获取收益外，在 2014 年宣布开放电动汽车的所有技术专利，以推动新能源汽车这一新兴产业市场的技术快速发展。

对专有知识技术的认识转变，甚至推动了整个行业的战略特征的变化，高新技术行业是典型的例子。例如在计算机制造行业，经历了单一厂商控制下的整装产品的生产到当前普遍的模块化组装生产，汽车制造业也经历了这样的变化。在这个过程中，企业开始更为关注专有知识的市场价值回报。例如，IBM 公司曾有意将多年发展积累的技术专利进行梳理并从业务中拆分，将其作为创新成果对外出售以获取高额利润，甚至对自己产品中仍在使用的作为产品竞争优势的专利技术（如曾经先进的磁盘驱动器）也对竞争对手出售，以更快赚取更多利润。同时，IBM 为方便潜在客户搜索自己的专利成果，还成立专门的公司提供在线搜索服务。如今 IBM 的知识产权收益占其税前利润的大部分。这种方式甚至帮助 IBM 顺利完成了从硬件制造商到如今的服务提供商的转型。并且，如今 IBM 每年在美国专利注册办公室里申请的专利数目都是名列前茅的。这些知识产权资产帮助 IBM 获得订单，或是通过交叉授权取得他人的专利使用权。其他如施乐公司，也专门成立业务单元，负责利用公司的专利资产为公司创造利润以及竞争优势。美国的德州仪器公司也曾经通过挖掘专利技术的经济潜力，从而成功地将自己从濒临破产的困境中挽回。英特尔公司也曾经对外公布自己的科研成果，以迅速推动新技术的市场应用，不仅不需要花费资金和精力申请专利，还消除了竞争对手在该项技术上的潜在威胁。不是一味地保护专有知识，而是通过开放、授权这些方式开发这些知识尤其是非核心业务的知识产权资产，是值得企业借鉴的成功经营之道。如今，互联网行业正进入所谓大数据时代，公司通过对人们上网行为的内容和方式的精准记录，构建海量数据库，未来的竞争优势将取决于谁更能将这些海量数据转化为盈利模式。然而，即便是在此领域一直技术领先甚至超前的谷歌公司，也并未选择独守自己的前沿成果，而是进一步开放数据处理领域，让更多的第三方共享，如其所推出共享的 web 服务 BigQuery，该项服务允许使用者对超大量数据集进行交互式分析。这样的好处是可以帮助谷歌加快并扩展该项技术的市场应用，发展并巩固自身技术路线的优势。总的来说，由于数字化时代技术创新、产品迭代速度快，效率是企业增加竞争优势的重要来源，速度竞赛是行业竞争的特点，所以伙伴合作从启动到深切合作也需要快速地建立，这要求以高质量的交易治理与关系治理为基础，促成高质量的知识治理。

与知识模块化有关的问题还有个知识产权的生态保护环境问题，这个问题涉及实践中知识治理的操作。现实中，因为种种原因，在不同的产业、地区，知识产权保护的制度环境存在差异，不仅如此，因技术领先而具有的先动者优势在不同产业或产业的不同阶段也表现不同。在制度环境较强的地区，组合成员通过强有力的专利保护来保证从联盟关系中占有租金（appropriation rent），因此有动力积极开放资源；但是在制度环境较弱的地区，会担心知识向伙伴泄漏，如果此时存在强大的先动者优势，组合成员可能还不会太过在意，但如果先动者优势不明显甚至没有，则分享知识的动机会大大减弱。

对于知识不易分割的情况，期望通过模块化来解决知识分享中专有知识的价值保护问题就不容易了，这时伙伴之间的关系性质能起到更大作用。

一方面，当信任存在时，人们更愿意给出有用知识，也更愿意聆听和吸收别人的知识。在减少冲突和验证信息的需要方面，信任也使知识传输成本更低。信任的深入发展会使伙伴之间更为开放各自的资源、专有技能及默会知识，而不用担心受到敲诈及背叛（如专有知识被偷窃而获私利）。Kale 等（2000）表明在学习联盟中关系信任不仅有助于保护公司的核心专有资产与伙伴们隔离，另外还显著地影响公司向伙伴们学习的能力。并且，无论是对于强联结还是弱联结的各方，信任都可以帮助改善彼此之间的知识传输。信任可以有效地避免知识分享中的机会主义行为。另一方面，知识传输事实上又确实可以增强知识发送者和接受者之间的竞争水平（Reagans et al.，2003）。知识重叠增加，对其他伙伴来说，增强了彼此的替代性，这也是企业通常拒绝知识分享的一个原因。加强与伙伴之间的关系强度可以加强相互之间的合作规则，因而也可以限制竞争，促进知识的传输。

在焦点企业对联盟组合进行知识治理中，有关吸收能力的问题需要同时指出。公司间关系虽然能以协动或互补的方式整合资源，以使企业与联结伙伴都能获得利益，但是在合作过程中，伙伴彼此都希望能将对方的技能内部化，以增强自身的技能以发展竞争优势。在该过程中，忽略掉彼此资源的互补程度，吸收能力的差异就决定了各自在外部知识或技能内部化方面的差异。因此，对焦点企业而言，针对吸收能力与伙伴间知识扩散之间存在的悖论，有效的治理途径除需合约与关系治理共同加强（如担保方式）以外，提高自身的吸收能力是重要举措。

在联盟关系有关专有知识的保护中，有必要区分公司专有和联盟专有的知识。前者是焦点公司没有拿出来分享的资源，后者是在与特定伙伴之间分享的。对前者，焦点公司独自开发隔离机制以避免伙伴的机会主义行为；对后者，焦点公司则是与特定伙伴共同发展隔离机制以避免联盟外部的机会主义行为。事实上，每家公司都需要一个有关知识产权的组合，这也是模块化设计思想可以发挥作用的原因。在公司的知识组合中，有些需要保密，有些则必须通过开放才能带来更大的市场利益。例如，在医疗市场，行业中的参与者需要得到开放的关键性的临床数据，才能帮助生产企业设计出更契合需要的产品，使产品在更高的平台上竞争，进而促进行业发展，知识专有体现在所提供的产品或服务中。

交易治理、关系治理以及知识治理构成了联盟组合治理的内容和范围。交易治理以合同或契约的形式对联盟各方的责任和义务做了硬性的规定。关系治理是一种非契约治理方式，关系治理的质量影响联盟各方因为协调各种问题而发生的交易成本，也影响知识治理的实际有效性。MacDonald 等（2004）认为关系治理中的信任是组织间关系控制中的低成本解决方案，当信任水平足够时，伙伴们不必使用昂贵的正式控制机制甚至采取冒险的手段损害他们之间的关系质量，信任的效应最好被表达为在控制问题与控制机制使用之间起调节作用。知识治理强调知识及信息的交流、交换、传播及扩散的正式及非正式渠道及机制，所谓实际有效性强调促进联盟价值创造的有用知识对联盟伙伴各方的知识完备及及时到达性，区别于表面上有传输渠道，但实际到达各方的信息及知识不完全或不等同、有偏差的情形。三方面的治理水平决定了高绩效联盟组合的实现。

（四）联盟组合调整

虽然联盟组合的上述治理机制有与伙伴结成稳定、长期关系的期望和诉求，但并不意味着这种组合结构及关系是一成不变的。由于内外部环境的变化，焦点企业会进行联盟组合调整。联盟组合调整主要体现为合作伙伴调整以及治理模式调整，客观上会推动联盟组合的演变或自我中心网络的演化，也可视为联盟组合配置的重构。

联盟组合作为焦点企业的战略行为，其战略目标以及技术因素、市场因素、伙伴状况的变化等都会导致组合需求的变化。在联盟组合战略的反馈机制中，始终有一个"伙伴监控"或"联盟监控"的功能，这个功能通过动态地对联结关系的扫描，识别在特定阶段该关系的存在、维系的方式、关系的内容是否还匹配焦点企业正在实施的战略，判断联盟个体及组合绩效是否达到预期，以作为联盟组合调整机制的依据。对于由偶然机缘而得的联结也会通过这样的"筛选"而决定其在联盟组合布局中的存在以及存在的方式。企业作为理性行为者，会随着时间的推移改变其联盟组合的配置（Kavusan et al., 2019）。

联盟组合调整首先是基于产业价值网本身的变化而对伙伴资源的需求发生变化，这是基于价值基础的对产业情境持续"扫描"结果的反应；其次是自身不同战略发展阶段的需求不同；最后则是既有伙伴发生的意愿或资源转移所致，它包括增加新伙伴、与既有伙伴调整关系强度或退出联盟关系。实际上在这个过程中，既有持续期长的联盟，也存在短暂联盟

（transitory alliance）。基于外部因素对联盟组合调整大概率还是一种防御性的反应性策略，而基于内部因素的调整则更多表现出了积极性的战略管理和治理，企业可以由此发展竞争优势或塑造环境（Chiambaretto et al., 2019）。

从企业自我中心网络的演化看，为适应不断变化的资源需要和资源挑战，当企业为初创阶段时，主要会选择能为其带来身份合法性的伙伴联结，然后逐渐朝着更多基于经济成本和利益算计的联结而去，例如开始重视开发结构洞，在认识到中心性的重要性时就会试图与越来越多的中心伙伴联结，而抛弃被认为是极少价值的伙伴关系，继而发展到对网络的更有意管理（专门治理），企业通过伙伴调整不断地为公司增添新的战略性资源。对此，Castiglioni 等（2020）从焦点企业对联盟组合治理模式的演变方面提出联盟组合可被系统性地分为三类：附加型、战略型以及管理型。他认为联盟组合的演变从附加型联盟组合开始，这个阶段焦点企业对每个联盟都是单独管理，并未进行任何协调管理，对联盟集合也没有任何战略意图。而后逐渐发展到战略型联盟组合，这个阶段焦点企业为联盟组合增加了联盟政策和战略导向这样的战略要素成分。最后发展到管理型联盟组合，其要求增加协调元素，以避免组合中个体联盟之间的冲突，并尽可能实现联盟之间的协同效应。三种类型的联盟组合形成了一个层次分类，即较高级别保留较低级别的元素，从而使每个更具体的组合都包含在前一个组合中。也因此，从附加型到管理型，体现了联盟组合的进化过程（Castiglioni et al., 2020），需要管理者注意到从一种类型的组合过渡到另一种类型组合的要素或特征，从而调整管理战略。同时也揭示出要实现高绩效联盟组合，关键在于其中的战略与管理成分。伴随着对联盟组合的这种认识上的变迁，焦点企业事实上对联盟组合的治理模式进行了重构。

从资源网络视角来看，焦点企业通过联结或联盟构建的自我中心网络是一个与其环境之间的动态的适应性的社会建构。Burt（1992）将网络做了三种区分，分别是以任务为取向的网络、以机会为取向的网络及混合了任务取向和机会取向的网络。我们认为焦点企业的联盟组合应该是一种混合取向的网络。企业行为总是在完成任务和寻找机会之间来回发生，总是随时观察环境变化，在伙伴联结方面，更关注资源的变化。在环境扫描中，把相关产业网络的中心性（集中度）作为观察该产业网络结构改变的指针（Madhavan et al., 1998）。规则改变、技术改变等会改变网络结构。结构的改变意味着关系资源的变化。一是资源内容的变化，有些曾经重要的资源变得不再重要，有些曾经不需要重视的资源变得重要，也有全新的资源出现。二是资源流向的变化，如果网络的集中度或中心性发生转移，资源可能随着新的关系向新的中心企业流动。三是资源的流动可能因此打破原有的网络边界，使得网络向外扩展，或向内收缩。当观察到产业环境发生的变化时，焦点公司可能发现比起由其现有伙伴提供资源，更需要加入一个不同的资源集合，因而需要与不同的伙伴集合开始新的关系集合。有学者提出当市场不确定性较大时，焦点企业可以在联盟组合中多些合作竞争联盟（Chiambaretto et al.，2016）。Asgari 等（2017）给出了关于焦点企业能力约束的思考，认为随着环境要素的变化，企业需要吸纳新的联盟伙伴以引进新的资源和能力，但是受注意力资源分配及吸收能力约束，就有了动机通过调整或终止现有联盟组合，以释放其联盟组合中的承载能力。他们在研究中提出，20 世纪 90 年代，生物制药行业出现了组合化学技术用于药物发现，该技术是有机合成和组合化学品测试的一个重大变化，使行业技术基础出现了不连续性。对行业内企业来说，这种外生技术组合不连续性导致了资源价值变化的不同组织形式，是一种重大变化，使企业需要通过不同资源组合重新形成共同专业化资产，使其必须做出新的联盟组合决策。

在联盟组合变化中，联盟形成也可视为创建伙伴资源流入或增加的机制，联盟终止可视为创建合作伙伴资源流出或删除的机制（Chiambaretto et al.，2019）。联盟组合在联盟形成与联盟终止之间的变迁既反映了联盟组合本身的动态性特征又提示了其结构的可调整性，实则打开了焦点企业通过联盟组合调整以不断创新从而获取竞争优势的新机会之门，其强调动态效率优于控制，演化过程与网络资源的构建息息相关。联盟组合调整背后的逻辑是焦点企业为始终保持对资源调度的灵活性，目标是保证焦点企业联盟组合战略的适应性。

从创新角度看，长时期稳定的伙伴关系容易使各方形成事实上的封闭连接，与外部的新信息等创新资源形成隔断。焦点企业对伙伴的调整，也是接触新信息、保持创新活力的手段。从对环境变动的适应来看，联盟关系始终存在一个悖论：联盟关系的初衷之一是应对环境中的不确定性，但当环境变动后，比起共同行动做出反应，单个企业更能快速地对环境变化做出反应，但此举又容易损害与既有伙伴之间关系的价值。伙伴调整可以从资源的重新组合及整合角度使企业走出此困境。Arora 等（2021）分享过 Chesbrough 一本书中提到的宝洁公司的例子，宝洁的"连接与发展"计划是一种开放式创新举措，该举措形成了有 1 100 多个合作伙伴的联盟组合，其中 600 多个与宝洁进行了多次合作。这意味着伙伴调整会出现或不排除同一伙伴反复进入或退出焦点企业的联盟组合的情况，这在为开放式创新而构建的联盟组合中比较常见，其中的合作伙伴关系联结也较多为临时的以及松散的。

有时，联盟组合的调整源自联盟失败或合作利益结束，并非焦点企业的"主动"调整，而是属于计划外联盟终止（Koval，2021）。关于合作关系结束存在多方面原因（Holgersson et al.，2022）。例如：①未能实现足够的联合利益。②随着时间推移，合作创新的基础不再或过时。③冲突无法调和。文化和工作方式的差异最终导致合作关系消亡。④行业竞争关系的加剧。尤其对于竞合联盟，联盟的起因往往在于共同分担新技术、新产品、新市场的风险和成本，或作为利益集团成员提高打造有利于联盟成员的制度环境的效率，但随着行业发展，行业集中度提高，合作伙伴之间竞争加剧，开始倾向"背靠背"独自发展而远离合作。⑤合作不再是战略优先事项。⑥来自合作伙伴的主动退出。组合伙伴也在做着与焦点企业类似的判断和行为，基于自身利益和发展的考虑，也有可能主动退出联盟关系。如机会型合作伙伴在学习吸收到足够知识后选择不再合作。

除非焦点企业基于战略意图而主动采取的伙伴调整，否则这种来自伙伴在合作中途的终止联盟将带来风险，影响焦点企业战略目标的实现。对此，Asgari 等（2017）通过对美国 1990 年至 2000 年生物制药行业的 204 家公司的实证研究，提出四种控制机制：①股权投资。这是一种交易治理安排，以股权质押作为纽带增强伙伴之间的联结，确保合作各方的利益保持一致。对焦点企业伙伴联盟的股权投资越大，该伙伴与组合中其他伙伴之间的竞争对焦点企业合作伙伴联盟终止风险的影响越小。②提高联盟组合的社会凝聚力。这是一种利用社会结构的治理机制。类似于高中心性企业打造的行业生态，在生态群中彼此加强联系，形成生态社群，建设共同的规范，以增强组合中伙伴之间的普遍信任。英国 ARM 公司有关芯片架构技术联盟组合比较多地呈现出高的社会凝聚力。③增加伙伴之间的直接路径数量。合作伙伴担忧在联盟组合网络中桥联等间接路径导致自己独特资源的泄漏，以及担心占据结构洞的成员成为泄漏的来源。增加伙伴间可以直接联结的路径，一方面可以减少结构洞利益，另一方面也使得联盟组合网络的密度增加，使泄漏行为得以被监控。④寻求战略上相似的合作伙伴。这发生在联盟组合构建阶段。战略上相似的合作伙伴一般有相似的价值框架，在战略实施的诸多方面共性更多，由此能更容易理解彼此的行动及意图，同时更有可能遵守一致的规范和惯例。这些会促进良好互动并增进理解和信任，使联盟关系更加稳定。

总之，联盟组合的价值创造，是跨组织边界、跨个体联盟边界的价值创造，通过焦点企业与伙伴的协同活动实现，是交互活动过程的结果。在此过程中，管理对象的增加以及管理范围的扩大使得焦点公司的管理复杂性增加。在这个过程中的不同表现，成了焦点企业联盟组合绩效能否实现的关键。对此，焦点公司可以设计一系列治理机制，采取专门的治理手段以保障与伙伴之间合作活动的开展以及开展的质量。治理机制反映了对企业价值创造的关注从组织形式转变到了组织过程，是绝大多数联盟之所以失败或不同的联盟组合之间存在绩效差异的重要原因，或者说完善的联盟组合治理机制是价值创造的保障。治理机制主要涉及交易治理、关系治理、知识治理以及联盟组合调整。交易治理是最基本的，它针对焦点公司与其伙伴之间的交换活动，进行义务、责任和权利的分配；关系治理针对交换活动中展现的有关善意、承诺和信任的内容，伙伴间关系质量的高低决定合作活动的投入和产出的多少；知识治理一方面解决合作各方需要信息及知识时的共享和传输问题，另一方面保障合作各方降低共享知识带来的知识泄漏风险。联盟组合调整反映了对联盟组合的治理是一个动态的过程，从战略意义上来说，是焦点企业对环境变化的适应性反应机制。

二、专门的联盟管理功能

在交易成本理论有关组织形式选择的论断中，企业是选择市场交易还是选择一体化，是基于应对不确定性及降低交易成本考虑，两种方式各有优劣，当市场失灵的时候，内部组织是一种积极的替代，反之亦然。换言之，市场因素和一体化的组织层级因素都能对组织发挥积极作用。当焦点企业选择了联盟组合而非市场或一体化的组织形式时，在我们看来，联盟形式中既包含市场因素又包含组织层级因素。焦点企业对联盟组合的管理，就是如何保持和发挥市场及层级因素在企业经营中的作用，这与焦点企业对组合治理的组织机制有关。Gulati 和 Singh（1998）区分了组织间关系中控制机制的重要类型，并认为组织包括如下要素：命令结构和权威系统、动机系统、标准运作程序、争端解决程序以及非市场定价系统。

战略联盟作为一种合作组织，相较单个组织，缺乏正式的权威结构，权威结构中所蕴含的层级控制的优越性得不到体现，这通常也成为联盟治理中的短板，导致期望的联盟绩效不能实现。在 Stinchcombe（1985）看来，联盟仍然可能包括几种嵌入其结构中的层级元素：①一个命令结构以及将其合理安置的权威系统，以及确定哪些通信是权威的系统；②动机系统，以便于绩效测量及将回报与业绩联系；③标准操作过程，以便通过提前预测做出快速决策；④争端解决过程，以绕过法庭及市场使诉求得到满足；⑤无市场定价系统，如成本加成系统，使报酬得以更精确。就焦点企业而言的联盟组合战略既然是多个联盟的组合，事实上就更难以在组合层面构建各方遵从的权威结构，但可以建立组织机制实施专门的联盟功能（dedicated alliance function）（Wassmer，2010；Kale et al.，2009）或正式的联盟功能（formal alliance function）（Sarkar et al.，2009），以这种正式化组织体现层级控制的好处，这也是其联盟组合战略成功的关键，如惠普、礼来以及飞利浦公司在联盟组合战略上的成功无不得益于此。以创新闻名的荷兰公司，一般也在相对较高的程度上利用联盟组合，且通常都有专门的联盟部门积极地协调其组合，从组合规模、资源互补性以及特定关系投资等这些组合配置特征方面获得更多利益（Van Wijk et al.，2020）。

专门的联盟功能亦即专门的联盟管理功能（dedicated alliance management function），在焦点企业内部表现为实施联盟组合治理及管理的组织安排（专门岗位或专门部门）。这些合作通常由双方公司的高层管理人员、技术团队和法务部门共同管理。合作双方会签订合同，明确技术交流、资源共享、利益分配等方面的具体内容。定期的会议和项目评估也是确保合作顺利进行的关键。这种组织安排包括以下几个方面：

一是在机制上落实企业联盟组合战略的实施。专门的联盟管理功能作为联盟组合治理的组织机制保障，负责合作协议的签订以明确技术交流、资源共享以及利益分配等方面的具体内容，督促联盟活动的开展、扫描伙伴行为，在有关公司间合作性活动的安排实施上尤其有利，例如组织定期的会议和项目评估，以保证与伙伴之间的细致沟通、提高决策水平和速度，促进联盟效率的提高。如果伙伴也有对应功能，则为创造更高的联盟组合租金打下基础。专门的联盟功能也在有关伙伴间冲突的解决上发挥重要作用。总而言之，联盟组合的配置能产生多大的利益取决于焦点企业所采用的联盟管理流程的优劣（Van Wijk et al.，2020）。像在联盟组合管理方面富有经验的芯片设计企业英国 ARM 公司也设置有专门的合作伙伴经理，这些经理能非常有效地对组合中成员进行协调，最终不仅使 ARM 公司获取更好的联盟收益，同时也使其他伙伴都从中受益。

二是便于积累联盟管理经验，从而提高联盟组合能力。经验通常能决定企业是不是以及多大程度上能将资源转化成竞争优势（Cohen et al.，1990），如何利用好伙伴组合资源，以何种方式获取便宜的、有价值的战略资源。企业有关联盟管理的经验通过提升企业的认知水平，使企业对产业情境的理解更加准确，更能准确辨识产业发展的方向、不确定性、资源分布、竞争关键点的位置，能有更精确的眼光去分析不同的伙伴，也更能识别潜在的恰当的伙伴，勾画出连接不同资源获取渠道的伙伴布局，包括对已有伙伴布局的适应性调整。在与伙伴间的长期互动经验积累过程中，关系能力、整合能力以及吸收能力也得到发展。专门的联盟管理功能使企业关于联盟经验的总结有了组织承担。

三是促进知识的有效积累及扩散学习。企业通过与伙伴的互动获得多样知识，但是有多重来源的知识对焦点企业而言只是简单甚至杂乱的堆砌，如果不能把这些知识系统化，尤其是不能重构为自己的隐性知识，也就不能从学习方面提升竞争优势。专门的联盟管理功能可以对吸收进来的来自不同伙伴的知识进行整合、尽可能地编码，形成工具。在组织内以及伙伴间进行复制及传播，不仅可以有效提升自己，还能有效促进联盟关系质量的提高。

四是有助于规避机会主义。信任虽然被视为机会主义的对立面，但在联盟关系过程中，机会主义和信任始终并存，联盟各方之间的信任和机会主义很容易从一方转移到另一方。对焦点企业而言，专门的联盟管理功能一方面通过加强联系与沟通以建立与伙伴之间的理解以及信任，另一方面也使焦点企业在内部实施正式的、有规律的伙伴行为扫描并预警。

五是有助于更好地管理开放式创新。创新对企业的可持续发展无疑是相当重要的。创新既有封闭式创新，又有开放式创新。封闭式创新在企业内部依赖企业自身的资源发生，而开放式创新则是打开企业边界，大量依赖与外部力量的合作进行。开放式创新成为企业联盟组合的一部分，并且因目的的不同，可能先后形成一系列开放式创新组合。就关系复杂性而言，开放式创新比正式联盟更重要，其中不仅包括企业，还包括个人、社区甚至技术等不同层面的关系，这使得相应的管理面对挑战，尤其是对于是否关闭某开放式创新的管理（Holgersson et al.，2022）。其原因在于以下几点：首先，只有当考虑关闭时，企业才能开始积极管理其更广泛的开放创新举措组合，以支持其商业模式和战略。其次，关闭开放式创新有利于公司经理和员工的注意力的集中，从而将其注意力分配到更有成效的工作中去。最后，开放式创新创造了长期的相互依赖关系，必须在关闭期间和关闭后进行管理，其中涉及不同层面的关系处理、替代技术开发、将技术架构模块化、减少专利滞留风险等方面。此外，因为可能是焦点企业主动发起的开放式创新，也可能是作为别的主体主动发起的创新联盟的参与者，因而还存在主动和被动管理关闭创新之间的区别。对开放式创新的管理实则是对一系列松散型伙伴联结的管理，专门的联盟管理功能可以对其创新绩效做出评估，并且根据焦点企业的战略需求对是否关闭以及如何关闭做出判断和决策。按 Holgersson 等（2022）的说法，关闭封闭式创新实则是优化开放式创新计划的组合。由于其中关系的复杂性，关闭并非一件简单的事，需要焦点企业在专门评估、做出决策以及决策后管理方面具备专门实施联盟功能的组织保障。

联盟组合的治理框架见图 4-1。

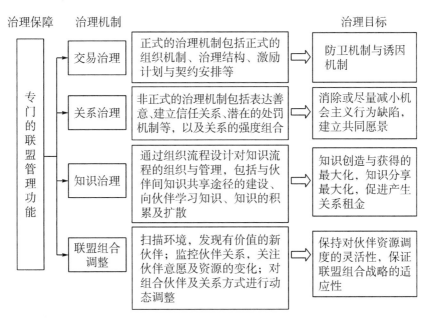

图 4-1　联盟组合的治理框架

第二节 联盟组合能力

联盟组合对焦点企业的绩效影响效果会因焦点企业的异质性而不同，具体地说，取决于焦点企业的联盟组合能力（alliance portfolio capability），也称联盟组合管理能力。联盟组合能力不同于联盟能力（alliance capability），后者是指企业识别伙伴、发起联盟以及对这些联盟的管理、重构及终结（Al-Laham et al., 2008）的能力，主要针对个体联盟。联盟组合能力指企业发展联盟组合战略、建立联盟管理系统以及协调和监视组合的能力（Hoffmann, 2005）。Wassmer（2010）将此称为联盟组合管理能力（alliance portfolio management ability），认为该能力是基于单个联盟能力的，但包括了单个联盟管理能力以及联盟组合管理能力。Sarkar 等人（2009）将联盟组合能力称为联盟管理能力（alliance management capability），他们通过对 235 个厂商的研究发现，管理联盟组合的基于过程的能力中的差异能解释企业之间为什么存在业绩的不同，因此联盟管理能力应该是一种过程能力（process capabilities），包括了基于联盟组合构建过程的三个维度（如表 4-1 所示）。

表 4-1　联盟组合能力的过程维度

组织过程	定义	战略优势来源
联结伙伴的积极性	组织在新联盟机会上有意发现和行动	在伙伴的不完善要素市场的先动者优势（Sarkar et al., 2001）
关系治理	组织在他们的协同关系中参与发展非正式的自我规范保护行为	降低合约及监控成本以及激励伙伴进行价值创造
组合协调	组织在跨联盟的知识和行动的整合和协同中的参与	增加跨联盟组合的知识流和经纪信息

资料来源：SARKAR M B, AULAKH P S, MADHOK A. Process capabilities and value generation in alliance portfolios [J]. Organization Science, 2009, 20（3）：583-600.

在我们看来，联盟组合能力实质就是企业的动态管理能力（dynamic managerial capabilities）（Adner et al., 2003）在联盟组合的兴起、构建以及治理及管理过程中的表现，是企业建立、整合、重构组织内外部战略资源和能力的能力。交易成本、资源基础观从静态角度对价值创造进行了分析，动态能力则开始关注价值创造过程，行动者在资源集合及价值创造过程中的不同作为才是导致绩效差异或竞争异质性的根本原因。应该说，联盟组合的构建只是完成了联盟组合战略的最初布局，联盟组合的效应的发挥取决于企业管理联盟组合的能力。换言之，通过伙伴联结形成资源网络，与能否通过对伙伴资源的组织动员能力调动这些资源网络获取高绩效是一个问题的两个层面，前者提供了价值实现可能，后者才决定能否真正实现价值。虽然对动态能力的讨论不是一个新鲜的话题，但提出联盟组合战略分析的理论架构，回避不了对这个问题的阐释。

联盟组合能力是企业的战略能力，是企业在发展组织间关系以及关系组合过程中的核心能力，是企业通过联盟组合战略获取竞争优势的来源。联盟组合能力建设也是焦点企业提升联盟组合价值创造潜力以及获取合意的联盟租金份额的途径。联盟组合意味着合作伙伴的多样性。从多样性特征看，随着联盟组合多样性的增加，即合作伙伴类型的增加以及类型相关性的增加，管理复杂性必然增加，对焦点企业的管理成本以及管理资源的约束都会增加。从联盟组合战略管理看，焦点企业必须思考如何进行组织努力以驾驭这种复杂局面。联盟组合能力决定了焦点企业选择及实施联盟组合的整个过程。

在伙伴关系中，有些是简单的利益交易或捆绑，有些则更着眼于长久的战略价值。焦点企业对此有个组合的"盘算"。

在我们看来，联盟组合能力有四组核心要素：认知和配置能力、关系和调适能力、整合和协调能力、学习和吸收能力。这些能力贯穿于焦点企业实施联盟组合战略的始终，决定了联盟组合的治理效果，以及焦点企业通过联盟组合进行价值创造的绩效产出。

一、认知和配置能力

认知能力是一种感知环境机会的能力，具体指识别到机会并调动内部资源以抓住外部机会的能力。而基于认知能力的配置能力主要指焦点企业在联盟组合的层面，思考并决策有关联盟组合资源布局、伙伴规模、伙伴类型（多样性）组合甚至治理方式组合的能力，也是实现联盟组合构建的能力。伙伴选择、伙伴调整均与此相关，也与如何在合作伙伴之间分配焦点企业的注意力和资源投入相关。

认知能力决定了战略谋划的质量，认知水平的高低决定了联盟组合设计、构建的质量的高低。这种认知涵盖了以下范围：①合理的战略选择建立在对环境的客观认知以及洞察，以及对自身资源优劣势的准确评估上；②组织间关系网络为企业提供了丰富的资源以及资源获取途径；③社会结构对其中的企业运营提供支撑，同时又形成约束，这种支撑以及结构性约束由关系及关系的特征来体现；④企业具有个体能动性，可以通过对联结关系的组合、运营的能动而突破结构性约束以及创造新规则。战略决策首先取决于企业对环境和自我的认知。Ozcan 和 Eisenhardt（2009）的研究也认为，将组合放在全产业情境中去分析的企业更可能建立高绩效组合。认知水平高的企业更能准确辨识产业发展的方向、不确定性、资源分布、竞争关键点的位置，从而更能识别潜在的恰当伙伴，勾画出连接不同资源获取渠道的伙伴布局，包括对已有伙伴布局的适应性调整，即进行伙伴选择的配置能力。从开放式创新视角来看，由于开放性太少或太多都可能不利于从创新联盟中获利，并且参与过多的联盟可能会对绩效产生不利影响，所以，识别和加入相关合作伙伴的能力至关重要（Inigo et al.，2020）。在利用外部知识投入创新过程方面，企业也需要专注于提高认知能力，改进对知识流的管理（Caldas et al.，2021）。对市场感知能力强的企业，比较善于发现继而利用网络中的结构洞。这对于企业开拓经纪业务、实现创新有重要意义。认知及配置能力强的企业在挑选伙伴方面通常表现更优异，例如它们所识别出的潜在伙伴资源不仅与自身资源有良好匹配，还与联盟组合中其他网络资源有良好匹配，相较于认知及配置能力较差的企业能够创造更多的价值。或者说，这样的企业更有在联盟个体和联盟组合整体两个水平上创造租金的潜力。认知能力强的企业更容易在联盟关系中占有更多租金，如 Lavie（2006）发现，在联盟关系中，公司在对与伙伴之间关系租金的占有以及对伙伴非共享资源向焦点公司产生的溢出租金的占有方面的表现，更多地取决于公司对资源价值的认知以及对机会的认知。因此，认知能力的体现还包括焦点企业在组合水平上是否敏感并捕捉到合作协议规定之外的溢出好处。不太成功的表现如，焦点企业对组合中技术联盟的技术方面投入注意力，或忙于处理技术问题，而对非技术问题缺乏关注，事实上有可能错过学习合作伙伴管理经验以帮助自身管理创新的机会。

认知能力与组织搜索惯例相关。惯例是组织学习、高度模式化、重复或建立在隐性知识基础上的行为（Winter，2003）。组织搜索惯例是企业在创新过程的初始阶段从各种资源中提取价值的例行程序，会影响其创造和重组新想法的组织过程和创新结果，搜索范围的广或窄又与企业在创新方面追求的是凝聚力还是开放性有关（Chung et al.，2019）。简而言之，认知能力有向深度水平发展或向广度水平发展两个方向。而配置能力的提升除了建立在认知能力基础上外，还与焦点企业管理联盟组合的经验关系紧密。

认知能力进一步延伸，即转化为焦点企业在构建联盟关系网络方面的联盟主动性（Sarkar，2009；Degener et al.，2018；Inigo et al.，2020），将主动合作伙伴选择能力定义为企业先于竞争对手发现并利用新的联盟机会的能力，即在常规化运营中，企业会经常扫描环境以寻找合作机会，并在此类机会出现时积极采取行动。Inigo 等（2020）的研究也表明，高水平的联盟主动性会为企业带来可持续实践的深刻变革。

二、关系和调适能力

关系能力是指焦点企业有意建立互动网络以积累和完善企业资源基础的能力（Costa et al.，2018；Lorenzoni et al.，1999；Collins et al.，2006），也是激发合作伙伴协同动机并采取协同行为的能力。调适能力主要是指焦点企业基于内外部环境变化进而对伙伴关系强度及深度的适应性调整能力。这些能力涉及有效管理整个伙伴关系所需的技术和人际能力（Costa et al.，2018）。联盟组合所包含的多个不同的联盟、更多不同伙伴的组合对焦点企业而言，意味着管理复杂性和管理成本的增加。如何有效地管理伙伴并控制成本取决于关系和调适能力。关系能力从联盟关系的形成到终止都非常重要。在联盟形成初期或萌芽期，关系能力的高低关系着焦点企业能否以更低的成本、更经济的投入以及更有效的手段让潜在伙伴有意愿结成合作或联盟的关系。在联盟的存续期，关系能力的高低关系着焦点企业能否激励伙伴以实现最大程度的潜在协同价值，同时避免冲突且在关系维护成本上保持经济。在联盟终止时，关系能力的高低又与焦点企业能否以"和平"方式与伙伴结束关系相关。能选择合适的治理方式、建立伙伴间信任、解决冲突进而与伙伴建立共同愿景是关系能力的重要表现。如同Castiglioni 等（2021）在研究航空公司的案例中指出的，虽然航空业在运营上有几个全世界范围的大联盟，然而具体到每个航空公司，其生产力取决于公司能够建立和调动的关系网络。这就与其关系能力相关。

关系能力的结果意味着焦点企业对伙伴资源的动员能力，这也通常体现在焦点企业与伙伴之间的信任水平方面。关系能力越强，焦点企业越能调动伙伴资源为己所用，往往也更容易建立起高的信任水平以实现更多的协同收益。关系能力促进价值创造的途径包括以下四条：一是成功实现与合作伙伴创建关系特定资产或共同专业化资产。例如伙伴愿意将办公资源迁移至焦点企业所在地，伙伴愿意与焦点企业一起投资有利于业务发展的基础设施。对合作资源投资力度越大，与合作伙伴之间的关系深度就越深，反之亦然。合作资源投资与伙伴间关系深度之间存在相互强化的关系。二是与合作伙伴互相提供互补资源，以助力实现彼此战略意图。三是通过及时分享知识、信息以及设置专门流程机制，共同合作以降低双方交易成本等（Costa et al.，2018）。与合作伙伴的关系深入还有利于制定共同的规范和交流机制。四是关系能力促进伙伴之间发展强关系，相互之间交换更多隐性知识，建立更强信心和承诺，由此拓展更强大的互惠关系。随着关系的深入，焦点企业对合作伙伴将更加熟悉，有利于向合作伙伴学习并实现外部知识资源的内部化，进而有利于创新。在有些环境下，关系能力对企业绩效的影响尤为显著。如 Van Wijk 等（2020）提及在文化方面，荷兰公司倾向于在更女性化的环境中运营，权力差异也更低，可能比其他国家的公司更依赖于对关系的信任。

提升关系能力的办法例如构建专门的沟通渠道或机制、为此专门配置人力、建设共享的基础设施。这些方式都能增进合作伙伴之间的相互理解（Dyer et al.，2018），都能促进合作的加深。当分配注意力与资源于伙伴关系上时，能增强焦点企业与伙伴之间的稳定预期，提升信任度。随着认知增进，缩短不一致距离，"彼此靠近"，可能在企业价值追求层面增进理解，进而提高合作水平，从合作、协作到协同，从计算性信任发展到战略性互信。

进一步，还需要调适能力对关系强度及深度适时变化的把握和权衡，这也是对关系能力的挑战。通常，与合作伙伴关系的加深有助于信任的建立，因而有利于提升合作绩效。但是，一方面，关系的维系关乎成本；另一方面，可能发展成关系惯性，从而使焦点企业在伙伴类型偏好上变得僵化（Hagedoorn et al.，2018；Gargillo et al.，2000；Katila et al.，2002）。这种路径依赖可能使焦点企业不容易及时进行伙伴调整，也可能妨碍其将资源重新分配给可能带来更好合作机会的合作伙伴，因而限制了有利于创新的资源重组。此外，关系深度的增加也意味着知识泄露风险的增加，这种泄漏不一定是合作伙伴有意而为，但知识泄漏可能会减弱企业内部知识资源的独特性，最终会对创新绩效产生负面影响。

关系能力是一种随时间积累起来的能力。焦点企业在对与合作伙伴关系以及合作伙伴网络进行协调的过程中，逐渐积累实践经验，并善于从外部习得经验且通过知识内化过程进行提升。只有通过建立注重学习和获得未来成果的伙伴关系，才能发展关系能力（Costa et al.，2018）。水平高的关系能力不仅使焦点企业在管理其伙伴关系及网络中能保持灵活性与适应性，也意味着能为每组伙伴关系选择适合的治理结构。

三、整合和协调能力

企业实施联盟组合战略是为了实现价值创造以及获取联盟关系租金，因此，如何充分利用联盟伙伴的资源和能力，如何将伙伴资源和能力与自身的资源和能力在组合的层面上有效整合，从而创造出最大的联盟价值是实现高绩效组合的关键。无疑，联盟伙伴的资源和能力的异质性给焦点企业从联盟获取收益提供了无穷的潜力。但实际的结果与最好的可能性之间存在落差，这个落差的大小取决于焦点企业对联盟组合的沟通协调以及对组合资源的整合能力的高低。这种整合协调包含两个层面：一个层面是单个联盟内的整合协调，另一个层面是跨多个不同的联盟之间的整合协调。后者是从焦点企业的战略高度使协调整合行动与战略匹配，从而使联盟组合对焦点企业的产出利益最大化。

例如，企业认识到中心性的价值，就会设法使自己处于所在网络中高中心性的位置。除自身有价值资源外，对网络资源的整合能力以及对网络关系的协调管理能力成为企业处于中心好位置的充分条件。如在丰田汽车的生产网络中，丰田正是凭借其强大的系统整合能力从而处于网络的"客观"核心，这区别于从焦点企业视角的自我中心网络的"主观"核心。这种整合能力及关系管理能力甚至可以在企业缺乏通常意义上（传统资源基础观）所谓优势资源的情况下发挥作用，以自身为中心集合资源获得发展，比如一些类似从事经纪类业务的虚拟企业、数字经济时代的平台公司。

在焦点企业通过与伙伴合作共同开发创新技术时，能否从创新成果中获益或能获益多少同样受其整合能力高低影响。一方面，专业化分工日益加剧，朝着分工更加精细、更加极致的超级专业化方向发展；另一方面，人类新知识的产生日益频繁从而使企业时常面临前沿技术或新技术应用亟须突破的困境。技术创新变得复杂并凸显出各产业中长期相互依赖性的存在。由于高昂的研发成本，或者是为高效率地推动前沿技术快速创新等，企业容易跨越组织边界联合起来进行合作创新。典型的如日本在机器人领域的联盟合作，以及正在发生的围绕芯片产业的技术研发同盟。虽然从整体看，合作产生的技术创新推动了产业技术进步，其产生的共有技术，每个参与联盟的企业都可享有，但参与的企业之间依然存在共有技术与企业自身能力禀赋相耦合的差异，其中便存在整合能力的差异。善于将外部创新资源整合、将外部资源与自身内部资源整合，以及将创新技术资源与产业化资源整合的焦点企业，在获取创新收益方面表现更出色。

整合能力也表现在对有竞争性的联盟关系的驾驭上。例如，根据新加坡学者VIJ（2022）介绍的案例，美国AT&T公司与微软结成价值数十亿美元的联盟关系，AT&T将使用微软的云服务，两家公司将共同为共同客户开发人工智能和高速5G无线工具。由于该合作为非排他性联盟，因此AT&T得以在同一周和IBM宣布了另一个价值数十亿美元的联盟，AT&T将使用IBM云来实现其业务应用。两家公司将合作开发利用5G网络和互联网连接设备的尖端计算平台。AT&T充分利用作为运营商的市场地位同时吸引微软和IBM分别与其签订协议，促成了AT&T的风险分担，实现了技术多样化（跨越微软和IBM云）。AT&T由此通过建立看似冗余的竞争性联盟组合而创造出一个健康的竞争环境，激励数字化领导者为AT&T提供最好的服务。

协调能力被认为是焦点企业对整个联盟组合的综合治理能力，主要体现在协调组合中不同合作伙伴之间的战略、活动以及知识流的组织惯例中，这类组织惯例包括确定联盟伙伴之间的相互依赖性、协同领域以及同步联盟伙伴之间的活动等（Schilke et al., 2010; Sarkar et al., 2009; Degener et al., 2018; Hoffmann, 2005）。协调发生在两个层面。一是焦点企业与单个合作伙伴之间的协调。这种组织间协调有赖于焦点企业与伙伴间治理机制的设计与实际情况。二是焦点企业对联盟组合的协调。焦点企业需要协调多联盟与多伙伴之间的关系，目的是避免合作伙伴之间的各类竞争（直接竞争、对焦点企业的注意力及资源的竞争等）导致联盟的失败，避免冗余行动，最大限度地促成联盟组合发挥最大的协同效应。协调能力本质上是对联盟组合中的关系之间的张力进行管理。随着联盟组合协调度的增加，联盟组合资源互补性与联盟组合收益之间的正相关关系将变得更强（Van Wijk et al.，2020）。

协调能力发挥的作用主要体现在：①有效识别合作伙伴之间的相互依赖性及潜在风险并予以调和和化解。尤其随着联盟组合规模的扩大以及多样性的增加，焦点企业的管理复杂性随之增加。焦点企业通过定期扫描和审视，发现其中是否存在功能重叠领域或共同的活动发生领域，判断是否存在冲突的风险或新增的机会，继而采取不同的策略或调整既有的活动惯例，以管理多重目标及利益并避免破坏性冲突。②定期同步活动并在合作伙伴之间传播时间敏感信息（Degener et al.，2018），降低伙伴间交易成本，激励协同。协调能力首先要确保合作伙伴间信息的一致性。这包括焦点企业与伙伴不仅接收到的是相同的信息，而且对相同信息的事实认定不存在大的偏差，对信息的解读同样如此。焦点企业可借此充分利用并促进合作伙伴的协同效应。协调一般需要频繁互动，如此能更好了解伙伴资源的类型和性质，评估其贡献，增强资源对自身运营的可靠性和相关性，并可能产生更显著的协同效应（Van Wijk et al.，2020）。③提升关系水平并优化联盟组合布局。协调过程是焦点企业可予以利用向伙伴释放值得信任信号的机会。通过协调组合，焦点企业可以积极管理和微调合作伙伴的各种资源贡献，从而创建一个整体的"综合资源系统"（Van Wijk et al.，2020），这是真正在"组合"层面考虑的"多赢"的价值创造及价值分配格局，而不仅是完全"利我"。与此同时，协调的过程同时也可让焦点企业获得更多有关合作伙伴意图和机会主义行为可能性的信息，实现对合作伙伴的评估，在其中发现更合意的伙伴，有助于伙伴调整。协调的另外一个溢出好处在于，随着互动的深入，有可能在伙伴之间发现新的合作机会。

对于焦点企业实施联盟组合战略来说，协调能力的一个基本诉求是找到与合作伙伴之间甚至合作伙伴们之间正式互动的方式和途径，以保证自我中心网络中成员的兼容性（至少与合作事项相关的）。如果协调能力强，意味着合作伙伴会愿意与焦点企业一起积极交流沟通，会愿意探索和调整合作形式，最终确定最佳途径及机制。这有助于充分激发联盟组合的价值潜力。

总之，高水平的联盟组合协调能力支持不同合作伙伴之间资源、能力和知识的流动，使联盟组合总体绩效超过每一组成联盟绩效的简单加总，并积极影响焦点企业的创新绩效（Degener et al.，2018）。协调能力对通过构建伙伴多样性以追求创新的焦点企业特别有用。由于合作伙伴多样性必然对焦点企业提出协调和同步的要求（Egbetokun，2015），焦点企业必须不断调整协调程序和活动，以找到最佳的协调机制。

四、学习和吸收能力

学习能力是指焦点企业快速将知识资源转化为知识资本的能力。知识资源来自企业的内外部环境中，除产业中泄漏和扩散的外部知识外，联盟组合是焦点企业另一主要的外部知识来源。Cohen 和 Levinthal（1990）将吸收能力定义为企业认识到新的外部信息的价值，吸收它，并将其应用于商业目的的内在能力。焦点企业依靠所掌握的知识去了解产业情境，去理解市场及技术变化，并从中识别威胁或机会并做出相应反应。然而，通常，企业内部的知识相当狭隘（Teece et al.，1997），再加之组织行为的路径依赖特征（Levitt et al.，1988）使其行动具有重复的惯性，比如持续地在某一技术路线上进行投资，这样容易产生机会盲视或被自身绑架的风险（如果环境变化使先前的投资沉没）。因此，来自联盟伙伴的信息和知识对焦点企业学习新知识、新技术起到重要作用，这种学习是否有效，取决于焦点企业对外来知识的吸收能力的高低。在利用外部知识方面，吸收能力具备识别和传递外部知识以实现卓越创新和财务绩效的机制的作用（Kostopulos et al.，2011；Caldas，2021）。焦点企业通过学习可以提升知识的广度和深度，前者是由联盟组合伙伴的规模和多样性赋予的机会，后者则是学习能力和吸收能力的结果（Xu et al.，2019）。在对联盟租金的占有上，联盟合作中的企业都在寻求将联盟伙伴资源内部化以最终改变其价值地位（Hamel，1991）。然而，虽然联盟的好处之一就是通过合作伙伴之间的知识共享为每位成员带来学习机会，但是，由于能力差异，不对称的学习会在联盟成员之间发生（Arora et al.，2021），以致随着时间的推移，学习速度更快的学习者可能会减少对合作伙伴的依赖，并在合作蛋糕中占有更大的份额。尤其在有竞合关系的横向联盟中，联盟各方犹如进入了学习竞赛（Lavie，2006），最终，学习和吸收能力更强的企业在对外部知识的积累以及与内部知识的整合方面表现更优秀，通过提升内部资源异质性并进行创新，以此占有了更多来自联盟关系的准租。

当企业参与激烈竞争（如生物技术行业）时，通过其他联盟获得的资源将增强其竞争力，而学习效应将使企业能够从每个联盟中获得最大的杠杆（Pangarkar et al.，2017）。在高新技术领域或数字化转型时代，就知识治理而言，由于行业有显著的技术密集型特征，这要求合作伙伴间更多更深层次的知识分享，需要焦点企业更熟悉伙伴的知识结构、建立共同的知识库，这对于传递隐性、敏感和难以传递的知识至关重要（Xu et al.，2019），给焦点企业的学习和吸收能力带来更大的挑战。

除组织本身的惯例以外，焦点企业的吸收能力会受到联盟组合多样性的影响。不同类型伙伴之间存在"知识模糊"，它们处于不同的制度文本中，遵循着有差异的制度规范，从而对彼此的行动和结果之间的逻辑联系缺乏理解，这可能会抑制焦点企业吸收和利用联盟伙伴知识的能力（Simonin，1999），甚至会表现在言语表达上。知识模糊来自组织差异，更具体而言，来自不同类型组织各自所嵌入的制度环境的不同（Simonin，1999；Estrada et al.，2022）。Vasudeva 和 Anand（2011）研究了参与燃料电池技术开发的公司的联盟组合。他们发现，具有中等水平技术多样性的组合的公司可以优化其知识利用结果，然而随着组合中技术距离的增加，公司利用组合中知识的能力降低，因为技术多样性和技术距离都会给公司的吸收能力带来负担。

此外，吸收能力对联盟组合发展多样性又形成限制。因为企业往往具有有限的"吸收能力"，企业处理新知识的能力会到达一个最高水平的饱和点，达到这一饱和点的速度不仅受到信息量的影响，而且还受到新信息与企业多样化现有知识之间的差异程度的影响，"更多并不总是更快乐"（Dong et al.，2019）。

当然，在联盟关系中，吸收能力对合作伙伴双方来说，总会存在一种"心照不宣"的张力，追求合作绩效与避免潜在竞争之间的紧张，反映出联盟关系既合作又竞争的事实。实践中的确存在"狼性"企业，在合作方面，其"狼"性体现为对合作伙伴知识的强大吸收能力。战略合作或联盟多数源于价值链上的互补关系，当对伙伴知识消化吸收得差不多，尤其是看到伙伴的劣势，而自己又有超越伙伴能力的能力时，一旦判断机会合适，企业则会有冲动采取前向或后向一体化策略，完全涉入原伙伴领域，甚至替代掉伙伴。

虽然对焦点企业而言，学习和吸收能力是衡量焦点企业联盟能力的重要方面，但联盟组合战略会关注联盟组合总体绩效，希望鼓励伙伴知识分享，并不总希望最大限度地接受合作伙伴知识，而是故意限制自己的学习能力，以鼓励知识共享（Arora et al., 2021）。尤其在学习和吸收能力差距大的情况下，这也是能力更强方对合作伙伴表达善意承诺的方式。Arora等（2021）的研究中提到思科公司这一案例。思科作为实力强健的领头公司，为打消合作伙伴的顾虑，主动建立限制思科（员工）学习合作伙伴知识的机制，以这种正式机制对伙伴做出承诺，以激励伙伴共享技能。丰田和英特尔公司同样如此，这些行业领先企业为了鼓励合作伙伴分享知识，有意在自己组织内部设置防火墙机制，主动在具体合作中降低自己的吸收能力。

焦点企业提高吸收能力的途径包括促进多样化的培训、成立新协会、雇佣新的专业人员、增加对内部研发的投资等（Caldas et al., 2021）。在这些路径举措中，焦点企业需要留意到两点。一是对知识的迁移运用。在学习方面，焦点企业可以从不同的联盟合作关系中习得不同的经验和知识，将一个联盟中成功采用的解决方案用于另一个联盟中遇到的问题，并对多个联盟关系的管理经验总结内化，更有效率地习得驾驭联盟关系网络的能力。二是对联盟溢出效应的关注。与合作伙伴之间的互动往往会产生意想不到的收益，这些收益可能超出了合约或协议范围，如更多了解合作伙伴在诀窍方面的隐性知识，或有机会深入观察和学习合作伙伴在外部资源管理上的技巧，等等。

联盟组合能力发展和提升的途径包括经验积累、专门的联盟功能机制保障以及组织学习。Dyer 和 Singh（1998）的研究指出，企业高级联盟管理的经验可以让企业精确地分析不同的伙伴，这样就能给企业带来超额回报。在能力提升的机制保证上，有无专门的联盟功能（alliance function）（Kale et al., 2009）在组织设计上至关重要，索尼、惠普、飞利浦通过建立专门的联盟功能机制从而获得成功的经验无疑证明了这点。焦点企业如果有专门的组织设计实施联盟管理的功能，可以在机制上保证与伙伴之间的细致沟通、提高决策水平和速度，会促进联盟效率的提高，同时也使联盟经验的总结有了组织承担，如果伙伴也有对应功能，则能为实现高绩效联盟组合打下基础。另外，组织学习以及知识扩散的路径也是提高联盟组合能力的重要途径。

关系能力、整合能力与协调能力之间具有较强的关联性，其内涵甚至存在一定的交叉。一般而言，整合能力是从资源视角去分析，关系能力和协调能力是从关系视角去分析，然而关系能力更倾向于建设与（个体）伙伴之间的关系质量，而协调能力更倾向于对不同关系之间的管理。关系能力和整合能力中也都包含了协调要素；同样，协调能力中也蕴含着关系和整合要素，甚至可以说协调能力建立在关系能力和整合能力基础上，协调促进了焦点企业在组合层面获得网络资源的最佳水平。整合能力与配置能力也有一定的区别和关联。配置能力是建立在认知上的对资源组合价值及方式的架构设计能力，而整合能力更倾向于将这种资源架构设计高效运转起来。学习和吸收能力可以促进焦点企业在联盟组合能力的多个维度方面获得提升。焦点企业关于联盟组合管理的惯例，为每一种联盟组合能力的发展提供了路径和机制。

值得进一步指出的是，高水平的联盟组合能力可以有效回避联盟组合配置中的劣势。例如，由于管理幅度的原因，联盟组合规模越大，联盟扩张的可能性越低（Pangarkar et al., 2017），但是如果焦点企业有建立在高水平经验上的管理能力，则又会抵消联盟扩张可能发生的部分不利影响。抵消由联盟组合多样性带来的不利影响也遵循同样的逻辑。这是因为联盟组合能力的不断提升，意味着焦点企业将能力边界不断外推，其结果即有可能越来越多地突破约束边界。Shukla 等（2018）对印度公司的研究也表明，从组织学习的角度出发，随着焦点企业从不同的经验中进行学习积累，就能够获得联盟组合多样性的预期收益，并降低因联盟组合多样性程度高而带来的风险。

第五章　数字化时代的联盟组合

数字化时代（digital age）是指信息技术，特别是计算机和互联网技术的广泛应用和普及所引发的社会和经济变革时期。这一时代自 20 世纪 80 年代计算机和互联网技术逐渐普及开始，一直延续至今。进入 21 世纪以来，随着移动互联网与智能设备、云计算与大数据、人工智能与自动化、区块链技术以及工业 4.0 等的快速发展，信息或数字技术对社会经济结构以及人们生活方式的影响变得更为广泛和深刻，这也广泛而深刻地影响着所有组织的战略环境。其所带来的全球经济和政治结构平衡发生的变化，挑战了许多企业在合作战略方面的战略愿景（He et al.，2020）。

第一节　数字化时代的挑战与联盟组合特点的变化

一、数字化时代对企业的挑战

数字化时代首先要求企业进行数字化转型。数字化转型是指商业活动、流程、能力和模式的深刻和加速转型，以战略性和优先的方式充分利用数字技术带来的变化和机遇及其对社会的影响（Demirkan et al.，2016）。这种转型对企业的意义主要体现在：①提高生产效率。通过数字化技术，企业可以优化生产流程、减少人工干预、降低错误率，从而提高生产效率。②提升创新能力。数字化技术为企业提供了丰富的数据和新的分析手段，有助于企业更快地发现市场需求和趋势，从而推动产品和服务创新。此外，数字化技术还可以帮助企业构建创新生态系统，激发员工的创新能力和潜力。③增强市场竞争力。数字化转型使企业能够更好地满足客户需求，提高客户满意度。通过个性化推荐、智能客服、大数据营销等手段，企业可以吸引和留住更多客户，提高市场份额。④提高盈利能力。数字化转型帮助企业降低成本、提高效率，从而提高盈利能力。例如，企业可以通过云计算、软件即服务（SaaS）等技术减少硬件和软件投入，降低运营成本。⑤企业文化的变革。数字化转型要求企业摒弃传统的思维模式，培养数字化、创新和客户导向的企业文化。⑥社会责任和可持续发展。通过引入数字化技术，企业可以提高资源利用效率，降低对环境的负面影响。数字化技术迫使传统行业不得不进行数字化转型，这种转型压力和推动力的影响是非常广泛的，几乎需要所有类型组织做出反应。对那些缺乏相应技术基因的组织，则需要与数字技术伙伴进行合作。

其次是创新压力。数字化时代价值创造的逻辑发生了极大转变，终端客户服务导向几乎主导了一切，企业需要加快创新以充分满足市场需求。从资源视角看，数字技术的创新发展给行业环境带来了技术不连续性挑战。Asgari 等（2017）对此提出企业需要辨识五类资源：一是新资源，指需要企业开发的新资源、新平台和工具。二是强化组合资源，即要求企业投资于新技术相关的互补领域。三是挑战资源，指需要企业改变原来技术及功能基础以支持新资源。四是未受影响的资源。五是过时资源。企业可以依托数字技术以及数字平台快速集聚资源以形成创新网络。数字化转型推动下的创新不再是一个线性过程，而是一个用户向生产者反馈所需创新的过程（Bogers et al, 2018）。企业需要注意到的是，数字时代的创新是一种开放式创新。战略联盟的主要目的是从技能或资源替代和新市场进入转向强调促进创新和利用颠覆性新技术，并将其作为提供新型产品和服务的手段，包括数字集成产品和服务（Bustinza et al., 2019）。

二、数字化时代联盟组合特点的变化

（一）数字化时代联盟组合的特征

数字化时代的企业联盟具有如下特征：①数据驱动。联盟更加注重数据驱动的决策和协作。企业之间通过共享数据，可以更好地了解市场趋势、客户需求，提高决策效率。同时，数据驱动的协作可以帮助企业优化供应链管理、降低库存成本，提高生产效率。②技术融合。联盟注重技术的融合与协同创新。企业之间可以通过共享技术资源、知识产权，共同开发新产品和服务。技术融合有助于提高企业的创新能力和市场竞争力。③跨界合作。企业之间可以通过跨行业、跨领域的合作，实现资源互补、优势互补。跨界合作有助于企业拓展业务领域、提高市场竞争力，因而也得到了更多关注。④网络化和虚拟化。联盟更加网络化和虚拟化。企业可以通过云计算、区块链等技术实现远程协作、数据共享。网络化和虚拟化有助于提高企业联盟的效率和灵活性，快速响应市场变化和客户需求。⑤开放性和包容性。联盟更加开放和包容。企业需要与各种类型的合作伙伴共享利益，共同应对挑战。⑥灵活性和动态性。联盟更加注重灵活性和动态性。企业需要根据市场变化、合作伙伴的需求，不断调整联盟策略和资源配置。⑦客户导向。企业之间的合作需要以满足客户需求为核心，提供个性化的产品和服务。这些特征有助于企业拓展市场、提高竞争力并抓住市场机会。

这些特征对所有合作关系均产生影响。因此，焦点企业需要审查公司间合作和关系协调的传统商业模式，以满足现有或潜在战略合作伙伴快速变化的期望、要求和特点（Bouncken et al.，2016）。

（二）三重逻辑的演变

在数字化时代，焦点企业构建联盟组合的价值逻辑、制度逻辑以及关系逻辑出现了新的突出特征。

一是在价值逻辑方面，价值创造模式发生了颠覆性变化。在数字化时代，数字技术对经济活动的"搅动"强烈，数字技术催生商业模式创新层出不穷，对旧商业模式的颠覆性破坏发生在诸多行业。技术创新企业可能直接进入传统行业以平台交易为代表的电子商务模式，使越来越多的商场类建筑物消解了其商业价值。商业世界的竞争关键点在于创新。跨界合作、跨界融合成为这个时代的显著特征。例如阿里巴巴类企业依靠技术撮合平台优势直接替代了传统批发、零售行业，优步（Uber）、滴滴等企业"抢"走传统出租车市场份额。行业之间的界限越来越模糊，所有商业活动以及企业动机都建立在通过对资源的快速集聚、整合以对客户最终的价值创造和价值实现上。由此，数字经济时代的竞争合作关系就变得微妙起来，合作关系与竞争关系之间处于不断的动态转换中。例如，有新技术优势的企业以资源互补为由找到合作伙伴进入合作伙伴所在行业，并以此为桥在进入该行业后，顺利嵌入该行业。借着更强大的学习能力，有新技术优势的企业可能因为发现向前或向后整合价值链可以获得更高收益时，就可能同时开展合作伙伴业务，与合作伙伴展开竞争。这在新能源汽车领域比较常见。随着产业的融合，企业被迫在价值创造体系中不断重新定义和重新定位自己（He et al., 2020）。数字经济时代，连行业都有可能随时被重新定义。

二是在制度逻辑方面，"合法性"压力在多方面被强化。第一，强化企业生态责任。最近几十年，随着新兴经济体的崛起，全球经济经历了高速增长。人类经济活动的增长规模对地球生态环境造成了深刻影响，地球生态对人类活动支持的可持续性使人们愈加关注起有关社会责任的方方面面。企业发展被期待更应兼顾不破坏甚至利于环境生态方面。换言之，企业合法性方面被赋予了更多社会责任意义。第二，强化公众数据使用责任。数字经济的基础逻辑是通过数字技术的应用提高各方面业务活动的效率，以"数字赋能"而实现，其具体做法是将业务信息数据化后经过搜集、整理、清洗、储存以及数据挖掘进而开发利用庞大数据中蕴含的商业价值。由于数字技术对一般公众而言是"黑箱"，对其数据的采集特别是使用更具有隐蔽性，公众难以识别及监督，政府难以监管，特别是在企业与其合作伙伴共享客户信息方面。这就要求企业有保护用户隐私数据的自觉，尤其在法律法规还未完善的时期，在企业将自身搜集的客户数据予以转让获利方面更是如此。违规搜集用户数据、滥用数据的行为，存在较大的市场风险。例如，美国脸书（Facebook）公司也曾因此而被要求在听证会上接受质询。在新商业模式的创新活动中，自觉关注到广泛相关利益者的利益并能做出恰当协调，是制度环境对企业日益增长的要求。第三，强化制度性因素对企业国际化战略的影响。随着数字技术推动业务运营对市场地理边界的突破，依赖技术可实现快速的全球市场占有，对国与国之间旧有竞争优势格局造成冲击。对此，有学者（He et al., 2020）指出，政治成为新的全球秩序的驱动力。在此情况下，各国政府都加大了对国内外企业跨国投资行为的关注，并倾向于积极出台有利于本国利益的干预性政策。这使意图进行国际化布局的各国企业不得不更加严肃认真地予以对待，以前的国际联盟模式在当下制度环境中可能需要做出改变。同时，任何企业都需要认识到，不管其是否为跨国公司或是否从事跨国贸易，其生产和销售都会受到世界市场的影响，别国的制度环境是不得不考虑的制度要素。总体而言，各国政府越来越重视产业政策的调整，同时呈现出较强的动态性。以前企业经常采用的应对途径之一是选择当地伙伴合作，这种模式在各国新的监管政策下已不容易或不再行得通。一般而言，新兴经济体和转型期经济体在制度建设方面的完善度与发达经济体相比还有差距，这不仅对公共部门的相关政策建设提出了挑战，而且对本国企业也产生了较大影响。

三是在关系逻辑方面，关系结构形成路径更加丰富，围绕提高关系质量而展开的活动成本可以更低，弱联结更为广泛。以信息通信技术为基础的数字时代，使焦点企业通过关系网络构建资源网络更为便捷和多路径。企业通过多种数字平台也更加容易搜寻到潜在伙伴，容易与潜在伙伴即刻建立起联结。在关系质量方面，移动端即时通信应用的广泛使用，使焦点企业与伙伴之间的互动成本大为降低，可以即时以文本、语音、视频或线上会议方式与合作伙伴即时沟通，提高互动频率并不因此显著增加成本，同时企业网站、App 等都可使焦点企业低成本地向所有合作伙伴进行自我展示以增强可信度和吸引力。这些均可有效提升与伙伴之间的关系质量。此外，正是因为线上联结的便利，与强关系相比，焦点企业得以发展更多弱联结，为资源的辨识与获取提供了更多可能。

随着平台企业、平台经济的兴起，企业产品或服务抵达终端用户的渠道模式发生了革命性变化。企业商品信息的展示更为直接、多维以及多场景。消费者的搜寻成本显著降低。企业与终端消费者之间的商务沟通变得直接，市场交易成本显著下降。像阿里巴巴提供的 B2B 服务，在这种情况下，在某些领域，企业原本需要找到伙伴并建立强关系以降低后续交易成本的状况可能被改写，不一定再有必要与谁建立强关系，因为总容易从平台找到合意供应商或产品，毕竟相较于建立和长期维护强关系，弱联结只需付出更低成本。

（三）治理方面的变化

首先，在交易治理方面，一方面，数字平台提供了诸多公共空间，所有企业的行为都容易在公共空间得以展示并被评估，焦点企业在伙伴搜寻、伙伴筛选、合作监督等方面都更便捷；另一方面，数字技术使合作关系的交易成本显著降低。例如，区块链技术使用"公钥"这种网络基础设施通知交易对手之间执行可行交易，使类似交易中心或清算中心这类组织不必存在，焦点企业不必专门部署资源监控交易伙伴，一切交易均按"规则"自动进行。交易成本不仅低并且提供了安全性和灵活性。在这种条件下，同时，由于多对多的业务转换将是可能的，短期甚至临时的公司间伙伴关系将是可行的（He et al.，2020），联盟进入弱联结甚至焦点企业可以"无视"伙伴的"无"联结状态。

其次，在关系治理方面，沟通交流方式多元，成本显著下降。互动频率提高而不必增加过多成本支出。移动互联网技术及工具的发展，使以前国际化特征中与地理距离相关的信息沟通成本得以显著下降，即时通信工具、视频会议工具等都推动了不同国家间及合作伙伴间的及时信息分享、问题沟通协调。虽然线下面对面沟通依然重要且难以完全替代。信任关系更多依赖市场化交易关系积累，对合作伙伴信任度的评价更容易从公开路径或公共空间获取。"信任"更为理性，情感性信任的影响力下降颇大。

最后，在知识治理方面，数字化时代的知识流动、扩散更为迅速，知识创新更常发生，企业越来越难以固守异质性知识资源。这时这些知识将不再局限于企业所拥有的静态显性或隐性知识，而是以动态能力的形式结合异质的知识来源，并将这些知识用于商业目的（He et al., 2020）。企业寻求通过跨界知识整合快速找到行业创新机会，追求新知识的快速变现。竞争优势的重要来源一是有能力将新知识快速嵌入或部署进既有产品和服务中，二是不仅有能力快速地学习和内化新知识，而且有能力快速地迭代知识。所谓 know-how 这种诀窍类知识比之以往增加了过时的风险，或者说 know-how 意味着更多与新知识的创造与实现迭代有关。也因为此，在数字化时代，通过联盟及联盟组合快速地使现有的专有知识实现市场变现可能是更为理性的选择。三是当深度合作意味着企业的深度开放时，企业内部信息、资源及特定知识被暴露的风险增加，伙伴之间需要更高的信任度。

第二节　数字化时代的联盟组合构建及管理

就焦点企业而言，数字化时代联盟组合的构建及管理最为显著的特征就是开放式创新下的共同进化。

一、积极"参与"联盟生态

对于联盟组合构建来说，一方面，伙伴搜寻以及伙伴选择成本降低，技术平台使更多潜在伙伴"浮现"，增加了潜在合作伙伴的备选范围和规模；同时也提升了焦点企业的外部可见度，提高了焦点企业的被选概率。

另一方面，焦点企业构建联盟组合时需要更为"理性"。这意味着不一定每个联盟都由焦点企业完全主导，而是需积极关注生态、认清生态，积极加入由其他主体主导的多样性联盟中，围绕自身的增长需要或战略需要"编织"组合。在数字化时代，资源的离散性与集聚性同时存在。所谓"头部"企业现象非常显著，头部企业对产业资源的吸纳和汇聚表现出来"虹吸"效应，头部企业利用数字平台迅速有力地集聚起广泛离散的资源，头部企业往往主导了产业中几乎最有价值的资源联盟，一些领域内甚至连排位第二的企业都难以生存。焦点企业构建的自我中心网络无论是凝聚的还是松散的都需要积极嵌入产业生态以及商业生态中，并能迅速回应生态的动态变化。也因此，在这种高度开放又集聚的形势下，客观上需要焦点企业有更高超的联盟组合管理能力以及管理艺术。"参与"联盟生态的能力甚至高过主动构建联盟的能力。技术进步强化了对专门联盟管理功能的需要，联盟管理能力的水平成了企业竞争优势来源的重要方面。

二、与伙伴一起"共同进化"

数字技术的赋能使不断探索和转变价值创造体系成为时代特征，焦点企业与各种类型伙伴一起共同进行开放式创新，这里伙伴也往往吸纳了客户或终端用户，并呈现出共同进化的态势。①数字技术平台推动共同进化。在开放式创新下，更具爆发力的创新往往体现在服务交付期间，制造商和服务提供商与客户在信息和通信技术平台的推动下进行密切的共同创造，体现出合作化下的共同进化（He et al.，2020），这点有别于早期创新较多地发生在产品发布之前。②开放式创新的未来核心是创造一个生态系统的能力。在这个生态系统中，人、组织和部门的联盟可以促进共同创造（Bogers et al，2018）。市场分工精细化程度越高，产业价值链各厂商互相依赖程度越高，各产业更倾向于向复杂的生态系统演化。互相依赖性促使企业间以及企业与客户、消费者间共同创造、共同进化。③开放式创新将更为"开放"。联盟组合战略本身就是一种开放性的战略，随着数字经济时代的到来，这种开放水平进一步提升。如，与竞争对手结成伙伴成为常态，主要在行业基础设施建设或行业专用或通用技术的研发、标准的设定以及共同教育和培育市场方面。企业的创新产品或服务追求快速地向市场化转移落地、新技术也能迅速地由外而内地耦合企业自身禀赋形成新的优势。不仅企业与其生态系统之间的界限变得不那么明显，通过信息通信技术可以轻松地将创新转移到内部和外部（Zimmermann et al.，2015），而且过去企业发展策略将从过于着眼于构建竞争壁垒而转向更多聚焦于企业自身与其生态环境的共同演化方面，更加致力于企业自身在快速变化环境中如何生存、如何前瞻性地提升适应未来的能力，而非眼中紧盯"对手"。对焦点企业而言，管理快速调整关系和维持长期合作安排的需要之间的矛盾将需要更多的共同进化联盟管理能力（He et al.，2020）。

三、把握跨界联盟合作策略

VIJ（2022）将行业领导者与数字领导者之间如何发展成功的合作关系称为数字演化伙伴关系（digital evolution partnerships，DEP）。这种联盟的目标不仅是获取新技术，而且是重新设计其现有商业模式，并创新未来的现金流。虽然这种关系发生在行业领导者与数字领导者之间，但其所总结出的合作前决策点仍对一般（传统）行业企业与技术伙伴在数字化时代组建联盟有启发意义。①尽早让技术专家参与，以更好地适应联盟。业务开发或销售团队很难理解深层次的技术细微差别，事后也难以基于错误的假设撤销承诺。技术专家的早期参与有助于参与者从工程和技术的角度通过探索、评估和塑造"契合度"来确定更好的联盟契合度（VIJ，2022）。②扩大交易团队对联盟生命周期的参与。数字伙伴演化关系一般始于高层关系，具有开放式治理结构，一般缺乏严格的基础合同，通常一开始只是战略联盟的方向性框架协议或谅解备忘录，交易团队的长期参与可帮助克服利用交付团队通常不了解或无法获取的见解和资产所带来的挑战。③调整交易团队的激励措施以确保联盟成功。企业将对交易团队的激励措施后移，避免交易团队只关注签下联盟合作协议所公告的交易规模。激励措施后移有助于交易团队适当考虑战术实施因素，在交易形成阶段相应调整交易结构和规模，以促成联盟最终成功。④确定联盟组建期间的风险报酬上限以及建立财务重新谈判机制。一方面，有必要为联盟每一方设定一个明确的止损限额；另一方面，设定启动财务重新谈判的触发条件，以避免探索性联盟在不期望成本产生或其他意外事件发生时合作活动被非理性打断。⑤制度性结构重协商机制。除了数字化转型是确定事件外，数字化时代存在诸多不确定性。在 VIJ 看来，这些不确定性事件不仅会引发角色和责任的重新协商，还会引发 DEP 相关人员的层级和报告关系的重新协商。例如，由于行业企业与技术企业不同的世界观，在 DEP 的整个演变过程中，可能会出现关系或角色和责任层次的类似失衡，如由谁来决定底层技术、界面的外观和感觉等。⑥明智使用排他性联盟。数字化时代，由于科技变化以及科技应用呈现的不确定性，企业在构建不同的联盟关系时，需要谨慎选择排他性联盟。因为未来前景的不明朗，如果过早选择了排他性联盟，则有可能将自身资源锁进了单一的利用路径，可能使焦点企业错失其他机会。

第六章　联盟组合案例

第一节　百度公司的联盟组合战略实践

一、百度公司的联盟组合战略概述

（一）百度公司简介

百度公司由从美国硅谷归国的李彦宏于 2000 年 1 月创立于北京中关村。在 2013 年前后，员工人数超过 18 000 人，拥有约 4 000 名顶尖的搜索引擎产品和技术工程师，是中国第一个拥有博士后工作站的互联网公司，是彼时全球最大的中文搜索引擎、最大的中文网站，也是全球第二大独立搜索引擎，在中国拥有市场份额一度超过 80%。在创立百度之前，其创始人李彦宏已经跻身全球最顶尖的搜索引擎工程师行列，其拥有的" 超链分析" 技术专利，是整个现代搜索引擎发展趋势和方向的基础发明之一。百度以搜索技术起家，产品覆盖搜索服务、导航服务、社区服务、游戏娱乐、软件工具、公益服务、移动类产品等，是典型的互联网平台公司，其所拥有的搜索引擎核心技术也使中国成为当时除美国、俄罗斯和韩国之外，全球仅有的 4 个拥有该项技术的国家之一。2005 年，百度在美国纳斯达克上市，一举打破首日涨幅最高等多项纪录，并成为首家进入纳斯达克成分股的中国公司。截至 2022 年 12 月 31 日，百度市值超过 500 亿美元。

对于互联网公司来说，首先看重的是用户对网站的访问量，即所谓"流量"。流量是衡量一个网站综合能力的最重要指标，也是决定一个网站价值的因素，如果网站没有流量，就意味着没有人访问，也就没有存在的意义了，因此，如何提高流量是所有互联网公司首先要考虑的问题，也是互联网公司之间竞争的利器。百度公司凭借其搜索技术汇集了流量，从而建立起了竞争优势。但是，对互联网公司来说，流量仅仅是基础，如何将流量转化成购买力或利润，才是最终的经营目的。百度公司通过网络广告、搜索竞价排名建立了早期的以及基本的商业模式，这些模式虽然稳定但存在增长瓶颈。基于此，百度公司选择了实施联盟组合战略，目的是与合作伙伴共同打造互联网生态圈，在助推伙伴长期持续发展的同时，也使自己获得了持续稳定增长。经过若干年的经营努力，这种合作发展的模式也确实取得了有目共睹的绩效。

（二）百度公司联盟组合构建历程

百度公司成立不久，即启动了联盟合作战略的实施，其联盟组合中主要包括了一系列对偶联盟、多伙伴联盟，其中，"百度联盟"体系是百度公司创立的富有特色的联盟系统。百度公司联盟组合构建历程见表6-1。

表6-1　百度公司联盟组合构建历程（2002—2013年）

战略联盟形成时间	联盟伙伴	合作内容
2002年	自愿加入"百度联盟"体系的企业、组织及个人（网站站长）	广泛的品牌及业务推广方面的合作
2003年9月	TOM	百度为TOM提供检索技术
2005年3月	盛大互动娱乐	百度利用其搜索平台为盛大做产品推广，百度的搜索引擎被引入盛大的用户平台
2005年5月	中国电信	推出百度黄页搜索测试版，借此正式进军本地搜索业务领域，同时将黄页数据资源引入百度已有的PDA和WAP移动搜索等服务
2005年10月	北大	合作成立中国人搜索行为研究实验室
2006年3月	诺基亚	在诺基亚手机中植入中文移动搜索服务
2006年4月	IBM	展开全面合作
2006年10月	MTV	探寻国内数字音乐发展模式
2006年11月	7家知名网络安全厂商	共同推出杀毒频道
2006年11月	eBay	文字广告、在线支付、推广联合品牌工具条等
2006年12月	拇指天空	手机搜索服务

表6-1(续)

战略联盟形成时间	联盟伙伴	合作内容
2007 年 1 月	赛门铁克	推出在线杀毒服务
2007 年 5 月	湖南卫视	以百度搜索社区为依托，在跨媒体平台及内容、产品及品牌、公益及事件、互动电视制作等领域展开深层次的战略合作
2007 年 6 月	优酷网	在搜索领域展开业务合作
2007 年 7 月	滚石唱片	全面战略合作，共同拓展中国数字音乐市场，为中国 1.44 亿互联网用户提供华语音乐在线服务
2007 年 10 月	携程旅行网	开展酒店搜索方面的全方位合作
2007 年 11 月	联合网视	推出百度影视互动电视
2007 年 12 月	网络视频企业 PPLive	通过优势互补的形式进行战略合作，实现跨领域的强强联合
2007 年 12 月	北京谋智网络技术	将火狐浏览器产品优势与百度公司的互联网中文搜索技术结合
2008 年 3 月	中国网通	推出"灵通知道"短信搜索业务
2008 年 3 月	中国国际广播电台等 15 家国内电台	推出免费的"电台联盟"在线收听服务
2008 年 3 月	美国互联网分析公司 Omniture	通过技术集成，帮助国外在线广告商进入中国网络市场
2008 年 4 月	海尔	网络电视
2008 年 9 月	联合网视	以投资入股的方式与联合网视合作
2008 年 10 月	和讯网	共同打造百度财经频道
2008 年 10 月		百度加入联合国全球契约，填补中国互联网企业在该领域的空白
2008 年 10 月	思科	深度合作
2008 年 12 月	凤凰网	全面合作
2009 年 1 月	卓越亚马逊	推出小桔灯网上捐书平台
2009 年 7 月	苏宁电器	进军 B2C 市场

表6-1（续）

战略联盟形成时间	联盟伙伴	合作内容
2009 年 7 月	Discovery	开通 Discovery 探索频道中文网站
2009 年 9 月	新华社	全面合作
2009 年 10 月	中国科学院	合作开发"框计算"
2009 年 10 月	中国联通	搜索业务战略合作
2009 年 11 月	Qtrax	音乐下载服务
2010 年 1 月	日本乐天	超大型综合类 B2C 网上购物商城
2011 年 3 月	中国音著协	百度与音著协达成合作，与音乐人分享著作收益权
2011 年 7 月	国际三大唱片公司环球唱片、华纳唱片、索尼唱片	在线音乐合作
2011 年 7 月	微软	英文搜索
2012 年 7 月	新浪	在无线领域达成战略合作，双方将在搜索、内容、平台、技术、资源五个方面展开合作，同时百度云智能终端平台已全面预装新浪微博客户端
2013 年 7 月	福特公司	共同研发车载应用程序，考虑将福特 SYNC AppLink 技术与百度云服务技术整合在一起

资料来源：百度百科，"百度公司"词条。

（三）"百度联盟"体系

2002 年，百度公司专门成立了百度联盟，在互联网上从事经营的公司、站长甚至个人，都可以通过申请成为百度联盟的成员，成为百度的合作伙伴。百度联盟致力于帮助伙伴挖掘流量的推广价值，同时为推广客户提供最佳回报。至 2013 年年底，百度联盟已为百度汇集了 60 万名合作伙伴。百度公司对百度联盟的建设可以分为两方面：

1. 业务合作

在百度联盟中，联盟成员与百度公司的合作主要有两类：一类是伙伴作为资源贡献方，将自身网站及网页上的位置资源贡献出来交由百度统一整合使用，当广告业主使用这些资源时产生收入，网站主就可从这些收入中获得相应分成。另一种方式是伙伴将自身所需的推广业务（如品牌推广、业务推广广告）交由百度公司打理，其中部分支付可由提供自身网站位置资源实现。具体的业务合作包括搜索推广、内容推广以及开放平台合作。

（1）搜索推广。在搜索推广合作中，百度联盟与网站、软件厂商或个人、网吧、电信运营商、终端厂商等多类伙伴紧密合作，伙伴可在自有业务中通过搜索框、工具栏等方式整合百度搜索功能，从而打造出媒体（广告）通路，将搜索服务推送到上亿台电脑终端上，几乎覆盖所有网民。通过搜索推广合作，一方面伙伴可以利用百度搜索功能提升用户体验；另一方面还能根据用户搜索的关键字显示最相关的百度推广内容，从而为合作伙伴带来推广分成收入。

（2）内容推广。内容推广合作有网盟推广合作与鸿媒体合作两种形式。在网盟推广中，加入网盟的伙伴允许百度公司在自己的网站页面将客户企业的推广信息展现，这样扩大了信息推广受众的覆盖面。百度公司通过人群定向、主题词定向等精确定位方式，分析网民用户行为及网站页面内容，将最具竞争力的百度推广内容投放到网站相应的页面，为推广客户和网站主带来推广内容投放效益的最大化。目前，百度网盟能够覆盖超过95%的中国网民，每日有超过80亿次的展现机会。鸿媒体合作是百度公司将自身如百度新闻、音乐、知道、图片六大黄金频道的资源与伙伴的各行业顶级媒体资源进行整合，精选其中优质展现空间，以百度专有技术为依托，为广告业主实现更加精准的个性化广告投放。

（3）开放平台合作。开放平台合作是开发者及应用提供者通过加入百度应用开放平台而获得基金奖励的业务合作模式。激励基金来自百度公司，其以此方式来鼓励创新应用的开发。

2. 运营支持

百度公司为百度联盟搭建了专门的数字化业务支持平台，为联盟成员提供方便快捷的管理系统、及时准确的数据支持，让成员能高效管理业务，如会员服务、网盟优化专家等。其中，网盟优化专家为推广会员提供一站式的投放优化服务，通过系统的优化教程、优化比赛、评测工具、丰富的交流渠道，帮助网盟会员最大限度地改善投放效果，提高网站收益。此外，百度公司还着力于打造伙伴成长计划、站长工具以及沟通平台，以提高百度联盟的管理效能。

（1）成长计划。为与伙伴实现长期持续且健康的共赢，百度联盟开发了与伙伴的成长计划，旨在从知识、技能方面的交流学习以及有关伙伴资质管理、行业自律方面的合作来提升合作质量。其包括：①联盟认证。百度联盟认证体系由"会员认证体系"与"流量质量认证体系"两部分构成。"会员认证体系"是通过多维度的评定标准对联盟会员进行综合素质及价值评定，并以明晰化的成长机制为不同认证级别的会员提供不同的专属权益。"流量质量认证体系"将帮助网盟合作伙伴清晰地判定、优化自身网站的流量质量，并以此向更优质的推广客户进行推荐，进一步提升合作收益。②先锋论坛。百度联盟每年陆续邀请国内外知名专家、学者、成功人士，为联盟伙伴及潜在伙伴做精彩实用的管理技术、行业分析、趋势研究等演讲，搭建一个互联网交流、分享、共同成长的平台。③常青藤成长计划。该计划旨在帮助伙伴针对联盟业务进行推广优化培训、针对公司经营管理进行管理培训。④蓝天365。蓝天365是由百度联盟发起的联盟会员诚信共建行动，旨在与联盟合作伙伴携手共同营造自律、公平、诚信的合作环境，打造健康联盟产业生态圈。

（2）站长工具。为方便合作伙伴的网站管理员的工作，并提高工作效率，百度公司专门开发了站长工具。具体包括：①百度广告管家，主要帮助互联网媒体进行诸如广告投放、收益优化、定向投放、广告托管、广告数据统计等的广告全方位管理。②百度统计，主要通过网站的流量统计、搜索引擎分析、关键词分析、用户分析等功能，形成相关价值分析报告，帮助站长从多个角度分析网站的流量和用户行为。③百度站长平台。这是百度网页搜索为网站管理员搭建的站长工具和交流平台，提供站点地图、索引量查询、抓取异常、页面优化建议、被黑监测等站长工具，并提供官方资料区及讨论区，第一时间发布网页搜索官方动态及知识，帮助提升网站用户体验，也帮助百度更好完成对网站内容的抓取。

（3）沟通平台。为与伙伴保持良好沟通，百度联盟创立了联盟峰会、《联盟志》以及互联网创业者俱乐部。①联盟峰会。联盟峰会由百度发起，每年召开一次，百度及各领域领先合作伙伴进行沟通交流，加强业界对互联网先进技术及创新业务模式的共享。②《联盟志》。该刊物是百度联盟为会员提供专业行业咨询服务的网络月刊，主流读者包括各大网站站长、软件作者、网吧行业经理人、推广联盟决策者，以及关注行业发展动向的各界人士。③互联网创业者俱乐部。该俱乐部由百度发起成立，旨在帮助互联网创业者健康发展、扶持互联网创新力量、拓展互联网创业者合作与发展空间；为热爱互联网，并有志投身互联网的创业者搭建的非营利平台。

（四）百度公司的联盟伙伴反馈

针对与百度公司的合作，联盟伙伴从不同的角度给予了评价，列举如下：

反馈例1：合作伙伴——58同城网。58同城网是总部设在北京，成立于2005年的一家互联网公司，在多个中心城市设立分公司并在全国320个主要城市开通分站，其业务主要定位于本地社区及免费分类信息服务，帮助人们解决生活和工作所遇到的难题，同时也为商业合作伙伴提供目标消费群体定位、产品与服务展示等服务。

58同城CEO姚劲波表示："百度联盟与58同城之间是一种互助双赢的伙伴关系。2011年度，58同城就给百度带来了百万级的流量，而到了今年（2012年）第一季度，这个数字已经达到了千万级，单季度即实现了十倍以上的增长。与之相对应，在百度联盟的帮助下，58同城在2011年度相比2010年同期的收入增长达到了十倍。"

反馈例2：合作伙伴——太平洋网络集团。太平洋网络集团致力于为中国IT、汽车、游戏、时尚和儿童教育的业界及消费者提供专业服务，旗下拥有太平洋电脑网等六大专业网站和电子商务网站PC购物网。

"太平洋网络集团选择与百度联盟合作的一个重要原因，是百度联盟除了给合作伙伴带来收益，还会帮助我们一起成长。"太平洋网络集团高级副总裁李安云强调，"以百度联盟常青藤计划为例，百度会专门邀请专家教授对互联网公司高层管理者进行系列培训，有的放矢地针对企业管理能力、品牌营销和管理、销售业绩提升等联盟伙伴最关心的问题做出针对性的解答，使我们可以更准确地把握自身需求，实现与百度更顺畅的合作。"

反馈例3：合作伙伴——UC优视。UC优视是创立于2004年的一家移动互联网开放服务平台提供商，公司致力于帮助手机用户快捷上网，构建开放的一站式移动互联网用户服务平台。

UC优视CEO俞永福认为，"创业型企业往往在商业化方面存在不足，所以缩短战线，聚焦在产品上，依靠联盟将产品流量变现，是一个很好的方式；另外，百度已成长为互联网巨头，利用联盟这个平台，提高自己业务能力则是联盟每个成员最大的幸运之处"。

（本节资料来源：腾讯科技新闻 http://tech.qq.com/a/20120524/000187.htm）

二、百度公司的联盟组合分析

（一）百度公司联盟组合的构建分析

联盟组合的构建过程，体现了焦点公司对产业的认知以及对潜在伙伴的价值识别。在互联网行业中，相关价值创造的特点如下：①流量是最有价值的资源。作为专业的搜索网站，搜索业务可以为百度公司带来海量的流量，当用户使用该搜索网站总能得到好的体验（如及时获得满意的搜索结果）时，会形成对该搜索网站的偏好，进而提升该网站的流量。除先进的搜索技术有助于用户的良好体验外，搜索结果内容本身至关重要，而这不是百度公司所能做的，是其他的应用类网站的专长。②流量的转化是价值实现的关键。流量只是反映了网民对网站的浏览量，仅仅是价值创造的基础，如何将流量转化为实际的网民购买收入是互联网企业价值实现的关键。百度公司最主要的收入来源于对客户企业的推广（广告）服务，客户是否愿意来百度投放广告且愿意支付多少，又与客户从该推广渠道获得的销售增长的多少积极相关。对百度来说，一方面是需要大量的且持续增加的有推广需求的客户，另一方面面临如何帮助客户实现其自身网站的流量转化。③企业数量众多且分散，专业化分工日渐明显。作为新兴的有无穷想象空间的行业，互联网行业中充斥着大大小小的各种公司，除一些大型门户或专业型网站外，在互联网行业中从事应用的公司，由于应用领域的多元，因而也表现出极为分散的特点。也因为此，加之以信息技术为支撑的互联网行业天生追求效率，因此公司之间的专业化分工也越来越明显。④竞争激烈。为争夺流量及顾客的战争每天都在网络上上演，尤其在已有一定实力的公司间更为明显。⑤技术发展快，业务模式创新频繁。互联网行业是典型的高新技术行业，从业者追求技术创新以实现产品创新及改良、提高用户使用体验的激情被表现得淋漓尽致，这一方面也加剧了竞争。因为新兴的和竞争的原因，各类企业都在寻求更佳的业务模式，因此也使创新频现。

从互联网行业的特点看，企业要单独依靠自身力量实现价值几乎不可能，必须借助外部的伙伴资源。分析百度公司的发展历程，其表现出了从公司成立早期就认识到了外部伙伴的价值，并且其对伙伴的选择及合作内容充分体现出了价值逻辑、制度逻辑及关系逻辑。

一是价值逻辑的体现。互联网行业中价值实现的逻辑是"流量+应用"。从既有的联盟看，百度公司拥有最大可能的多样化伙伴，这些伙伴规模大小、知名度不一，从全球前五百强企业到一般公司，跨越了多种类行业，从制造业到文化产业，从传统产业到互联网产业。首先，百度公司通过与这些伙伴的合作，扩大了自身资源的价值创造空间。例如，百度与盛大、诺基亚、携程、海尔等的合作，直接将百度的搜索技术运用到伙伴的业务中，进而进入了丰富的行业应用领域。其次，通过与伙伴的合作，百度公司将自身资源与伙伴资源进行整合从而实现了价值创新。例如，百度与福特公司的合作即将双方技术进行整合后开发新产品应用，与中国科学院合作开发"框计算"技术以发展有关的互联网基础技术。

二是制度逻辑的体现。百度公司通过与伙伴的合作行动，塑造了一系列的互联网行业规则，构建出了特定的行业场域。例如，百度公司打造的"百度联盟"体系，将自身的网站推广资源与伙伴们的网站推广资源一起捆绑，利用独特的搜索技术为推广客户实现最精准的投放，使得伙伴、客户及百度公司三方均从中受益，也因而打造出互联网中的价值生态圈，使圈中成员均能享受在位者利益。同时，百度联盟发起名为"蓝天365"的行业诚信自律行动以及名为"联盟·爱"的公益联盟活动，因为这些举措符合社会期望和价值观，又使百度联盟收获了一定声誉。百度联盟这种模式令竞争者模仿，也使圈外组织寻机加入。

三是关系逻辑的体现。从百度公司的联盟形成推断，百度公司正是清晰地认识到了自身作为专业搜索引擎公司的资源局限，才会大力发展与行业应用组织的联盟关系，以突破结构性约束。同时，在与联盟伙伴的互动中，百度公司力求建立透明、公平的规则，并为伙伴开发个性化需求产品，以增强与伙伴之间的互信并履行与伙伴之间的共赢规则。

总之，百度公司联盟组合的伙伴特征表现出了极强的互补性，同时在组合层面数量众多，具有多样性，整个资源组合形成的价值生态圈在互联网行业中具有很强的竞争优势。

（二）百度公司联盟组合的治理分析

焦点公司对联盟组合的治理，直接关系到通过联盟组合进行价值创造的产出。分析百度公司的联盟战略，其联盟成功很大程度上来自其治理机制的逐渐完善，表现如下：

1. 交易治理方面

交易治理是焦点公司与伙伴之间互动的硬规则，规定了双方合作的权利和义务。百度公司会在与伙伴结盟前，尽量地完善契约相关条款，例如，在百度联盟会员注册协议中，除清晰规定了会员的权利和义务外，还专门定义了联盟业务合作规范，在此规范中，以列举的方式尽量明确了联盟所禁止的行为，为健康合作做了行为指引。

2. 关系治理方面

百度公司非常重视与联盟伙伴长期稳定关系的发展，因此在关系治理方面有许多有效举措。例如，在面对伙伴做产品设计时，百度公司会通过搜索技术和后台的行为分析，发现联盟伙伴的需求，同时与伙伴交流，确认需求和真正关注的功能，如百度公司设计的站长工具就很好地满足了伙伴对网站管理的需求。在业务方面，百度公司力求主动为伙伴思考，帮助伙伴从流量创造价值。对涉及伙伴利益的事项，百度更是以透明的方式予以管理以增强伙伴的信任度，如百度提供统计工具，百度联盟成员可以自行记录下由自身网站贡献的有效显示、点击以及由百度服务播放而产生的效果数据，以此作为百度联盟与百度联盟会员结算的依据。此外，一系列的成长计划及沟通机制都有效地提高了百度公司与联盟伙伴之间的关系质量。

3. 知识治理方面

首先，在知识及信息层面的协调方面，百度公司提倡知识分享并建立沟通平台，如其所创立的联盟峰会、《联盟志》以及互联网创业者俱乐部。其中的联盟峰会每年召开，每届大会都会由百度领导人发起一个主题，主要探讨互联网行业的发展趋势，并分享先进技术及创新业务模式。有时，还会每月在线下举办小型沟通会。通常在这样的会议中，百度会专门介绍面向联盟合作伙伴的产品，还有在整个客户营销产品方面的一些思路、布局、战略目标，以及当前所推出产品的具体情况。例如，在2010年的会议就专门分享了有关媒体平台新引擎释放流量价值的内容。在交流中，百度公司还会坦诚剖析问题，例如，在2010年的联盟峰会上，百度公司负责人就对联盟伙伴表示，最近的两三年公司面向客户推出的营销产品没有什么本质的变化，虽然每年都有升级，但是确实在战略思想上及产品特点上没有什么突破性的进展。通过这些平台，百度公司不仅与伙伴进行了信息、知识的分享，也通过这样的活动与伙伴之间加深了理解，从而促进了信任关系的建设。其次，在专有知识的保护方面，百度公司对其专有知识申请了专利，但不吝惜将专有知识积极地应用到与伙伴的合作业务中。

4. 伙伴调整方面

一方面，百度公司始终根据互联网行业的进程以及伙伴情况的变化对伙伴进行调整。例如，随着移动互联网业务的兴起，百度公司很快与移动应用商、终端制造商、运营商结盟，联合开发新市场。另一方面，对不符合联盟规范的伙伴，百度公司会终止与其的合作关系。并且，在百度联盟体系中，百度公司还通过联盟认证对伙伴实现动态管理，例如每半年联盟将根据会员前 6 个月的运营指标综合评定会员的成长认证级别，并为不同认证级别的会员提供不同的专属权益。

5. 联盟管理组织方面

百度公司设立了专门的联盟管理组织。战略合作伙伴部是百度公司专设的用以管理联盟的部门，其职责包括制定战略合作规划如产业战略合作联盟计划、开发及维系战略伙伴、实施联盟管理活动。百度战略联盟平台的设置也是专门的业务合作伙伴管理组织。这些专门组织的设立为合作伙伴提供了一站式合作沟通平台，并广泛接纳各合作伙伴的合作需求，及时响应，协调内部资源，提高合作优先级，建立起快捷的合作沟通机制。

（三）百度公司联盟组合的租金分配分析

焦点公司联盟组合的租金分配关系到焦点公司及其伙伴分别从联盟产生租金中所获取的价值，也是公司参与战略联盟的最终目的。在百度公司的联盟组合中，对一般的伙伴，因为百度公司作为一家知名度颇高的平台公司，拥有核心的搜索引擎技术及其他互联网应用技术，因此在联盟价值的分配中拥有较强的议价力，例如在百度联盟体系中，如何给联盟会员分成以及分成比例的制定几乎都是由百度公司做出的。不过，因为联盟会员在此交易中的投入少、成本低（仅在自己网站嵌入百度提供的代码、贡献部分位置资源），甚至对其来说这种合作只是属于其增值业务部分，因此一般也乐于接受。即便如此，为进一步激励伙伴开放资源以建设长期持续稳定的盈利平台，百度公司近年也逐渐提高了合作伙伴的分成比例。总之，在从联盟组合获取价值方面，联盟伙伴和百度公司都收获了利益。

联盟伙伴从与百度公司的联盟关系得到的好处包括：①品牌展示。目前合作伙伴每天在百度知道平台上获得的品牌展现机会超过 300 万次。百度公司还为伙伴量身打造产品。例如，利用百度知道平台为万车网吸引到大量有明确需求的用户登录到万车网网站，直接提升了其品牌的知名度和影响力。与好大夫在线通过百度知道开放平台进行开放 API 模式合作，提升了问答的效率，同时双方平台实现信息互通，既推广了伙伴，也丰富了百度知道的知识内容。与百度进行数据合作的 766 游戏网，其游戏专家的精彩回答让 766 游戏网在百度知道平台每天的品牌展现机会数以万计；而 178 游戏网则通过 API 合作模式，把沉淀在 BBS 和数据库里面的数据重新挖掘出来，进而被百度知道开放平台收录，最终实现从内容到流量的转化，同时也获得大量品牌展示的机会。②精准定位需求用户。借助百度的搜索技术及相关技术，伙伴可以从流量中筛选出更真实的需求用户，以使广告等资源投放更有意义。③使富余的流量资源产生了价值。借助与百度的联合推广，伙伴公司不仅提升了自身流量，还提高了流量的转化率，在财务绩效上得到了改善。例如，在百度联盟的帮助下，58 同城在 2011 年度相比 2010 年同期的收入增长达到了十倍。

百度公司从联盟组合收获的利益包括：①丰富的知识积累。例如，当前百度知道的知识已经覆盖了 30 多个行业领域、80 多个门类，服务 4.5 亿网民。一个由百度知道开放平台与合作伙伴共建的开放、分享的知识生态圈已初具雏形。②提升流量。百度公司通过与伙伴的合作，也提升了自身流量，从而极大地提升了自身业务如网络广告、搜索竞价排名的收益。③产品持续改进和创新。通过与伙伴的互动，百度获得了用户使用体验的积累和建议，也更加洞悉用户的需求，这推动了其产品的设计和创新。④借伙伴力量推广了技术。2009 年，百度推出全新的框计算技术概念，并基于此理念推出百度开放平台，使第三方开发者可以利用互联网平台自主创新、自主创业；由此也进一步使百度产品增强了在互联网行业中的渗透，包括在新兴的移动领域的扩展，例如，CNNIC《2012 中国网民搜索行为研究报告》数据显示，百度搜索在手机用户中的渗透率达到 96.9%，用户首选率已经达到 88.5%。⑤建立行业规则。事实上，正是借助合作伙伴的力量，相比竞争对手，百度公司无论是技术、产品还是盈利模式都在行业中占据了标杆位置，其联盟所有伙伴构成的互联网生态圈，也建立起了事实上的行业规则。百度的许多盈利模式被互联网其他企业争相模仿。⑥有效对抗竞争对手。百度公司借助联盟组合整合了互联网产业链资源，尤其与互联网终端应用的资源整合覆盖了绝大部分的用户资源，使竞争者难以抗衡。

通过联盟组合战略，百度公司及其伙伴在财务收益上也获得了巨大回报。由表6-2可以看出，百度公司的收入增长非常明显，其伙伴分成也呈上升趋势。按照2011年百度联盟会员50万元、2012年60万元粗算，这些年百度联盟从与百度合作而得的直接分成的平均收益也是增长的。

表6-2 2002—2012年百度公司年度收入及伙伴分成

年份	百度联盟会员伙伴分成/元	同期百度公司年收入/元
2002	413万	—
2003	1 064万	—
2004	1 090万	1.1745亿
2005	2 121万	3.192亿
2006	7518万	8.378亿
2007	2.047亿	17.444亿
2008	4.184亿	31.98亿
2009	6.970亿	44.48亿
2010	7.581亿	79.15亿
2011	10亿	145.01亿
2012	19.3亿	223亿

资料来源：百度百科。

三、百度公司案例启示

百度公司的联盟组合战略被当前的实践证明是成功的，支撑了百度公司持续健康的发展，通过此案例，我们容易得出如下启示：

一是联盟组合确实能够给企业带来更多的发展机会。百度公司的收入来源主要依靠为客户企业进行广告推广，如果仅依靠百度公司的网站，其可以投放推广的位置资源有上限，另外不能覆盖不使用百度搜索网站的广大用户，这使得百度业务的发展存在瓶颈。通过与应用网站的结盟，百度可以在伙伴网站植入自己的搜索产品，使得百度推广的受众面及数量得到极大增加，进而给其拓展出宽广的发展机会。

二是通过联盟组合创造并实现价值是一个系统工程。从伙伴选择、联盟管理到联盟价值分配机制的制定或者获取联盟租金的途径都是实施联盟组合的企业所要统筹考虑的。事实上，百度公司的联盟战略过程并非顺风顺水，公司曾在2006年被合作伙伴起诉恶意点击、恶意屏蔽等问题，使得百度公司的声誉极度受损。后来，百度公司在合作业务中增加透明度，例如在百度联盟中推出供伙伴自行记录有效结算数据的工具，并发起"蓝天365"这样的行业广告诚信联盟活动等，以自我加强治理的方式真实做到与伙伴的共赢发展。在联盟组合的管理中，需要有专门的组织保障和相应的管理工具设计。

三是通过与伙伴的广泛合作，更容易在行业中建立起竞争优势。与产业中的其他经营者一起合作，更有机会塑造产业结构或建立行业制度及规则，并因此建立持续的竞争优势。百度公司正是集结了行业中各种类型的公司，以自身的核心技术为纽带，构建起了以自身为中心平台的产业生态圈或场域，为公司带来持续发展的基础，并以先动者优势对竞争者形成了进入壁垒。

四是通过联盟组合，企业可以最大限度地实现自身资源的最大化。百度公司看似单纯的搜索引擎技术，因为与各行业应用伙伴资源的整合，使业务获得了快速增长，并且将随着互联网业务的扩展而扩展，如当前移动互联网的发展又继续展示出了美好的发展前景。

五是通过合作方式培育未来可能的竞争优势。在百度公司与联合网视的合作中，百度公司以资本合作的方式将旗下百度影视资产注入联合网视，有助于联合网视获得更加强大的竞争优势，百度也将从联合网视的成长中获益。这种合作方式一方面可被看作节省非核心业务营收成本，提升产品利润率，另一方面也被分析家认为可以看作通过技术和资本层面的合作，扶持新兴领域（视频领域）的合作伙伴（新兴企业），以避免在新兴领域被其他运营商全面赶超，在新兴领域条件成熟、商业模式确定时，又能通过资本操作回购这些新兴业务，达成进退皆可的投资战略。

第二节　卡塔尔航空公司的联盟组合演变

从资源视角看，联盟形成可视为创建伙伴资源流入/增加的机制，联盟终止可视为创建合作伙伴资源流出/删除的机制（Chiambaretto et al.,

2019）。卡塔尔航空公司 1993—2010 年的联盟组合演变，很好地体现了焦点企业如何根据不同发展时期自身资源利用水平的变化以及对资源需求的变化，通过调整联盟组合配置以实现战略目标。

一、航空业的基本特点

航空业的运营成本高，其中固定成本以及日常运维成本如飞机折旧和保养、机场设施建设或租用、员工开支等就高于一般行业，可变成本主要发生在燃油消耗上。通常，航班客座率需达到 60% 以上才能覆盖成本。一旦起飞，成本固定，客座率越高则资源利用水平越高，边际收入增加，也才可能有收益。同时一旦航班信息发布，就难以因为售票数量不足以覆盖成本而直接取消航班。加之同行业竞争以及替代性交通方式的存在，航空公司在乘客面前缺乏足够的议价力，因而尽力提高航班客座率以降低成本分摊是航空公司提升财务绩效的途径。航空公司的竞争优势在于航线网络规模。航空业竞争激烈，对乘客决策而言，除了价格和服务因素，航空公司的竞争优势的最关键资源来自其航线网络，目的地越多越具备竞争优势。因而，拓展航线网络规模获取足够丰富的目的地以占领更多市场份额是航空公司的重要发展途径。每家航空公司都有明确控制的目的地资源，包括市场、机场机位、提供陆基服务的能力及其相关知识（Bolivar et al.，2021）。这些资源与未卖出的航班座位一样，未被实际使用时就都形成了公司资源的冗余。而在拓展航线资源方面，因为各国都对本国航权实施管制，所以航空公司拓展航线资源都必须申请得到属地准入并接受运营监管。由于成本高昂，单一航空公司不可能独自建立全球航线网络。

因此，航空公司之间倾向于结成联盟关系，以使相互之间航线网络、票务、值机服务、贵宾候机室及其他服务可以融合起来共享使用。航空业里存在高密度的合作行为，几乎所有航空公司处于某个联盟之中。从发展单一联盟到多个联盟，随着时间的推移，联盟的数量和类型都有所增加。每家航空公司同时与不同数量的合作伙伴保持联盟关系，且近十年，该行业的联盟呈指数级增长，联盟被认为是该行业的特点（Cobeña et al.，2019）。由于全球航空业的运营标准化程度很高，因而航空联盟的一种主要形式就是代码共享。每一家航空公司在国际航空运输协会（IATA）都有唯一编码，简称"航空代码"，用于在各种商业运营中的身份识别。所谓代码共享是指焦点航空公司可以将其代码放在合作伙伴的航班上，一种情况是并不延长自己的航线网络，只是以此共享航班提高座位资源的利用率，避免资源过剩或浪费。另一种情况是合作伙伴飞往的目的地并不在焦点航空公司自己提供服务的范围内，如此一来可以将合作伙伴的航线资源网络与自己的连接起来，从而扩大了自己所提供航线和市场的数量。此种情况使得可以利用代码共享的方式绕过监管，使航空公司向其没有资源能力或交通权/航权的目的地提供服务，从而进入新市场。借助代码共享联盟以扩大航空公司航线版图或市场是常见的运营举措。这种现象最早在20世纪90年代出现，逐渐成为航空业的通行模式。

航空联盟可以分为支线航空公司与干线航空公司之间的联盟、骨干航空公司建立的国内性联盟、多国航空公司建立的全球性联盟等。目前，全球性航空公司联盟有星空联盟、寰宇一家以及天合联盟三家。三大航空联盟的整体收入占全球航空市场65%的份额。这些成员航空公司之间可以做到资源共享，扩大航线网络，使未拥有航线的公司得以快速扩大经营范围。在成本优势方面，各大航空联盟成员可以共用维修设施、运作设备，以降低飞机维护成本。此外，联盟成员还可以联合销售、联合采购燃油，以大大降低运营成本。

产业环境会受到重大事件的影响，这对航空业也不例外。根据 Chiambaretto 和 Fernandez（2016）的研究总结，2001 年震惊世界的 911 事件，造成航空业需求锐减，飞机载运率平均降低了 10 个点，显著阻碍了国际航空公司的增长。大多数航空公司由此减少了运力（航班/座位数量）供给，推迟了新飞机的交付，减少了项目投资，并大幅缩减了员工。例如，美国航空公司宣布，在不到两周的时间内，航空业的工作岗位将减少 10 万个，占六分之一。法国航空公司的平均负荷系数从 2000 年的 85% 下降到 2001 年的 69%，在袭击发生后的几个月里，其经营业绩缩水了 60% 以上。法国航空公司用了五年多的时间才恢复过来，直到 2007 年才达到 911 事件之前的载运率水平。此外，金融危机、疫情管制以及经济下行等都会影响到航空业发展。

二、卡塔尔航空公司联盟组合演变历程

卡塔尔航空公司（Qatar Airways，QR）成立于 1993 年 11 月 22 日，1994 年 1 月 20 日开始正式商业飞行，由卡塔尔部分王室成员控股。1997 年 4 月由一个新的管理团队获得卡塔尔航空公司管理权。在案例选择期内，卡塔尔航空公司一直是世界上增长最快的航空公司之一，其乘客增长率达到了 35%，并在成立后的短短 15 年内，已快速成长为该行业的领先公司之一。卡塔尔航空于 2013 年加入寰宇一家联盟，这发生在案例描述期外，有利于消除全球性航空联盟给其带去的混淆效应（Lazzarini，2007），以便更好观察由卡塔尔航空主动发起联盟组合战略从而促进了自身快速成长。

卡塔尔航空公司在 1993 年至 2010 年经历了三个不同的阶段（见表 6-3），每个阶段都以公司历史上的一个主要转折点为特征，分别对应生命周期的三个阶段：初期发展、快速成长以及成熟生长。在案例期，QR 从完全靠租赁其他公司机队开始，逐渐发展到成为在全球市场有影响力的公司，航空公司的关键资源体现在航线网络和机队，航线网络由目的地资源构成。卡塔尔航空可以利用的资源包括自有资源和伙伴资源，后者来自与其有代码共享合作协议的联盟伙伴。QR 的联盟主要是两种类型（Wassmer et al.，2017；Chiambaretto et al.，2019）：一种是效率提升联盟，代码共享目的是通过提高特定航班的容量利用率（载运率）来减少过剩资源容量，但并不延长 QR 的航线网络；另一种是产品市场拓展联盟，通过允许卡塔尔航空将其代码放在合作伙伴飞往 QR 不提供服务的目的地的航班上，将合作伙伴的航线网络连接起来，从而扩大卡塔尔航空的航线和市场的数量。

从航线资源部署来看，可以由 QR 单独部署或与伙伴共享部署。从 QR 可利用资源来看，具体有三种资源来源：一是单独部署的自有资源，即由 QR 自己完全单独经营某条航线或航班；二是利用效率提升联盟共享部署的共享资源；三是利用产品市场拓展联盟获取的伙伴航线网络资源，QR 以此与自身航线网络相连接，自有资源并不参与部署。

表 6-3　卡塔尔航空战略与组织演变（1993—2010 年）

类别	阶段 1（1993—2002 年）		阶段 2（2003—2005 年）	阶段 3（2006—2010 年）
战略与组织	阶段 1a：诞生	阶段 1b：重出发	快速成长	成熟生长
地理范围（包括通过联盟到达的目的地）	目的地从 1993 年的 0 个发展到 1996 年的 28 个（分布于欧洲、中东及印度）	目的地从 1997 年的 18 个发展到 2002 年的 41 个，增加了 23 个（分布地在欧洲、中东基础上增加了亚洲）	目的地从 2003 年的 48 个发展到 2005 年的 80 个，增加了 32 个（分布于欧洲、中东、非洲、亚洲）	目的地从 2006 年的 92 个发展到 2010 年的 170 个，增加了 82 个（分布地在欧洲、中东、亚洲、非洲、美国基础上，扩展到整个南美洲和北美洲，并增加了澳大利亚）
雇员数	从 1994 年的 75 人到 1996 年的 630 人，增加了 7.4 倍	从 1997 年的 735 人到 2002 年的 2 370 人，增加了约 2.22 倍	从 2003 年的 3 037 人到 2005 年的 5 435 人，增加了近 79%	从 2006 年的 7 402 人到 2010 年的 10 786 人，增加了约 45.7%
机队规模	从 1994 完全靠租赁机队到 1996 年开始自有 1 架飞机	从 1997 年的 2 架飞机到 2002 年的 16 架，增加了 14 架	从 2003 年的 17 架飞机到 2005 年的 38 架，增加了 21 架	从 2006 年的 38 架飞机到 2010 年的 86 架，增加了 48 架
服务定位	只提供基本服务	1997 开始在服务方面进行改革，到 2002 年，形成了标准化服务体系	该阶段聚焦于服务品质的改善	该阶段持续聚焦于服务品质的提升
乘客数	从 1994 年的 12.4 万人到 1996 年的 44 万人，增加了近 2.55 倍	从 1997 年的 64.6 万人到 2002 年的 230 万人，增加了 2.56 倍	从 2003 年的 310 万人到 2005 年的 600 万人，增加了近 94%	从 2006 年的 710 万人到 2010 年的 1 200 万人，增加了 69%
奖项和认证	无	自 1997 年成为 IATA 会员，自 2002 年成为卡塔尔国内旗帜性航空公司	2003 年通过 IATA-IOSA 认证的第一家航空公司，2004 年获 Skytrax 颁发的五星卓越奖	每年获 Skytrax 颁发的五星卓越奖

资料来源：CHIAMBARETTO P，WASSMER U. Resource utilization as an internal driver of alliance portfolio evolution：The Qatar Airways case（1993—2010）［J］. Long Range Planning，2019，52（1）：51-71.

（一）阶段1（1993—2002年）：初期发展

该阶段，卡塔尔航空从起初的类似于发展包机业务的公司到重新定位发展战略。基于实现业务增长需要的资源支撑，其将联盟要素加入了发展战略，也在联盟行动中嵌入了战略意图。初试联盟，并尝到甜头，为全面实施联盟组合战略奠定了基础。在阶段1末，2002年，卡塔尔航空运送了230万乘客，目的地达到41个，聚焦于欧洲、中东以及亚洲市场区域。

阶段1细分为阶段1a和阶段1b。

1. 阶段1a（1993—1996年）

卡塔尔航空成立伊始，没有任何工作人员或飞机，其第一次飞行采取的是湿式租赁方式（wet lease），即完全从别的航空公司包机。虽然经营中卡塔尔航空采用了扩张航线网络战略，可以飞往许多城市，但没有任何定期航班或发班频率，更像一家包机业务经纪公司，被行业专家评价认为这一战略没有真正意义。由于缺乏定期航班，几乎不可能达成代码共享协议，因此缺乏任何联盟活动和合作伙伴资源。1996年10月，QR的股东要求CEO离职。

2. 阶段1b（1997—2002年）

1997年4月，一个新的管理团队获得卡塔尔航空公司管理权，并启动了一项重大重组（结构、机队和航线网络）和身份计划（标志和乘务员制服）。新任首席执行官阿克巴尔·贝克（Akbar Al Baker）决定停止前一时期的航线扩张，对当时所有航线的可行性进行了仔细审查，以专注于航空公司的核心业务。最终，航空公司50%的航线被暂停，服务的目的地数量减少到三个地区的15个。航线网络的结构也从点对点系统变为中心辐射系统。

在1b阶段，一方面，QR发现自有目的地资源即便有高利用率，也无法在区域市场如欧洲市场提供无缝服务。另一方面，QR并不考虑增加机队规模，因为会大增成本。由是，QR开始与其他公司进行合作。德国汉莎航空是QR选择的第一个联盟伙伴，原因在于欧洲的市场规模和收入潜力以及汉莎在欧洲市场的声誉。与汉莎的联盟为QR提供了前往更多目的地的机会，但主要是让QR提高多哈与德国城市之间航线的客座率，使自有资源在德国市场的产能利用率（负荷系数）得以提高。QR意识到，联盟可以帮助其加快成长，同时将资源运营成本降至最低。此时联盟的主要目标是提高现有航线的负荷系数，并在可能的情况下扩展目的地网络。

在阶段1，为了实现增长目标，虽然新CEO暂停了原有一些航线，但在新聚焦的区域内，又决定增加新航线并增加航班频率。从表6-3可以看到，目的地的数量从1993年的0个增加到2002年的41个，均由QR运营并完全依赖于发展单独部署的自有资源。由表6-4可以看到，此阶段QR新增了54条路线（或资源）。在这54种资源中，49种（91%）是QR单独部署的资源，而2种（4%）是通过效率提升联盟联合部署，通过产品市场拓展联盟获得了3种资源（5%）。起初由于目的地每周只提供一次服务，QR的资源利用率（载运率）足够高，足以支付固定和可变成本。然而，对于一些目的地，当频率增加时（例如，每周2或3次航班），运力利用率会显著下降。这时，QR也不得不考虑利用效率提升联盟来共享资源。

由于调整了战略，新战略目标清晰、将资源聚焦于特定区域市场、成本控制得当，一改最初不规范的运营模式来摆脱经营困境，QR首先在本国航空业获得竞争优势，在2002年年底正式取代海湾航空成为卡塔尔的航空旗帜企业。

（二）阶段2（2003—2005年）：加速发展

此阶段，QR进入了越来越多的市场，加快了发展步伐。其虽然增加了机队规模，但得益于与汉莎航空合作习得的联盟经验，开始在全球范围内更广泛地采用联盟策略，借助合作伙伴资源实现高速发展。在此阶段，QR实现了不低于22%的年增长率。在阶段2末2005年运送乘客达600万人，目的地达到80个，覆盖欧洲、中东、亚洲及非洲。

QR利用战略联盟，将合作伙伴资源与自有资源进行整合、联合部署航线，突破自有不足资源约束或充分发挥自有过剩资源价值。其联盟战略采取在不同区域市场、基于不同目的分别建立不同类型联盟继而实现组合收益，关注效率、严格控制成本。当自有资源不足以单独部署时，就借助合作伙伴资源联合部署。当自有资源足以驾驭单独部署且能带来更高收益时，就会果断结束联盟关系。

QR每年都会通过推出新路线和进入更远的市场来开发自己的新资源。在进入新的国家市场时，QR会选择一家当地航空公司结盟，着重于聚焦专有航线。例如，2003—2004年，QR通过飞往上海和北京的航班进入中国。几乎每一次进入一个新的国家，QR会与当地合作伙伴建立联盟，以处理运力问题，同时受益于合作伙伴在目标国家的形象，其联盟目的非常明确，一是推进国际扩张，二是同时保持盈利的载运率。但 QR 的联盟策略做法被评估为极具侵略性，主要源于虽然联盟中的大多数旨在提高载运率，但 QR 还组建了一些产品市场拓展联盟，通过将自己与合作伙伴的网络联系起来，并向其客户提供新产品和/或市场，以获取互补资源。此阶段新增资源中有 8 个通过产品市场拓展联盟访问的网络资源，占新增资源的 18%。

为了积极推进对国际市场的扩张，QR 不断完善自身的资源结构。在增加可利用资源方面，一方面，增 QR 加自有资源规模，如增加飞机补充运力，增加新国际航线；另一方面，QR 又对如何部署（单独还是共享）自有资源进行决策。例如在运力增加后，可能由于评估偏差以及在新市场还不具备知名度，某些航线上的实际资源利用水平低于预期水平，且这种较低的利用率水平未能覆盖与这些资源相关的固定成本。于是，QR 将资源的部署模式从单独部署改为共享部署，利用效率提升联盟与伙伴进行联合部署。例如，多哈—上海航线最初是单独的，而在 QR 意识到无法达到其负荷系数目标时，通过与中国国际航空公司的效率提升联盟共享。一位 QR 经理介绍了这段时期的做法，"此时的联盟战略如下：网络不断增长，每次我们到达一个新的国家，我们都试图与国家航空公司合作，即使有时他们不想与我们合作。这个想法并不是为了增加我们的'超越'（目的地数量），而是为了在国际航线上实施代码共享协议。这时的卡塔尔航空公司是一家小型航空公司，名气不大，我们不得不尝试利用合作伙伴的声誉来填补我们的航班"。大多数协议是针对往返该国的国际航线签订的，以提高 QR 的负荷系数，否则 QR 无法单独支付其固定成本。在这一阶段，联盟战略旨在通过效率提升联盟提高 QR 在国际航班上的资源利用率。同样，在多哈-突尼斯线路上也建立了这样的一个效率提升联盟。QR 在阶段 2 新增的 44 个资源中，17 个资源为单独部署的自有资源（39%），而以效率提升联盟方式联合部署的自有资源成为开发资源的最大手段，其中 19 个资源（43%）以这种方式创建。

QR 对自己的联盟战略意图始终保持清醒，善于通过联盟关系了解新市场，最终独立在新市场发展业务。据一位 QR 经理表示，"这些代码共享协议中最大的一部分是区块空间协议，QR 将固定数量的席位出售给负责销售他们从我们手中购买的席位的合作伙伴。这不仅是我们达到最低容量的好方法，而且还可以降低我们的商业风险"。此外，正如一位行业专家所强调的，这些提高效率的联盟也帮助 QR 获取了一些市场知识："如果你以中国市场为例，卡塔尔航空公司起初对中国了解不多，中国消费者也不了解他们。一旦卡塔尔航空公司与中国国际航空公司签署了这一合作伙伴关系，卡塔尔航空就利用这一合作机会，尽可能多地吸收有关中国市场的知识以及当地消费者的习惯。"

在第二阶段，QR 创建的大多数联盟旨在解决产能过剩问题，同时吸收尽可能多的关于这些新市场的知识。

（三）阶段 3（2006—2010 年）：成熟生长

该阶段，卡塔尔航空的主要目标是成为一家真正的全球航空公司，这意味着增长会追求稳健，占有更多国际市场份额以及形成"完美"的航线网络配置成为重点关注。但此时卡塔尔航空对联盟组合战略的运用已更为"得心应手"，在是否构建联盟、构建什么类型的联盟、如何部署资源、如何调整合作关系以重构高效率联盟组合等方面，已然形成组织惯例。对联盟组合战略的"擅用"助力其稳步迈入成熟生长阶段。在阶段 3 末 2010年运送乘客规模达到 1 200 万人，是阶段 2 末的 2 倍，同时目的地增长到170 个，覆盖了 7 个航空业主要区域。

无论对哪类产品或服务市场，美国市场都有举足轻重的影响。QR 于2006 年首次飞往美国，从而获得了"全球航空公司"的地位。此时，QR开发新目的地的速度开始降下来，虽然仍在持续增加新目的地数量，但并不如追求高速增长的阶段 2 时期那么急迫。在伙伴选择方面，随着在国际航空业中市场声誉和市场地位的不断提高，QR 对潜在合作伙伴的吸引力大增，其对伙伴的议价力也得到提升，使其越来越能够在将进入的市场和航线中进行选择，或者在与其合作的合作伙伴中进行再度选择。

在全球扩张方面，QR 多策并举以完善其国际航线网络配置，例如增加现有航线的航班频率、服务于二级城市以及组建新的和/或终止现有联盟。2009 年，QR 将多条欧洲航线的航班频率提高了 40%，同时在美国、印度和澳大利亚开设了新航线。QR 继续谨慎地扩大其航线网络，这种持续增长得到了其联盟组合和资源存量配置的转变的支持。

这一阶段还出现了大量的联盟终止，五年内终止了八次，2008 年终止了六次。终止的大多数属于效率提升联盟，如与中国国际航空公司或意大利航空公司的联盟。对此，一位 QR 经理解释道："我们必须理解这些联盟背后的原因。一开始，我们创建了一个联盟，并与合作伙伴合作。但是，如果流量增加并覆盖了我们的成本，从而如果我们单独运营这条路线，我们的收入可以增加，那么我们决定放弃合作伙伴，直接为市场服务。"另一位经理则介绍得更为详细："最初，这些联盟的目标是提高这些国际航线的客座率。然而，现在，情况已经发生了变化，因为我们有了更好的声誉。例如，与 A 航空公司在飞往 Y 城市的航班上合作，当 A 航空公司出售我们航班上的座位时，它会获得佣金。当我们无法填满飞机时，这很好，因为这些座位实际上是我们的额外收入。但现在我们有了良好的声誉，我们可以自己填满座位，合作伙伴的佣金代表了我们的收入损失，因为我们可以以更高的价格出售座位。因此，一旦我们在一个国家有了足够好的声誉，可以自己填满座位，我们就不再需要这种伙伴关系。"随着 QR 成为一个主要的行业参与者，它对合作伙伴的议价能力增强，对其中一些合作伙伴的依赖性降低。当发现对其中一些效率提升联盟航线，如果其单独部署会赚更多时，QR 就会在没有承担过大风险的情况下，重新谈判之前的协议。如果合作伙伴无法满足 QR 的新期望，则联盟终止。在此之后，QR 的合作伙伴数量从 2006 年的 15 个减少到 2010 年的 10 个，QR 继续在不同类型的联盟之间转换。因此，在上一个时期结束时，产品市场拓展联盟变得比效率提升联盟更为主导，而效率提升联盟此前更为突出。

在资源建设方面，QR 加大了扩张范围和力度，增加了大量航线资源，其中大多数资源增加是通过产品市场拓展联盟获得的合作伙伴资源。随着 QR 试图到达更远的目的地，对相关利润和资源利用率的预期水平降低。对于某些特定市场，单独运营这些航线是不盈利的。例如，尽管 QR 已经通过与汉莎航空的代码共享协议服务于美国市场，但 QR 在 2007 年获得了在没有合作伙伴的情况下往返美国的交通权。然而，与 QR 在其他国家的战略相反，QR 决定与当地合作伙伴建立产品市场拓展联盟为二级城市提供服务，以增加其在该国其他地区的影响力。QR 经理以美国市场为例做了解释。在 QR 看来，美国到处都有大量的小流量，其航空枢纽由多个航班组成，每次只有少数乘客，因为 QR 没有足够的交通权或乘客量来填补飞往美国二级城市的航班，所以必须采取与当地合作伙伴合作的策略。总之，在阶段 3，87 个资源被添加到 QR 的资源库中。在这些资源中，65 个（74%）是通过产品市场拓展联盟获得的。相比之下，只有 11 个资源（12%）被创建为单独部署的自有资源，11 个资源（14%）作为自有资源被增加进由效率提升联盟进行联合部署。QR 认为，如果有一个国家的代码共享协议很重要，那就是美国。

简而言之，卡塔尔航空将联盟组合作为解决特定航线上能力问题的手段，在生命周期的不同阶段采用不同类型的资源结构机制，其调整的关键驱动因素来自对资源利用的优化，即始终力图保持高的资源利用水平。在生命周期的第一阶段，即发展初期，卡塔尔航空公司广泛依赖单独部署的自有资源。然后，在第二阶段，即高速发展期，由于其获取的资源利用水平较低，为了促进增长并拓展国际市场，变得有必要逐渐增加自有资源，但通过效率提升联盟进行联合部署以覆盖相关固定和可变成本。在最后一个阶段，即成熟发展期，随着公司开始以更低的预期利用率和利润到达更远的目的地，卡塔尔航空通过增加以产品市场拓展联盟获得的合作伙伴资源来完善其网络发展。

在发展过程中，当资源利用率足够高时，可以产生可观收入，因而可以选择创建单独部署的自有资源，资源利用率中等时，既开发自有资源，也通过效率提升联盟来部署自有资源。当资源利用水平非常低时，没能产生足够收入以支付成本，此时则放弃拥有资源（如不开发目的地资源），而是通过产品市场拓展联盟实现对网络资源的获取利用（将自己的代码放到伙伴航班上）。

卡塔尔航空资源构建机制的演变见表6-4。

表6-4　卡塔尔航空资源构建机制的演变（1993—2010年）　单位：个

| 资源构建机制 | 资源构建内容 | 阶段 1 | | | 阶段 2 | 阶段 3 |
		阶段 1a	阶段 1b	总计		
资源增加	单独部署的自有资源 示例：2009年增加了QR单独部署的多哈—墨尔本航线	28	21	49	17	11
	通过效率提升联盟联合部署的自有资源 示例：2004年增加了QR运营的多哈—突尼斯航线，提高了与突尼斯航空公司的代码共享效率	0	2	2	19	11
	通过产品市场拓展联盟获取的合作伙伴资源 示例：2005年在扩大代码共享的产品市场上增加了几个使用全日空运营航班的日本二级城市	0	3	3	8	65

表6-4(续)

资源构建机制	资源构建内容	阶段1			阶段2	阶段3
		阶段1a	阶段1b	总计		
资源删除	单独部署的自有资源 示例: 2009年删除多哈—那格浦尔路线（QR私人部署）	0	13	13	0	0
	通过效率提升联盟联合部署的自有资源 示例: 2005年删除多哈—基辅航线（由QR运营，以提高与乌克兰国际航空的代码共享效率）	0	0	0	1	0
	通过产品市场拓展联盟获取的合作伙伴资源 示例: 2009年，英国英伦航空在产品市场中运营的多哈—曼彻斯特—爱丁堡航线被删除代码共享	0	0	0	0	2
资源部署模式更改	自有资源：从单独部署到共享部署 示例: 多哈—上海航线由QR自行部署，然后改为与国航共享提高效率的代码	0	1	1	0	3
	自有资源：从共享部署到单独部署 示例: 多哈—罗马航线自2003年起通过与意大利航空的效率提升代码共享进行部署，2008年后由QR自行运营	0	0	0	3	12
资源替换	用通过产品市场拓展联盟获得的合作伙伴资源替换单独部署的自有资源 示例: 本例无	0	0	0	0	0
	用单独部署的自有资源替换合作伙伴资源 示例: 加鲁达（途经雅加达）在产品市场运营的多哈—新加坡航线在QR自行部署之前扩展了代码共享	0	0	0	0	5
	通过效率提升联盟联合部署的自有资源与通过产品市场拓展联盟获得的合作伙伴资源的替代 示例: 本例无	0	0	0	0	0
	将通过产品市场拓展联盟获得的合作伙伴资源替换为通过效率提升联盟部署的自有资源 示例: 汉莎航空公司（经法兰克福）在产品市场运营的多哈—华盛顿航线扩大了代码共享，直到被与联合航空公司合作的效率提升联盟取代	0	0	0	1	0

资料来源：CHIAMBARETTO P，WASSMER U. Resource utilization as an internal driver of alliance portfolio evolution：The Qatar Airways case（1993—2010）[J]. Long Range Planning, 2019, 52（1）：51-71.

卡塔尔航空联盟组合演变概况见表6-5，其间随时间推移的资源部署模式改变及资源替换见表6-6。从表6-5和表6-6中可以看到，卡塔尔航空利用资源增加、资源删除、资源部署模式更改以及资源替代等方式不断优化可利用资源组合。卡塔尔在发展初期主要依赖自有资源的单独部署，在高速发展期则大量增加与合作伙伴的共享部署以促成有效率地快速扩张。随着时间的推移及自己在新市场的影响力日益增长，QR将共享部署改为单独部署以提升收益，同时对收益过低的市场区域不再部署自有资源，而是利用产品市场拓展联盟获取伙伴资源，以此仍可做到对可利用航线资源网络的完善。这种策略可以成功可能也源于航空业里所谓创新更多为开发利用型创新，极少出现探索型创新，这可能是由航空业标准化程度高、运营有巨大成本压力以及竞争优势主要体现在市场占有份额方面决定的。

表 6-5 卡塔尔航空联盟组合演变概况（1993—2010 年）

联盟组合特征	阶段 1		阶段 2	阶段 3
	阶段 1a：诞生	阶段 1b：重出发	快速成长	成熟生长
伙伴数量	1993：无伙伴	1997：无 2002：3 个 增加了 3 个	2003：6 个 2005：14 个 增加了 8 个	2006：15 个 2010：10 个 减少了 5 个
联盟类型	无联盟活动	有限数量的效率提升联盟	主要为效率提升联盟	主要为产品市场拓展联盟
通过联盟到达的目的地数量（个）及比例	1993 年：0(0%) 1996 年：0(0%)	1997 年：0(0%) 2002 年：3(7.33%)	2003 年：3(6.2%) 2005 年：11(13.8%)	2006 年：16(17.4%) 2010 年：70(41.2%)
联盟形成数量（按时间顺序）	无	3 个效率提升联盟（汉莎航空、孟加拉国航空、马来西亚航空）	14 个效率提升联盟（名略）、2 个产品市场拓展联盟（英国英伦航空、全日空航空）	1 个效率提升联盟（韩亚航空）、2 个产品市场拓展联盟（联合航空、美国航空）
联盟终止数量	无	无	3 个效率提升联盟（俄罗斯国际航空、孟加拉国航空、乌克兰航空）	8 个效率提升联盟（名略）

资料来源：CHIAMBARETTO P, WASSMER U. Resource utilization as an internal driver of alliance portfolio evolution：The Qatar Airways case（1993—2010）[J]. Long Range Planning, 2019, 52（1）：51-71.

表 6-6　随时间推移的资源部署模式改变及资源替换

类别	阶段 1	阶段 2	阶段 3
资源部署模式更改（从共享到私有）	0	3	12
用单独部署的自有资源替换伙伴资源	0	0	5
用通过效率提升联盟部署的自有资源替换通过产品市场拓展联盟获取的伙伴资源	1	1	0
总计	0	4	17

资料来源：CHIAMBARETTO P，WASSMER U. Resource utilization as an internal driver of alliance portfolio evolution：The Qatar Airways case（1993—2010）［J］. Long Range Planning, 2019, 52（1）：51 －71.

三、卡塔尔航空公司联盟组合演变启示

卡塔尔航空公司案例展示了焦点企业以资源利用水平作为联盟组合随时间演变的驱动因素的作用（Chiambaretto et al., 2019）。通过联盟组合管理以进行资源管理对企业创造价值来说至关重要。根据资源基础理论以及资源依赖理论，企业在发展过程中一方面依赖自有资源的价值性、稀缺性、不可替代性建立竞争优势，在发展过程中还要继续巩固以及提升这种竞争优势。另一方面，企业仅依赖自有资源往往是不足的，或在量上或在种类上，还需要从外部获取，获取的考量涉及可得性与交易成本。通过与不同伙伴结盟、形成联盟组合来获得广泛的网络资源，是企业超越资源基础观以构建新竞争优势的基础，企业只需要对这些内外部资源做好恰当的结构性整合管理。

如何充分发挥自有资源的价值，以及如何聪明地撬动其他组织的价值资源，是联盟组合战略可以充分发挥作用的方面。卡塔尔航空正是通过在其联盟组合中不断添加、替换以及删除不同合作伙伴及其资源，构建适应性的资源组合结构，最终实现了其国际化战略目标。在此过程中，卡塔尔航空在其明晰的战略目标导向下，始终关注其资源利用水平的变化，并以此作为联盟组合调整策略的指针。具体而言，卡塔尔航空根据其资源利用水平来决策是创建自有资源还是利用不同部署模式的网络资源来保持盈利，在其生命周期的不同阶段，资源利用水平会发生变化，企业据此通过调整资源结构以优化资源利用（Chiambaretto et al., 2019）。

简而言之，该案例给予企业如下启示：①企业在利用联盟关系创造价

值过程中，有必要对资源利用水平重点关注。资源利用水平是实现资源利润最大化的关键因素（Penrose，1959；Wu，2013）。通过联盟关系开发冗余资源价值，通过联盟以及联盟组合可以使自有资源获得最佳利用水平，使焦点企业私有价值实现最大化。②单纯依赖自有资源创建难以有效率地实现高速增长，借用外部伙伴资源可以快速有效且低成本地进入新市场，使焦点企业与合作方都能获得额外收益。选择有声誉伙伴进行结盟，有利于利用合作伙伴声誉建立焦点企业在新市场的认知度并逐渐提升影响力。③在联盟合作过程中，同时学习和吸收当地市场知识，以增强和丰富自身的知识资源。在自有资源较弱时，借助伙伴资源促进增长和增加影响力，力图不断增强对潜在伙伴的吸引力以及合作租金分配中的议价力。④保持对联盟组合的动态调整，根据发展中不同生命周期的资源需求变化，通过适时调整合作伙伴以及调整自有资源与伙伴资源的组合结构，以使联盟组合配置不断优化，促进战略目标的充分实现。⑤最为重要的是，就战略性有效管理联盟组合而言，不仅需要战略目标清晰，而且对联盟组合战略实施一定要建立反馈机制，以保证战略实施对战略目标达成的调适性，例如本例持续以对资源利用水平的评估来作为联盟组合调整的依据。

（除文中标注引用外，本案例改编自 Chiambaretto 和 Wassmer，2019）

参考文献

ADNER R, HELFAT C E, 2003. Corporate Effects and Dynamic Managerial Capabilities [J]. Strategic Management Journal, 24 (10): 1011-1025.

ADNERL R, KAPOOR R, 2010. Value Creation In Innovation Ecosystems: How The Structure Of Technological Interdependence Affects Firm Performance In New Technology Generations [J]. Strategic Management Journal, 31 (3): 306-333.

AHUJA G, 2000a. Collaboration networks, structural holes, and innovation: A longitudinal study [J]. Administrative science quarterly, 45 (3): 425-455.

AHUJA G, 2000b. The duality of collaboration: Inducements and opportunities in the formation of interfirm linkages [J]. Strategic management journal, 21 (3): 317-343.

AHUJA G, SODA G, ZAHEER A, 2012. The genesis and dynamics of organizational networks [J]. Organization science, 23 (2): 434-448.

AKBAR ZAHEER, GEOFFREY G, 2005. Benefiting from network position: firm capabilities, structural holes, and performance [J]. Strategic Management Journal, 26 (9): 809-825.

ALAN M, 2002. Rugman, Alain Verbeke. Edith Penrose's Contribution To The Resource-Based View of Strategic Management [J]. Strategic Management Journal, 23 (8): 769-780.

AL-LAHAM A, AMBURGEY T L, BATES K, 2008. The dynamics of research alliances: examining the effect of alliance experience and partner characteristics on the speed of alliance entry in the biotech industry [J]. British Journal of Management, 19 (4): 343-364.

ALMOBAIREEK W N, ALSHUMAIMERI A A, MANOLOVA T S, 2016. Building entrepreneurial inter-firm networks in an emerging economy: the role of cognitive legitimacy [J]. International Entrepreneurship and Management Journal, 12: 87-114.

AL-TABBAA O, LOPEZ C, KONARA P, et al., 2021. Nonprofit organizations and social-alliance portfolio size: Evidence from website content analysis [J]. Industrial Marketing Management, 93: 147-160.

ANAND B N, KHANNA T, 2000. Do firms learn to create value? The case of alliances [J]. Strategic management journal, 21 (3): 295-315.

ANDREVSKI G, BRASS D J, FERRIER W J, 2016. Alliance portfolio configurations and competitive action frequency [J]. Journal of Management, 42 (4): 811-837.

ANDREW C, 2000. Learning Through Joint Ventures: A Framework of Knowledge Acquisition [J]. Journal of Management Studies, 37 (7): 1019-1044.

ARDITO L, PERUFFO E, NATALICCHIO A, 2019. The relationships between the internationalization of alliance portfolio diversity, individual incentives, and innovation ambidexterity: A microfoundational approach [J]. Technological Forecasting and Social Change, 148: 714.

ARINO A, DE LA TORRE J, 1998. Learning from Failure: Towards An Evolutionary Model Of Collaborative Ventures [J]. Organization Science, 9 (3): 306-325.

ARORA A, BELENZON S, PATACCONI A, 2021. Knowledge sharing in alliances and alliance portfolios [J]. Management Science, 67 (3): 1569-1585.

ARORA A, BELENZON S, PATACCONI A, 2021. Knowledge sharing in alliances and alliance portfolios [J]. Management Science, 67 (3): 1569-1585.

ASGARI N, SINGH K, MITCHELL W, 2017. Alliance portfolio reconfiguration following a technological discontinuity [J]. Strategic Management Journal, 38 (5): 1062-1081.

BAE J, INSEAD M G, 2004. Partner substitutability, alliance network structure, and firm profitability in the telecommunications industry [J]. Academy of Management Journal, 47 (6): 843-859.

BAKER T, MINER A S, EESLEY D T, 2003. Improvising Firms: Bricolage,

Account Giving and Improvisational Competencies in the Founding Process [J]. Research Policy, 32 (2): 255−276.

BAKER T, NELSON R E, 2005. Creating Something From Nothing: Resource Construction Through Entrepreneurial Bricolage [J]. Administrative Science Quarterly, 50 (3): 329−366.

BAMFORD J, ERNST D, 2002. Managing an alliance portfolio: large companies often have dozens of alliances and little idea how they are performing [J]. The McKinsey Quarterly: 29−40.

BAMFORD J, GOMES−CASSERES B, ROBINSON M, 2003. Mastering Alliance Strategy: A Comprehensive Guide to Design, Management and Organization. [M] San Francisco, CA: Wiley.

Barney J, 1991. Firm resources and Sustained Competitive Advantage [J]. Journal Of Management, 17 (1): 99−120.

BARRINGER B R, HARRISON J S, 2000. Walking a tightrope: Creating value through interorganizational relationships [J]. Journal of management, 26 (3): 367−403.

BAUM J A C, CALABRESE T, SILVERMAN B S, 2000. Don't go it alone: Alliance network composition and startups' performance in Canadian biotechnology [J]. Strategic management journal, 21 (3): 267−294.

BECKMAN C M, HAUNSCHILD P R, PHILLIPS D J, 2004. Friends or strangers? Firm−specific uncertainty, market uncertainty, and network partner selection [J]. Organization science, 15 (3): 259−275.

BECKMAN C M, SCHOONHOVEN C B, ROTTNER R M, et al., 2014. Relational pluralism in de novo organizations: boards of directors as bridges or barriers to diverse alliance portfolios? [J]. Academy of Management Journal, 57 (2): 460−483.

BERTHON P, PITT L F, EWING M T, et al., 2003. Norms and Power in Marketing Relationships: Alternative Theories and Empirical Evidence [J]. Journal of Business Research, 56 (9): 699−709.

BLAU P, 2017. Exchange and power in social life [M]. Routledge.

BLYLER M, COFF R W, 2003. Dynamic Capabilities, Social Capital, and Rent Appropriation: Ties That Split Pies [J]. Strategic Management Journal, 24

(7): 677-686.

BLYLER M, COFF R W, 2003. Dynamic capabilities, social capital, and rent appropriation: Ties that split pies [J]. Strategic management journal, 24 (7): 677-686.

BOGERS M, CHESBROUGH H, MOEDAS C, 2018. Open innovation: Research, practices, and policies [J]. California management review, 60 (2): 5-16.

BOLIVAR L M, CASTRO-ABANCÉNS I, CASANUEVA C, et al., 2021. Network resource mobilisation limitations and the alliance portfolio network [J]. Baltic Journal of Management.

BORT S, OEHME M, ZOCK F, 2014. Regional networks, alliance portfolio configuration, and innovation performance [M] //Understanding the Relationship Between Networks and Technology, Creativity and Innovation. Emerald Group Publishing Limited, 13: 229-256.

BOS B, FAEMS D, NOSELEIT F, 2017. Alliance Concentration in Multinational Companies: E Xamining Alliance Portfolios, Firm Structure, and Firm Performance [J]. Strategic Management Journal, 38 (11): 2298-2309.

BOUCHARD M, RAUFFLET E, 2019. Domesticating the beast: a "resource profile" framework of power relations in nonprofit-business collaboration [J]. Nonprofit and Voluntary Sector Quarterly, 48 (6): 1186-1209.

BOUNCKEN R B, FREDRICH V, 2016. Business model innovation in alliances: Successful configurations [J]. Journal of Business Research, 69 (9): 3584-3590.

BRADACH J L, ECCLES R G, 1989. Price, Authority, and Trust: From Ideal Types to Plural Forms [J]. Annual Review of Sociology (1): 97-118.

BRANDENBURGER A M, STUART H W, 1996. Value-based business strategy [J]. Journal of economics & management strategy, 5 (1): 5-24.

BRIAN S, JOEL A C, 2002. Alliance-Based Competitive Dynamics [J]. Academy of Management Journal, 45 (4): 791-806.

BRICKSON S, 2007. Organizational Identity Orientation: The Genesis of The Role of The Firm And Distinct Forms of Social Value [J]. Academy of Management Review, 32 (3): 864-888.

BROUTHERS K D, BROUTHERS L E, WILKINSON T J, 1995. Strategic alliances: Choose your partners [J]. Long range planning, 28 (3): 2-25.

BURT R S, 1995. Structural holes: The social structure of competition [M]. Harvard university press.

BURT R S, 2000. The Network Structure of Social Capital [J]. Research in Organizational Behavior, 22 (3): 345-423.

BURT R S, 204. Structural Holes Versus Network Closure as Social Capital [J]. Social Capital: Theory and Researchx: 31-56.

BUSTINZA O F, GOMES E, VENDRELL-HERRERO F, et al., 2019. Product -service innovation and performance: the role of collaborative partnerships and R&D intensity [J]. R&d Management, 49 (1): 33-45.

CAPALDO A, 2007. Network structure and innovation: The leveraging of a dual network as a distinctive relational capability [J]. Strategic management journal, 28 (6): 585-608.

CASANUEVA C, GALLEGO A, SANCHO M, 2013. Network resources and social capital in airline alliance portfolios [J]. Tourism Management, 36: 441-453.

CASCIARO T, PISKORSKI M J, 2005. Power imbalance, mutual dependence, and constraint absorption: A closer look at resource dependence theory [J]. Administrative science quarterly, 50 (2): 167-199.

CASTIGLIONI M, GALAN GONZALEZ J L, 2020. Alliance portfolio classification. Which portfolio do you have? [J]. Baltic Journal of Management, 15 (5): 757-774.

CASTRO I, CASANUEVA C, GALÁN J L, 2014. Dynamic evolution of alliance portfolios [J]. European Management Journal, 32 (3): 423-433.

CASTRO I, ROLDÁN J L, 2015. Alliance portfolio management: dimensions and performance [J]. European Management Review, 12 (2): 63-81.

CHESBROUGH H W, 2003. Open Innovation: The New Imperative for Creating and Profiting from Technology [M]. Boston: Harvard Business Press.

CHIAMBARETTO P, FERNANDEZ A S, 2016. The evolution of coopetitive and collaborative alliances in an alliance portfolio: The Air France case [J]. Industrial Marketing Management, 57: 75-85.

CHIAMBARETTO P, WASSMER U, 2019. Resource utilization as an internal driver of alliance portfolio evolution: The Qatar Airways case (1993-2010) [J]. Long Range Planning, 52 (1): 51-71.

CHILD J, FAULKNER D, TALLMAN S, et al., 2019. Cooperative Strategy: Managing Alliances and Networks [M]. Walton Street: Oxford University Press.

CHUNG D, KIM M J, KANG J, 2019. Influence of alliance portfolio diversity on innovation performance: the role of internal capabilities of value creation [J]. Review of Managerial Science, 13: 1093-1120.

CHUNG S A, SINGH H, LEE K, 2000. Complementarity, Status Similarity ond Social Capital as Drivers of Alliance Formation [J]. Strategic management journal, 21 (1): 1-22.

COASE, R H , 1937. The Nature of the Firm [J]. Economica (4): 386-405.

COHEN W M, LEVINTHAL D A, 1990. Absorptive Capacity: A New Perspective On Learning and Innovation [J]. Administrative Science Quarterly, 35 (1): 128-152.

COLEMAN J S, 1988. Social capital in the creation of human capital [J]. American journal of sociology, 94: S95-S120.

COLEMAN J S, 1990. Foundations of Social Theory [M]. Cambridge, MA: Belknap, Harvard University Press.

COLLINS J D, HITT M A, 2006. Leveraging tacit knowledge in alliances: The importance of using relational capabilities to build and leverage relational capital [J]. Journal of Engineering and Technology Management, 23 (3): 147-167.

COLLINS J, RILEY J, 2013. Alliance Portfolio Diversity and Firm Performance: Examining Moderators [J]. Journal of Business & Management, 19 (2): 32-35.

COLLIS D J, MONTGOMERY C A, 1998. Corporate strategy: A resource-based approach [M]. Boston: Irwin/McGraw-Hill.

CONNER K R, PRAHALAD C K, 1996. A Resource-Based Theory of the Firm: Knowledge Versus Opportunism [J]. Organization Science, 7 (5): 477-501.

COOK K S, EMERSON R M, GILLMORE M R, 1983. The Distribution Of Power In Exchange Networks: Theory And Experimental Results [J]. The American Journal Of Sociology, 89 (2): 275-305

COX A J, 2001. Managing with Power: Strategies for Improving Value Appropriation from Supply Relationships [J]. The Journal of Supply Chain Management, 37 (2): 42-47.

CROPANZANO R, MITCHELL M S, 2005. Social Exchange Theory: An Interdisciplinary Review [J]. Journal of Management, 31 (6): 874-900.

CUI A S, 2013. Portfolio dynamics and alliance termination: The contingent role of resource dissimilarity [J]. Journal of Marketing, 77 (3): 15-32.

DAS T K, TENG B S, 1998. Between Trust and Control: Developing Confidence in Partner Cooperation in Alliances [J]. Academy of Management Review, 23 (3): 491-512.

DAS T K, TENG B S, 2000. A resource-based theory of strategic alliances [J]. Journal of management, 26 (1): 31-61.

DE LEEUW T, LOKSHIN B, DUYSTERS G, 2014. Returns to alliance portfolio diversity: The relative effects of partner diversity on firm's innovative performance and productivity [J]. journal of Business Research, 67 (9): 1839-1849.

DE PARIS CALDAS L F, DE OLIVEIRA PAULA F, DA SILVA J F, 2021. The effects of knowledge spillovers and alliance portfolio diversity on product innovation and firm growth [J]. International Journal of Innovation Management, 25 (5): 2150051.

DEEDS D L, HILL C W L, 1996. Strategic alliances and the rate of new product development: An empirical study of entrepreneurial biotechnology firms [J]. Journal of business venturing, 11 (1): 41-55.

DEGENER P, MAURER I, BORT S, 2018. Alliance portfolio diversity and innovation: The interplay of portfolio coordination capability and proactive partner selection capability [J]. Journal of Management Studies, 55 (8): 1386-1422.

DEKKER H C, 2004. Control of inter-organizational relationships: evidence on appropriation concerns and coordination requirements [J]. Accounting, organizations and society, 29 (1): 27-49.

DEKKER H C, 2008. Partner selection and governance design in interfirm rela-
tionships [J]. Accounting, Organizations and Society, 33 (7-8): 915-941.

DEMIRKAN H, SPOHRER J C, WELSER J J, 2016. Digital innovation and
strategic transformation [J]. It Professional, 18 (6): 14-18.

DIERICKX I, COOL K, 1989. Asset Stock Accumulation And Sustainability Of
Competitive Advantage [J]. Management Science, 35 (12): 1504-1511.

DIMAGGIO P J, POWELL W W, 1983. The iron cage revisited: Institutional i-
somorphism and collective rationality in organizational fields [J]. American
sociological review: 147-160.

DIMAGGIO P J, POWELL W W, 1991. Introduction. The new institutionalism in
organizational analysis [J]. The new institutionalism in organizational analy-
sis: 1-38.

DITTRICH K, DUYSTERS G, DE MAN A P, 2007. Strategic repositioning by
means of alliance networks: The case of IBM [J]. Research Policy, 36
(10): 1496-1511.

DONG J Q, MCCARTHY K J, 2019. When more isn't merrier: pharmaceutical
alliance networks and breakthrough innovation [J]. Drug discovery today, 24
(3): 673-677.

DOUGHERTY D, 1992. A Practice: Centered Model of Organizational Renewal
Through Product Innovation [J]. Strategic Management Journal, 13 (SI):
77-92.

DOZ Y L, 1996. The Evolution Of Cooperation in Strategic Alliances: Initial
Conditions or Learning Processes? [J]. Strategic Management Journal, 17
(SI): 55-83.

DOZ Y L, HAMEL G, 1998. Alliance advantage: The art of creating value
through partnering [M]. Cambridge: Harvard Business Press.

DRAULANS J, DEMAN A P, VOLBERDA H W, 2003. Building alliance capa-
bility: Management techniques for superior alliance performance [J]. Long
range planning, 36 (2): 151-166.

DRUCKER P F, 1985. The discipline of innovation [J]. Harvard business re-
view, 63 (3): 67-85.

DU J, LETEN B, VANHAVERBEKE W, 2014. Managing open innovation projects with science-based and market-based partners [J]. Research Policy, 43 (5): 828-840.

DUSHNITSKY G, KLUETER T, 2011. Is There an eBay for Ideas? Insights from Online Knowledge Market placese [J]. European Management Review, 8 (1): 17-32.

DUSSAUGE P, GARRETTE B, MITCHELL W, 2000. Learning from Competing Partners: Outcomes and Durations Of Scale and Link Alliances in Europe, North America and Asia [J]. Strategic Management Journal, 21 (2): 99-126.

DUTTA S, ZBARACKI M J, BERGEN M, 2003. Pricing Process As a Capability: a Resource-Based Perspective [J]. Strategic Management Journal, 24 (7): 615-630.

DUYSTERS G, HEIMERIKS K H, LOKSHIN B, et al., 2012. Do firms learn to manage alliance portfolio diversity? The diversity-performance relationship and the moderating effects of experience and capability [J]. European Management Review, 9 (3): 139-152.

DUYSTERS G, KOK G, VAANDRAGER M, 1999. Crafting successful strategic technology partnerships [J]. R&D Management, 29 (4): 343-351.

DUYSTERS G, LOKSHIN B, 2011. Determinants of alliance portfolio complexity and its effect on innovative performance of companies [J]. Journal of Product Innovation Management, 28 (4): 570-585.

DUYSTERSA G, 1999. A Network Approach to Alliance Management. [J] European Management Journal, 17 (2): 181-187.

DYER J H, 1996. Does governance matter? Keiretsu alliances and asset specificity as sources of Japanese competitive advantage [J]. Organization science, 7 (6): 649-666.

DYER J H, 1997. Effective interim collaboration: how firms minimize transaction costs and maximise transaction value [J]. Strategic management journal, 18 (7): 535-556.

DYER J H, HATCH N W, 2004. Using supplier networks to learn faster [J]. MIT Sloan management review.

DYER J H, KALE P, SINGH H, 2001. How to make strategic alliances work

[J]. MIT Sloan management review, 42 (4): 37-37.

DYER J H, OUCHI W G, 1993. Japanese-style partnerships: giving companies a competitive edge [J]. MIT Sloan Management Review, 35 (1): 51.

DYER J H, Singh H, 1998. The relational view: Cooperative strategy and sources of interorganizational competitive advantage [J]. Academy of management review, 23 (4): 660-679.

DYER J H, SINGH H, HESTERLY W S, 2018. The relational view revisited: A dynamic perspective on value creation and value capture [J]. Strategic management journal, 39 (12): 3140-3162.

DYER J H, SINGH H, KALE P, 2008. Splitting the pie: rent distribution in alliances and networks [J]. Managerial and Decision Economics, 29 (2-3): 137-148.

DZHENGIZ T, 2018. The relationship of organisational value frames with the configuration of alliance portfolios: Cases from electricity utilities in Great Britain [J]. Sustainability, 10 (12): 4455.

EDWARD J L, 2001. An Affect Theory of Social Exchange [J]. The American Journal of Sociology, 107 (2): 321-352.

EGBETOKUN A A, 2015. The more the merrier? Network portfolio size and innovation performance in Nigerian firms [J]. Technovation, 43: 17-28.

EGBETOKUN A, SAVIN I, 2015. Absorptive capacity and innovation: when is it better to cooperate? [J]. The Evolution of Economic and Innovation Systems (1): 373-399.

EISENHARDT K M, SCHOONHOVEN C B. Resource-Based View of Strategic Alliance Formation: Strategic and Social Effects in Entrepreneurial Firms [J]. Organization Science, 7 (2): 136-150.

EMERSON R M, 1962. Power-dependence Relations [J]. American Sociological Review, 27 (1): 31-41.

EMERSON R M, 1976. Social exchange theory. Annual Review of Sociology, 2: 335-362

ESTRADA I, ZHOU H, 2022. Beyond the scope of the deal: configuration of technology alliance portfolios and the introduction of management innovation [J]. British Journal of Management, 33 (2): 980-996.

FABRIZIO K R, 2009. Absorptive Capacity and the Search for Innovation [J]. Research Policy, 38 (2): 255-267

FOSS N J, 2007. The emerging knowledge governance approach: Challenges and characteristics [J]. Organization, 14 (1): 29-52.

FRANK T R, DAVID L, 2006. Deeds, Alliance Type, Alliance Experience and Alliance Management Capability in High-technology Ventures [J]. Journal of Business Venturing, 21 (4): 429-460.

GALASKIEWICZ J, 1979. Exchange Networks and Community Politics [M]. Beverly Hills, CA: Sage Publications.

GALUNIC C, RODAN S, 1996. Resource Recombinations In The Firm: Knowledge Structures And The Potential For Schumpeterian Innovation [M]. France: Fontainebleau, INSEAD.

GARGIULO M, 1993. Two-step leverage: Managing constraint in organizational politics [J]. Administrative science quarterly (3): 1-19.

GARGIULO M, BENASSI M, 2000. Trapped in your own net? Network cohesion, structural holes, and the adaptation of social capital [J]. Organization science, 11 (2): 183-196.

GARUD R, KARNØE P, 2003. Bricolage Versus Breakthrough: Distributed and Embedded Agency in Technology Entrepreneurship [J]. Research Policy, 32 (2): 277-300.

GEFEN D, RIDINGS C M, 2002. Implementation Team Responsiveness and User Evaluation of Customer Relationship Management: A Quasi-Experimental Design Study of Social Exchange Theory [J]. Journal of Management Information Systems, 19 (1): 47-70.

GEORGE G, ZAHRA S A, WHEATLEY K K, et al., 2001. The effects of alliance portfolio characteristics and absorptive capacity on performance: A study of biotechnology firms [J]. The Journal of High Technology Management Research, 12 (2): 205-226.

GHOSHAL S, MORAN P, 1996. Bad for practice: A Critique of the Transaction Cost Theory [J]. Academy of Management Review, 21 (1): 13-47.

GIDDENS A, 1984. The constitution of society: Outline of the theory of structuration [M]. Univ of California Press.

GLAISTER K W, BUCKLEY P J, 1999. Performance Relationships in UK International Alliances [J]. Management International Review, 39 (2): 123-147.

GOERZEN A, 2007. Alliance networks and firm performance: The impact of repeated partnerships [J]. Strategic management journal, 28 (5): 487-509.

GOERZEN A, BEAMISH P W, 2005. The effect of alliance network diversity on multinational enterprise performance [J]. Strategic management journal, 26 (4): 333-354.

GOLONKA M, 2015. Proactive cooperation with strangers: Enhancing complexity of the ICT firms' alliance portfolio and their innovativeness [J]. European Management Journal, 33 (3): 168-178.

GRANOVETTER M S, 1973. The strength of weak ties [J]. American journal of sociology, 78 (6): 1360-1380.

GRANOVETTER M, 1985. Economic Action and Social Structure: The Problem Of Embeddedness [J]. American Journal of Sociology, 91 (3): 481-510.

GULATI R, 1995. Social structure and alliance formation patterns: A longitudinal analysis [J]. Administrative science quarterly: 619-652.

GULATI R, 1998. Alliances and networks [J]. Strategic management journal, 19 (4): 293-317.

GULATI R, 1999. Network location and learning: The influence of network resources and firm capabilities on alliance formation [J]. Strategic management journal, 20 (5): 397-420.

GULATI R, 2007. Managing network resources: Alliances, affiliations, and other relational assets [M]. Walton Street: Oxford University Press, USA.

GULATI R, GARGIULO M, 1999. Where do interorganizational networks come from? [J]. American journal of sociology, 104 (5): 1439-1493.

GULATI R, NICKERSON J A, 2008. Interorganizational Trust, Governance Choice, And Exchange Performance [J]. Organization Science, 19 (5): 688-708.

GULATI R, SINGH H, 1998. The architecture of cooperation: Managing coordination costs and appropriation concerns in strategic alliances [J]. Administrative science quarterly (3): 781-814.

GULATI R, WANG L O, 2003. Size of the Pie and Share Of The Pie: Implications of Network Embeddedness and Business Relatedness for Value Creation and Value Appropriation in Joint Ventures [J]. Research in the Sociology of Organizations, 20 (2): 209-242.

GUTIÉRREZ R, MáRQUEZ P, REFICCO E, 2016. Configuration and development of alliance portfolios: A comparison of same-sector and cross-sector partnerships [J]. Journal of Business Ethics, 135: 55-69.

GUTIÉRREZ R, MÁRQUEZ P, REFICCO E, 2016. Configuration and development of alliance portfolios: A comparison of same-sector and cross-sector partnerships [J]. Journal of Business Ethics, 135: 55-69.

HAGEDOORN J, LOKSHIN B, ZOBEL A K, 2018. Partner type diversity in alliance portfolios: Multiple dimensions, boundary conditions and firm innovation performance [J]. Journal of Management Studies, 55 (5): 809-836.

HAIDER S, MARIOTTI F, 2016. The orchestration of alliance portfolios: The role of alliance portfolio capability [J]. Scandinavian Journal of Management, 32 (3): 127-141.

HAMEL G, 1991. Competition for Competence and Interpartner Learning Within International Strategic Alliances [J]. Strategic Management Journal, 12 (SI): 83-103.

HARGADON A B, 2002. Brokering Knowledge: Linking Learning and Innovation [J]. Research in Organizational Behavior, 24 (1): 41-85.

HARRISON J S, HITT M A, HOSKISSON R E, et al., 2001. Resource complementarity in business combinations: Extending the logic to organizational alliances [J]. Journal of management, 27 (6): 679-690.

HE Q, MEADOWS M, ANGWIN D, et al., 2020. Strategic alliance research in the era of digital transformation: Perspectives on future research [J]. British Journal of Management, 31 (3): 589-617.

HEIDE J B, JOHN G, 1990. Alliances in industrial purchasing: The determinants of joint action in buyer-supplier relationships [J]. Journal of marketing Research, 27 (1): 24-36.

HEIMERIKS K H, DUYSTERS G, 2007. Alliance capability as a mediator between experience and alliance performance: An empirical investigation into the alliance capability development process [J]. Journal of management studies,

44（1）：25-49.

HENKEL J, BALDWIN C Y, 2009. Modularity for value appropriation: Drawing the boundaries of intellectual property [M]. Boston, MA: Harvard Business School.

HENNART J F, 1988. A transaction costs theory of equity joint ventures [J]. Strategic management journal, 9 (4): 361-374.

HENNART J F, ZENG M, 2005. Structural determinants of joint venture performance [J]. European Management Review, 2 (2): 105-115.

HININGS C R, HICKSON D J, PENNINGS J M, et al., 1974. Structural Conditions of Intraorganizational Power [J]. Administrative Science Quarterly, 19 (1): 22-44

HITE J M, HESTERLY W S, 2001. The Evolution of Firm Networks: From Emergence to Early Growth of the Firm [J]. Strategic Management Journal, 22 (3): 275-286.

HOANG H, ROTHAERMEL F T, 2005. The effect of general and partner-specific alliance experience on joint R&D project performance [J]. Academy of Management journal, 48 (2): 332-345.

HOEHN-WEISS M N, KARIM S, LEE C H, 2017. Examining alliance portfolios beyond the dyads: The relevance of redundancy and nonuniformity across and between partners [J]. Organization Science, 28 (1): 56-73.

HOETKER G, MELLEWIGT T, 2009. Choice and Performance of Governance Mechanisms: Matching Alliance Governance to Asset Type [J]. Strategic Management Journal, 30 (10): 1025-1044.

HOFFMANN W H, 2005. How to manage a portfolio of alliances [J]. Long range planning, 38 (2): 121-143.

HOFFMANN W H, 2007. Strategies for managing a portfolio of alliances [J]. Strategic management journal, 28 (8): 827-856.

HOLGERSSON M, WALLIN M W, CHESBROUGH H W, et al., 2022. Closing open innovation [J]. Strategic Management Review.

HOMANS G C, 1958. Social behavior as exchange [J]. American journal of sociology, 63 (6): 597-606.

HORA M, DUTTA D K, 2013. Entrepreneurial firms and downstream alliance partnerships: Impact of portfolio depth and scope on technology innovation and commercialization success [J]. Production and Operations Management, 22 (6): 1389-1400.

HOWARD M, STEENSMA H K, LYLES M, et al., 2016. Learning to collaborate through collaboration: How allying with expert firms influences collaborative innovation within novice firms [J]. Strategic Management Journal, 37 (10): 2092-2103.

HUMAN S E, PROVAN K G, 2000. Legitimacy Building in the Evolution of Small-Firm Multilateral Networks: A Comparative Study of Success And Demise [J]. Administrative Science Quarterly, 45 (2): 327-365.

HUNG S C, 2002. Mobilising Networks to Achieve Strategic Difference [J]. Long Range Planning, 35 (6): 591-613.

HYMER S H, 1960. The international operations of national firms, a study of direct foreign investment [D]. Massachusetts Institute of Technology.

IBRAHIM S S, NOOR A H M, ISMAIL S, et al., 2019. Performance of waqf cross-sector collaboration: a systematic literature review (SLR) approach [J]. Journal of Muwafaqat, 2 (2): 93-103.

ILLIAMSON O E , 1979. Transaction-cost economics: the governance of contractual relations [J]. The journal of Law and Economics, 22 (2): 233-261.

INIGO E A, RITALA P, ALBAREDA L, 2020. Networking for sustainability: Alliance capabilities and sustainability-oriented innovation [J]. Industrial Marketing Management, 89: 550-565.

IRELAND R D, MILLER C C, 2001. Intuition in strategic decision making [R]. Working paper, University of Richmond.

IRELAND R T, MICHAEL A H, DEEPA V, 2002. Alliance management as a source of competitive advantage [J]. Journal of Management, 28 (3): 413-446.

JACOBIDES M G, KNUDSEN T, AUGIER M, 2006. Benefiting from Innovation: Value Creation, Value Appropriation and the Role of Industry Architectures [J]. Research Policy, 35 (8): 1200-1221.

JAMES J H, GWO-HSHIUNG T, CHIEH-YUAN T, et al., 2011. A Hybrid ANP Model in Fuzzy Environments for Strategic Alliance Partner Selection in the Airline Industry [J] Applied Soft Computing, 11 (4): 3515-3524.

JARILLO J C, 1988. On strategic networks [J]. Strategic management journal, 9 (1): 31-41.

JAVIER G, 2004. Competition Within and Between Networks: The Contingent Effect of Competitive Embeddedness on Alliance Formation [J]. Academy of Management Journal, 47 (6): 820-842.

JIANG R J, TAO Q T, SANTORO M D, 2010. Alliance portfolio diversity and firm performance [J]. Strategic management journal, 31 (10): 1136-1144.

KALE P, DYER J H, SINGH H, 2002. Alliance capability, stock market response, and long-term alliance success: the role of the alliance function [J]. Strategic management journal, 23 (8): 747-767.

KALE P, DYER J, SINGH H, 2001. Value creation and success in strategic alliances:: alliancing skills and the role of alliance structure and systems [J]. European Management Journal, 19 (5): 463-471.

KALE P, SINGH H, 2009. Managing strategic alliances: what do we know now, and where do we go from here? [J]. Academy of management perspectives, 23 (3): 45-62.

KALE P, SINGH H, PERLMUTTER H, 2000. Learning and Protection Of Proprietary Assets in Strategic Alliances: Building Relational Capital [J]. Strategic Management Journal, 21 (3): 217-237.

KATILA R, AHUJA G, 2002. Something old, something new: A longitudinal study of search behavior and new product introduction [J]. Academy of management journal, 45 (6): 1183-1194.

KAVUSAN K, FRANKORT H T W, 2019. A behavioral theory of alliance portfolio reconfiguration: Evidence from pharmaceutical biotechnology [J]. Strategic Management Journal, 40 (10): 1668-1702

KILDUFF M, TSAI W, 2003. Social networks and organizations [M]. Sage.

KIM H S, 2021. Impact of extended alliance portfolio configuration on firm innovation [J]. Journal of Management & Organization, 27 (1): 131-147.

KIM K, 2020. Are we in the same boat?: Value-creation in alliance portfolios in the US internet sector [J]. International Journal of Economics and Business Research, 19 (4): 418-438.

KOGUT B, 1988. Joint ventures: Theoretical and Empirical Perspectives [J]. Strategic Management Journal, 9 (4): 319-332.

KOGUT B, 1991. Joint Ventures and the Option to Expand and Acquire [J]. Management Science, 37 (1): 19-33.

KOH J, VENKATRAMAN N, 1991. Joint venture formations and stock market reactions: An assessment in the information technology sector [J]. Academy of management journal, 34 (4): 869-892.

KOSCHMANN M A, KUHN T R, PFARRER M D, 2012. A communicative framework of value in cross-sector partnerships [J]. Academy of management review, 37 (3): 332-354.

KOSTOPOULOS K, PAPALEXANDRIS A, PAPACHRONI M, et al., 2011. Absorptive capacity, innovation, and financial performance [J]. Journal of business research, 64 (12): 1335-1343.

KOVAL M, 2021. Whether and when do alliance terminations pay off? [J]. Industrial Marketing Management, 98: 149-160.

KUMAR R, NTI K O, 1998. Differential Learning And Interaction in Alliance Dynamics: A Process and Outcome Discrepancy Model [J]. Organization Science, 9 (3): 356-367.

KÖHLER C, SOFKA W, GRIMPE C, 2012. Selective search, sectoral patterns, and the impact on product innovation performance [J]. Research Policy, 41 (8): 1344-1356.

LAHIRI N, NARAYANAN S, 2013. Vertical integration, innovation, and alliance portfolio size: Implications for firm performance [J]. Strategic Management Journal, 34 (9): 1042-1064.

LANE P J, LUBATKIN M, 1998. Relative absorptive capacity and interorganizational learning [J]. Strategic management journal, 19 (5): 461-477.

LARSON A, 1992. Network Dyads in Entrepreneurial Settings: A Study of the Governance of Exchange Relationships [J]. Administrative Science Quarterly, 37 (1): 76-104.

LAVIE D, 2006. The competitive advantage of interconnected firms: An extension of the resource-based view [J]. Academy of management review, 31 (3): 638-658.

LAVIE D, 2007. Alliance portfolios and firm performance: A study of value crea-
tion and appropriation in the US software industry [J]. Strategic management
journal, 28 (12): 1187-1212.

LAVIE D, HAUNSCHILD P R, KHANNA P, 2012. Organizational differences,
relational mechanisms, and alliance performance [J]. Strategic Management
Journal, 33 (13): 1453-1479.

LAVIE D, MILLER S R, 2008. Alliance portfolio internationalization and firm
performance [J]. Organization science, 19 (4): 623-646.

LAVIE D, ROSENKOPF L, 2006. Balancing exploration and exploitation in alli-
ance formation [J]. Academy of management journal, 49 (4): 797-818.

LEE D, KIRKPATRICK-HUSK K, MADHAVAN R, 2017. Diversity in alliance
portfolios and performance outcomes: A meta-analysis [J]. Journal of Man-
agement, 43 (5): 1472-1497.

LEIBLEIN M J, 2003. The Choice of Organizational Governance Form and Per-
formance: Predictions from Transaction Cost, Resource-based, and Real Op-
tions Theories [J]. Journal of Management, 29 (6): 937-961

LENZ R T, ENGLEDOW J L, 1986. Environmental Analysis: The Applicability
of Current Theory [J]. Strategic Management Journal, 7 (4): 329-346.

LEVINTHAL D A, WU B, 2010. Opportunity Costs and Non-Scale Free Capa-
bilities: Profit Maximization, Corporate Scope, and Profit Margins [J]. Stra-
tegic Management Journal, 31 (7): 780-801.

LEVITT B, MARCH J G, 1988. Organizational Learning [J]. Annual Review of
Sociology, 14: 319-340.

LIE J, 1991. Embedding Polanyi's market society [J]. Sociological Perspec-
tives, 34 (2): 219-235.

LIN N, 1999. Building a network theory of social capital [J]. Connections, 22
(1): 28-51.

LORENZONI G, LIPPARINI A, 1999. The leveraging of interfirm relationships
as a distinctive organizational capability: a longitudinal study [J]. Strategic
management journal, 20 (4): 317-338.

MACDONALD G, RYALL M D, 2004. How do value creation and competition
determine whether a firm appropriates value? [J]. Management Science, 50

（10）：1319-1333.

MACEDO-SOARES T D L, PAULA F O, MENDONÇA H L, 2017. Leveraging firm innovation performance through alliance portfolios in emerging economies： the role of absorptive capacity ［J］. Journal of technology management & innovation, 12（4）：10-21.

MADHAVAN R, KOKA B R, PRESCOTT J E, 1998. Networks in Transition： How Industry Events（Re）Shape Interfirm Relationships ［J］. Strategic Management Journal, 19（5）：439-459.

MADHOK A, 1996. Crossroads—The Organization of Economic Activity： Transaction Costs, Firm Capabilities, and the Nature of Governance ［J］. Organization Science, 7（5）：577-590.

MADHOK A, 1997. Cost, Value and Foreign Market Entry Mode： The Transaction and the Firm ［J］. Strategic Management Journal, 18（1）：39-61.

MADHOK A, LI S, PRIEM R L, 2010. The Resource-based View Revisited： Comparative Firm Advantage, Willingness-based Isolating Mechanisms and Competitive Heterogeneity ［J］. European Management Review, 7（2）：91-100.

MADHOK A, TALLMAN S B, 1998. Resources, transactions and rents： Managing value through interfirm collaborative relationships ［J］. Organization science, 9（3）：326-339.

MAKINO S, CHAN C M, ISOBE T, et al., 2007. Intended and unintended termination of international joint ventures ［J］. Strategic management journal, 28（11）：1113-1132.

MARHOLD K, JINHWAN KIM M, KANG J, 2017a. The effects of alliance portfolio diversity on innovation performance： A study of partner and alliance characteristics in the bio-pharmaceutical industry ［J］. International Journal of Innovation Management, 21（1）：175.

MARHOLD K, KANG J, 2017b. The effects of internal technological diversity and external uncertainty on technological alliance portfolio diversity ［J］. Industry and Innovation, 24（2）：122-142.

MARTINEZ M G, ZOUAGHI F, GARCIA M S, 2017. Capturing value from alliance portfolio diversity： The mediating role of R&D human capital in high and low tech industries [J]. Technovation, 59: 55–67.

MARTINEZ M G, ZOUAGHI F, SANCHEZ G M, 2019. Casting a wide net for innovation: Mediating effect of R&D human and social capital to unlock the value from alliance portfolio diversity [J]. British Journal of Management, 30 (4): 769–790.

MARTYNOV A, 2017. Alliance portfolios and firm performance: the moderating role of firms' strategic positioning [J]. Journal of Strategy and Management, 10 (2): 206–226.

MESQUITA L F, LAZZARINI S G, 2008. Horizontal and Vertical Relationships in Developing Economies: Implications for SME's Access to Global Markets [J]. Academy of Management Journal, 51 (2): 359–380.

MIROñSKA D, ZABOREK P, 2019. NGO—business collaboration: A comparison of organizational, social, and reputation value from the NGO perspective in Poland [J]. Nonprofit and Voluntary Sector Quarterly, 48 (3): 532–551.

MOLM L D, 2003. Theoretical Comparisons of Forms of Exchange [J]. Sociological Theory, 21 (1): 1–17.

MOLM L D, PETERSON G, TAKAHASHI N, 1999. Power in Negotiated and Reciprocal Exchange [J]. American Sociological Review, 64 (6): 876–890.

MOURI N, SARKAR M B, FRYE M, 2012. Alliance Portfolios and Shareholder Value in Post–IPO Firms: The Moderating Roles of Portfolio Structure and Firm–level Uncertainty [J]. Journal of Business Venturing, 27 (3): 355–371.

NEUMANN K, 2010. Ex ante Governance Decisions in Inter–Organizational Relationships: A Case Study in the Airline Industry [J]. Management Accounting Research, 21 (4): 220–237.

NICKERSON J A, ZENGER T R, 2004. A knowledge–based theory of the firm—the problem–solving perspective [J]. Organization Science, 15 (6): 617–632.

NIRON HASHAI, TAMAR ALMOR, 2008. R&D Intensity, Value Appropriation and Integration Patterns Within Organizational Boundaries [J]. Research Policy, 37 (6): 1022–1034.

NONAKA I, TOYAMA R, NAGATA A, 2000. A firm as a Knowledge–Creating Entity: A New Perspective On the Theory of the Firm [J]. Industrial and Corporate Change, 9 (1): 1-20.

NOOTEBOOM B, 1996. Towards a Learning Based Model of Transactions [A]. In: Groenewegen, J. Ed., Transaction Cost Economics and Beyond [C]. Springer Netherlands: 327-349.

NORMANN R, 2001. Reframing business: When the map changes the landscape [M]. New York: Wiley.

OBLOJ T, CAPRON L, 2011. Role of Resource Gap and Value Appropriation: Effect of Reputation Gap on Price Premium in Online Auctions [J]. Strategic Management Journal, 32 (4): 447-456.

OERLEMANS L A G, KNOBEN J, PRETORIUS M W, 2013. Alliance portfolio diversity, radical and incremental innovation: The moderating role of technology management [J]. Technovation, 33 (6): 234-246.

OLIVER C, 1991. Strategic Responses to Institutional Processes [J]. Academy of Management Review, 16 (1): 145-179.

OUCHI W G, 1979. A conceptual framework for the design of organizational control mechanisms [J]. Management science, 25 (9): 833-848.

OZCAN P, EISENHARDT K M, 2009. Origin of alliance portfolios: Entrepreneurs, network strategies, and firm performance [J]. Academy of management journal, 52 (2): 246-279.

OZDEMIR S, KANDEMIR D, ENG T Y, 2017. The role of horizontal and vertical new product alliances in responsive and proactive market orientations and performance of industrial manufacturing firms [J]. Industrial Marketing Management, 64: 25-35.

PANGARKAR N, YUAN L, HUSSAIN S, 2017. Too much of a good thing? Alliance portfolio size and alliance expansion [J]. European Management Journal, 35 (4): 477-485.

PARISE S, CASHER A, 2003. Alliance portfolios: Designing and managing your network of business-partner relationships [J]. Academy of Management Perspectives, 17 (4): 25-39.

PARK B J, SRIVASTAVA M K, GNYAWALI D R, 2014. Impact of coopetition in the alliance portfolio and coopetition experience on firm innovation [J]. Technology Analysis & Strategic Management, 26 (8): 893-907.

PARK C, 1998. A Critical Linkage Between Value Appropriation and Value Maximization [J]. Seoul Journal of Business, 4 (1): 35-42.

PARK G, KIM M J H, KANG J, 2015. Competitive embeddedness: The impact of competitive relations among a firm's current alliance partners on its new alliance formations [J]. International Business Review, 24 (2): 196-208.

PARK S H, ZHOU D, 2005. Firm heterogeneity and competitive dynamics in alliance formation [J]. Academy of Management Review, 30 (3): 531-554.

PARKHE A, 1993. Strategic alliance structuring: A game theoretic and transaction cost examination of interfirm cooperation [J]. Academy of management journal, 36 (4): 794-829.

PENNEY C R, COMBS J G, 2020. A transaction cost perspective of alliance portfolio diversity [J]. Journal of Management Studies, 57 (6): 1073-1105.

PERRY-SMITH J E, SHALLEY C E, 2003. The Social Side of Creativity: A Static and Dynamic Social Network Perspective [J]. Academy of Management Review, 28 (1): 89-106.

PFEFFER J, SALANCIK G R, 2003. The external control of organizations: A resource dependence perspective [M]. Stanford University Press.

PISANO G, 2006. Profiting from Innovation and the Intellectual Property Revolution [J]. Research Policy, 35 (8): 1122-1130.

POPADIĆ M, PUČKO D, ČERNE M, 2016. Exploratory innovation, exploitative innovation and innovation performance: The moderating role of alliance portfolio partner diversity [J]. Economic and Business Review, 18 (3): 2.

POPPO L, ZENGER T, 2002. Do Formal Contracts and Relational Governance Function as Substitutes or Complements? [J]. Strategic Management Journal, 23 (8): 707-725.

PORTES A, 1998. Social capital: Its origins and applications in modern sociology [J]. Annual review of sociology, 24 (1): 1-24.

POWELL W W, KOPUT K W, SMITH-DOERR L, 1996. Interorganizational collaboration and the locus of innovation: Networks of learning in biotechnology [J]. Administrative science quarterly (2): 116-145.

PRIEM R L, 2007. A Consumer Perspective on Value Creation [J]. Academy of Management Review, 32 (1): 219-235.

REAGANS R, MCEVILY B, 2003. Network Structure and Knowledge Transfer: The Effects of Cohesion and Range [J]. Administrative Science Quarterly, 48 (2): 240-267.

REED R, DEFILLIPPI R J, 1990. Causal ambiguity, barriers to imitation, and sustainable competitive advantage [J]. Academy of management Review, 15 (1): 88-102.

REUER J J, PARK K M, ZOLLO M, 2002. Experiential learning in international joint ventures: the roles of experience heterogeneity and venture novelty [J]. Cooperative strategies and alliances, 21: 344.

REUER J J, RAGOZZINO R, 2006. Agency hazards and alliance portfolios [J]. Strategic management journal, 27 (1): 27-43.

REUER J J, ZOLLO M, 2005. Termination outcomes of research alliances [J]. Research Policy, 34 (1): 101-115.

REZENDE DA COSTA P, SILVA BRAGA JUNIOR S, SILVEIRA PORTO G, et al., 2018. Relational capability and strategic alliance portfolio configuration: A study of Brazilian technology firms [J]. International Journal of Emerging Markets, 13 (5): 1026-1049.

RING P S, VAN DE VEN A H, 1994. Developmental processes of cooperative interorganizational relationships [J]. Academy of management review, 19 (1): 90-118.

RIORDAN M H, WILLIAMSON O E, 1985. Asset specificity and economic organization [J]. International Journal of Industrial Organization, 3 (4): 365-378.

RIVERA-SANTOS M, RUFIN C, WASSMER U, 2017. Alliances between firms and non-profits: A multiple and behavioural agency approach [J]. Journal of Management Studies, 54 (6): 854-875.

ROSSMANNEK O, RANK O, 2019. Internationalization of exploitation alliance portfolios and firm performance [J]. Management Decision, 57 (1): 86-99.

ROTHAERMEL F T, 2001. Incumbent's Advantage Through Exploiting Complementary Assets Via Interfirm Cooperation [J]. Strategic Management Journal, 22 (6/7): 687-699.

ROTHAERMEL F T, DEEDS D L, 2006. Alliance type, alliance experience and alliance management capability in high-technology ventures [J]. Journal of business venturing, 21 (4): 429-460.

ROUSSEAU D M, SITKIN S B, BURT R S, et al., 1998. Not so different after all: A cross-discipline view of trust [J]. Academy of management review, 23 (3): 393-404.

ROWLEY T J, BAUM J A C, 2004. Sophistication of interfirm network strategies in the Canadian investment banking industry [J]. Scandinavian Journal of Management, 20 (1-2): 103-124.

ROWLEY T, BEHRENS D, KRACKHARDT D, 2000. Redundant Governance Structures: An Analysis of Structural and Relational Embeddedness in the Steel and Semiconductor Industries [J]. Strategic Management Journal, 21 (3): 369-386.

SANCHEZ R, 1995. Strategic flexibility in product competition [J]. Strategic management journal, 16 (S1): 135-159.

SANTOS F M, EISENHARDT K M, 2009. Constructing Markets and Shaping Boundaries: Entrepreneurial Power in Nascent Fields [J]. Academy of Management Journal, 52 (4): 643-671.

SAPSED J, GRANTHAM A, DEFILLIPPI R, 2007. A bridge over troubled waters: Bridging organisations and entrepreneurial opportunities in emerging sectors [J]. Research Policy, 36 (9): 1314-1334.

SARKAR M B, AULAKH P S, MADHOK A, 2009. Process capabilities and value generation in alliance portfolios [J]. Organization Science, 20 (3): 583-600.

SARKAR M B, ECHAMBADI R A J, HARRISON J S, 2001. Alliance entrepreneurship and firm market performance [J]. Strategic management journal, 22 (6-7): 701-711.

SCHILKE O, 2014. On the contingent value of dynamic capabilities for competitive advantage: The nonlinear moderating effect of environmental dynamism [J]. Strategic management journal, 35 (2): 179-203.

SCHILKE O, GOERZEN A, 2010. Alliance management capability: an investigation of the construct and its measurement [J]. Journal of management, 36 (5): 1192-1219.

SCHUMPETER J A, 1934. The Theory of Economic Development: An Inquiry into Profits, Capital, Credit, Interest and the Business Cycle. [M]. Cambridge, Mass: Harvard University Press.

SCOTT W R, 1987. The adolescence of institutional theory [J]. Administrative science quarterly: 493-511.

SCOTT W R, 2000. Institutional change and healthcare organizations: From professional dominance to managed care [M]. University of Chicago press.

SCOTT W R, 2005. Institutional theory: Contributing to a theoretical research program [J]. Great minds in management: The process of theory development, 37 (2): 460-484.

SCOTT W R, DAVIS G F, 2001. Organizations, overview [J]. International encyclopedia of the social and behavioral sciences, 16: 10910-10917.

SHAH R H, SWAMINATHAN V, 2008. Factors Influencing Partner Selection in: The Moderating Role of Alliance Context [J]. Strategic Management Journal, 29 (5): 471-494.

SHUKLA D M, MITAL A, 2018. Effect of firm's diverse experiences on its alliance portfolio diversity: Evidence from India [J]. Journal of Management & Organization, 24 (5): 748-772.

SIMONIN B L, 1999. Ambiguity and the process of knowledge transfer in strategic alliances [J]. Strategic management journal, 20 (7): 595-623.

SIMONIN B L, 1999. Transfer of marketing know-how in international strategic alliances: An empirical investigation of the role and antecedents of knowledge ambiguity [J]. Journal of International business studies, 30: 463-490.

SIMSEK Z, 2009. Organizational ambidexterity: Towards a multilevel understanding [J]. Journal of management studies, 46 (4): 597-624.

SOBRERO M, 1998, SCHRADER S. Structuring Inter-Firm Relationships: A Metaanalytic Approach [J]. Organization Studies, 19 (4): 585-615.

STUART T E, 2000. Interorganizational alliances and the performance of firms: a study of growth and innovation rates in a high-technology industry [J]. Strategic management journal, 21 (8): 791-811.

STUART T E, HOANG H, HYBELS R C, 1999. Interorganizational endorsements and the performance of entrepreneurial ventures [J]. Administrative science quarterly, 44 (2): 315-349.

STUART T E, PODOLNY J M, 1996. Local search and the evolution of techno-
logical capabilities [J]. Strategic management journal, 17 (S1): 21-38.

TEECE D J, 1986. Profiting from Technological Innovation: Implications For In-
tegration, Collaboration, Licensing And Public Policy [J]. Research Policy,
15 (6): 285-305.

TEECE D J, 1998. Capturing value from knowledge assets: The new economy,
markets for know-how, and intangible assets [J]. California management re-
view, 40 (3): 55-79.

TEECE D J, 2006. Reflections on "Profiting from Innovation" [J]. Research
Policy, 35 (8): 1131-1146.

TEECE D J, PISANO G, SHUEN A, 1997. Dynamic Capabilities And Strategic
Management [J]. Strategic Management Journal, 18 (7): 509-533.

THIBAUT J W, KELLEY H H, 1959. The Social Psychology of Groups [M].
New York: Wiley.

TIWANA A, 2008. Do bridging ties complement strong ties? An empirical exam-
ination of alliance ambidexterity [J]. Strategic management journal, 29 (3):
251-272.

TOKMAN M, MOUSA F T, DICKSON P, 2020. The link between SMEs alliance
portfolio diversity and top management's entrepreneurial and alliance orienta-
tions [J]. International Entrepreneurship and Management Journal, 16: 1001-
1022.

TSAI W, GHOSHAL S, 1998. Social Capital and Value Creation: The Role of
Intrafirm Networks [J]. Academy Of Management Journal, 41 (4): 464-476.

UZZI B, 1997. Social Structure And Competition In Interfirm Networks: The Par-
adox Of Embeddedness [J]. Administrative Science Quarterly, 42 (1): 35-67.

VAN ADUARD DE MACEDO SOARES T, DIANA L, SILVA BARBOZA T, et
al., 2016. Absorptive capacity, alliance portfolios and innovation performance:
An analytical model based on bibliographic research [J]. Journal of technolo-
gy management & innovation, 11 (3): 21-32.

VANHAVERBEKE W, GILSING V, BEERKENS B, et al., 2009. The role of
alliance network redundancy in the creation of core and non-core technologies

[J]. Journal of management studies, 46 (2): 215-244.

VASSOLO R S, ANAND J, FOLTA T B, 2004. Non-additivity in portfolios of exploration activities: A real options-based analysis of equity alliances in biotechnology [J]. Strategic Management Journal, 25 (11): 1045-1061.

VASUDEVA G, ANAND J, 2011. Unpacking absorptive capacity: A study of knowledge utilization from alliance portfolios [J]. Academy of Management Journal, 54 (3): 611-623.

WALKER G, KOGUT B, SHAN W, 1997. Social capital, structural holes and the formation of an industry network [J]. Organization science, 8 (2): 109-125.

WANG H, CHEN W R, 2010. Is Firm-Specific Innovation Associated With Greater Value Appropriation? The Roles Of Environmental Dynamism and Technological Diversity [J]. Research Policy, 39 (1): 141-154.

WANG X, BAO H, 2017. Alliance portfolios and firm performance: The moderating role of environmental dynamics [J]. Industrial Management & Data Systems.

WANGA H, CHEN W R, 2010. Is Firm-Specific Innovation Associated With Greater Value Appropriation? The Roles of Environmental Dynamism and Technological Diversity [J]. Research Policy, 39 (1): 141-154

WASSERMAN S, FAUST K, 1994. Social network Analysis: Methods and Applications [M]. Cambridge University Press.

WASSMER U, 2010. Alliance portfolios: A review and research agenda [J]. Journal of management, 36 (1): 141-171.

WASSMER U, DUSSAUGE P, 2011. Value creation in alliance portfolios: The benefits and costs of network resource interdependencies [J]. European Management Review, 8 (1): 47-64.

WASSMER U, DUSSAUGE P, 2012. Network resource stocks and flows: how do alliance portfolios affect the value of new alliance formations? [J]. Strategic management journal, 33 (7): 871-883.

WASSMER U, LI S, MADHOK A, 2017. Resource ambidexterity through alliance portfolios and firm performance [J]. Strategic Management Journal, 38 (2): 384-394.

WEICK K E, 1993. The Collapse of Sensemaking in Organizations: The Mann Gulch Disaster [J]. Administrative Science Quarterly, 38 (4): 628-652.

WERNERFELT B, 1984. A Resource-Based View of the Firm [J]. Strategic Management Journal, 5 (2): 171-180.

WERNERFELT B, 1995. The resource-based view of the firm: Ten years after [J]. Strategic management journal, 16 (3): 171-174.

WHITE S, SIU-YUN LUI S, 2005. Distinguishing costs of cooperation and control in alliances [J]. Strategic Management Journal, 26 (10): 913-932.

WILLIAMSON O E, 1989. Transaction cost economics [J]. Handbook of industrial organization (1): 135-182.

WILLIAMSON O E, 1985. Assessing contract [J]. The Journal of Law, Economics, and Organization, 1 (1): 177-208.

WILLIAMSON O E, 1988. The logic of economic organization [J]. The Journal of Law, Economics, and Organization, 4 (1): 65-93.

WILLIAMSON O E, 1971. The vertical integration of production: market failure considerations [J]. The American Economic Review, 61 (2): 112-123.

WILLIAMSON O E, 1991. Comparative economic organization: The analysis of discrete structural alternatives [J]. Administrative science quarterly (4): 269-296.

WILLIAMSON O E, 1979. Transaction-cost economics: the governance of contractual relations [J]. The journal of law and economics, 22 (2): 233-261.

WINTER S G, 2003. Understanding dynamic capabilities [J]. Strategic management journal, 24 (10): 991-995.

WUYTS S, DUTTA S, 2014. Benefiting from alliance portfolio diversity: The role of past internal knowledge creation strategy [J]. Journal of Management, 40 (6): 1653-1674.

XU S, CAVUSGIL E, 2019. Knowledge breadth and depth development through successful R&D alliance portfolio configuration: An empirical investigation in the pharmaceutical industry [J]. Journal of Business Research, 101: 402-410.

YAMAKAWA Y, YANG H, LIN Z, 2011. Exploration Versus Exploitation in Alliance Portfolio: Performance Implications of Organizational, Strategic, and

Environmental Fit ［J］. Research Policy, 40 (2)：287-296.

YAN X, LIN H, CLARKE A, 2018. Cross-sector social partnerships for social change：The roles of non-governmental organizations ［J］. Sustainability, 10 (2)：558.

ZAHEER A, BELL G G, 2005. Benefiting from network position：firm capabilities, structural holes, and performance ［J］. Strategic management journal, 26 (9)：809-825.

ZAJAC E J, OLSEN C P, 1993. From Transaction Cost To Transactional Value Analysis：Implications for the Study of Interorganizational Strategies ［J］. Journal of Management Studies, 30 (1)：131-145.

ZHENG Y, YANG H, 2015. Does familiarity foster innovation? The impact of alliance partner repeatedness on breakthrough innovations ［J］. Journal of Management Studies, 52 (2)：213-230.

鲍威尔，迪马吉奥，2008. 组织分析的新制度主义 ［M］. 姚伟，译. 上海：上海人民出版社.

毕静煜，谢恩，2020. 研发联盟组合伙伴多样性与企业创新：研发联盟组合特征的调节作用 ［J］. 科学学与科学技术管理，41 (12)：35-51.

波特，2005. 竞争优势 ［M］. 陈小悦，译. 北京：华夏出版社.

伯特，2008. 结构洞 ［M］. 任敏，李璐，林虹，译. 上海：格致出版社，上海人民出版社.

戴海闻，曾德明，张运生，2017. 标准联盟组合嵌入性社会资本对企业创新绩效的影响研究 ［J］. 研究与发展管理，29 (2)：93-101.

邓学军，夏洪胜，2008. 成本考量、资源依赖抑或制度驱使：企业间网络形成动因分析 ［J］. 学术研究 (5)：80-86, 159.

邓渝，2019. 资源整合对突破性创新的影响研究：联盟伙伴竞争的调节作用 ［J］. 管理评论，31 (11)：71-79.

邓渝，黄小凤，2017. 促进还是规避竞争：联盟组合伙伴竞争与突破性创新倒 U 型关系研究 ［J］. 科学学与科学技术管理，38 (10)：55-68.

符正平，彭伟，刘冰，2011. 基于跨时视角的联盟组合过程研究与概念框架构建 ［J］. 外国经济与管理，33 (1)：59-65.

格兰多里，2005. 企业网络：组织和产业竞争力 ［M］. 刘刚，罗若愚，等译. 北京：中国人民大学出版社.

格兰诺维特，2007. 社会网与经济行动 [M]. 罗家德，译. 北京：社会科学文献出版社.

郭毅，罗家德，2007. 社会资本与管理学 [M]. 上海：华东理工大学出版社.

江积海，李军，2014. 联盟组合中开放式创新绩效"悖论"关系研究 [J]. 科技进步与对策，31（18）：17-21.

刘洪伟，何美丽，2015. 联盟组合成员多元化与企业创新绩效之间的关系：基于吸收能力调节作用的仿真研究 [J]. 软科学，29（4）：57-62.

刘景东，杜鹏程，2015. 惯例视角下联盟管理能力的构成及其对联盟组合绩效的影响研究 [J]. 管理评论，27（8）：150-162.

刘雪梅，2012. 联盟组合：价值创造与治理机制 [J]. 中国工业经济（6）：70-82.

刘宇，邵云飞，康健，2019. 知识共享视角下联盟组合构型对企业创新绩效的影响 [J]. 科技进步与对策，36（21）：134-140.

罗家德，2010. 自组织——市场与层级之外的第三种治理模式 [J]. 比较管理（2）：1-12.

罗家德，叶勇助，2007. 中国人的信任游戏 [M]. 北京：社会科学文献出版社.

罗珉，2006. 价值星系：理论解释与价值创造机制的构建 [J]. 中国工业经济（1）：80-89.

罗珉，2011. 组织治理：基于知识治理的整合架构与治理机制 [J]. 比较管理（2）：26-39.

罗珉，何长见，2006. 组织间关系：界面规则与治理机制 [J]. 中国工业经济（5）：87-95.

罗珉，刘永俊，2009. 企业动态能力的理论架构与构成要素 [J]. 中国工业经济（1）：75-86.

罗珉，赵红梅，2009. 中国制造的秘密：创新+互补性资产 [J]. 中国工业经济（5）：46-56.

马丽，邵云飞，2019. 二次创新中组织学习平衡与联盟组合网络匹配对技术能力的影响：京东方1993—2018年纵向案例研究 [J]. 管理学报，16（6）：810-820.

孟卫东，杨伟明，2018. 联盟组合中资源整合、双元合作与焦点企业绩效

关系研究 [J]. 科学学与科学技术管理, 39 (2): 85-94.

帕森斯, 1988. 现代社会的结构与过程 [M]. 梁向阳, 译. 北京: 光明日报出版社.

庞博, 邵云飞, 王思梦, 2019. 联盟组合管理能力与企业创新绩效: 吸收能力的中介效应 [J]. 管理工程学报, 33 (2): 28-35.

彭伟, 符正平, 2011. 社会网络视角下的联盟组合研究述评及展望 [J]. 中国科技论坛 (8): 93-98.

奇达夫, 蔡文彬, 2008. 社会网络与组织 [M]. 王凤彬, 朱超威, 等译. 北京: 中国人民大学出版社.

寿柯炎, 魏江, 刘洋, 2018. 后发企业联盟组合多样性架构: 定性比较分析 [J]. 科学学研究, 36 (7): 1254-1263.

斯科特, 戴维斯, 2011. 组织理论: 理性、自然与开放系统的视角 [M]. 高俊山, 译. 北京: 中国人民大学出版社.

威廉姆斯, 斯科特. 马斯腾, 2008. 交易成本经济学经典名著选读 [M]. 李自杰, 蔡铭, 等译. 北京: 人民出版社.

殷俊杰, 2018. 企业联盟组合管理能力对合作创新绩效的影响机制研究 [D]. 成都: 电子科技大学.

詹坤, 邵云飞, 唐小我, 2017. 联盟组合网络特征对创新能力影响的实证研究 [J]. 科学学研究, 35 (12): 1910-1920.

詹坤, 邵云飞, 唐小我, 2018. 联盟组合的网络结构对企业创新能力影响的研究 [J]. 研究与发展管理, 30 (6): 47-58.

詹也, 吴晓波, 2012. 企业联盟组合配置战略与组织创新的关系研究: 基于我国汽车行业的多案例研究 [J]. 科学学研究, 30 (3): 466-473.

张翼, 陈耀, 夏茂森, 2012. 不完全信息下联盟组合形成动态博弈分析 [J]. 技术经济, 31 (7): 124-128.